T0157308

Printed in the United States
By Bookmasters

دور القيادة التربوية في
اتخاذ القرارات الادارية

تأليف

زيد عبوي

2010

رقم الايداع لدى دائرة المكتبة الوطنية
(2009/12/5354)

658.4
عبودي، زيد عبودي
دور القيادة التربويةفي اتخاذ القرارات الإدارية /زيد منير عبودي
عمان :دار الشروق 2009 -
( ) ص
/2009/12ر.أ5354 : .
الواصفات :اتخاذ القرارات الإدارية//الإدارة التنفيذية//الإدارة التربوية/إدارة الاعمال

● تم إعداد بيانات الفهرسة الأولية من قبل دائرة المكتبة الوطنية
يتحمل المؤلف المسؤولية القانونية عن محتوى مصنفه ولا يعتبر هذا المصنف عن رأي دائرة المكتبة الوطنية أو أي جهة حكومية أخرى

ISBN 978-9957-00-431-6 (ردمك)

دور القيادة التربويةفي اتخاذ القرارات الإدارية .
تأليف :زيد منير عبودي .
الطبعة العربية الأولى :الإصدار الأول 2010

ا

دار الشروق للنشر والتوزيع
هاتف : 4624321/4618191/4618190 فاكس :4610065
ص.ب :926463 الرمز البريدي :11118 عمان – الأردن
Email: shorokjo@nol.com.jo

دار الشروق للنشر والتوزيع
رام الله-المصيون :نهاية شارع مستشفى رام الله
هاتف : 2975633-2991614-2975632 فاكس :02/2965319
Email: shorokpr@planet.com

● الإخراج الداخلي_وتصميم الغلاف_وفرز الألوان والأفلام :
دائرة الإنتاج/ دار الشروق للنشر والتوزيع
هاتف: 4618190/1 فاكس4610065/ ص.ب. 926463 عمان (11118) الأردن

المحتويات

المقدمة

تلعب القيادة دوراً هاماً ورئيسياً في حياة الأفراد والأمم والشعوب، وهناك حاجة متزايدة في كل المجتمعات، خاصة المجتمعات النامية إلى القادة القادرين على تنظيم وتطوير و إدارة المؤسسات الرسمية وغير الرسميين للارتقاء بمستوى أدائها إلى مصاف مثيلاتها في المجتمعات الأكثر تقدماً، وهذا ما يؤكد حاجة المجتمع إلى جهود الباحثين والتربويين في دراسة ظاهرة القيادة بأبعادها وجوانبها المختلفة والتعرف على الخصائص المميزة لها، مما يساعد في التوظيف الكفء للمعلومات التي تترتب على هذه الجهود العلمية والاستفادة منها في مواقف اكتشاف العناصر القيادية وتنمية مهارتهم.
لذى نقصد بالقيادة على إنها عملية إلهام الأفراد ليقدموا أفضل ما لديهم لتحقيق النتائج المرجوة، وتتعلق بتوجيه الأفراد للتحرك في الاتجاه السليم، والحصول على التزامهم، وتحفيزهم لتحقيق أهدافهم.

تمثل القيادة وظيفة فرعية من وظائف الإدارة باعتبارها أكثر محدودية في تحفيز الآخرين على تحقيق الأهداف، فهي كل من يتم اختيارهم من العاملين في المؤسسات من قبل السلطات العليا، على شرط أن تتوافر لديهم مهارات وخبرات تساعد على خدمة المجال الذي اختبرت لقيادته.

أما اتخاذ القرار فهو مسار فعل يختاره المقرر باعتباره أنسب وسيلة متاحة أمامه لانجاز الهدف أو الأهداف التي يبتغيها أي لحل المشكلة التي تشغله. وعند صنع القرار التربوي فأنه يتوجب على دور القادة المشاركة في جمع المعلومات وطرح الأفكار المختلفة، وبهذا تتمكن من الاختيار المدرك من بين البدائل العديدة المتاحة بعد تقييمها جميعاً، وتحديد نقاط الضعف والقوة لكل بديل ومن ثم اختيار البديل الأفضل.

ويمكن إنجاح ذلك من خلال تهيئة البيئة المناسبة في كافة مستويات التنظيم التربوي، وتحديد الأهداف والسياسات والإمكانات المتاحة، وتوفير قواعد للبيانات لمتخذي القرارات التعليمية، وتطبيق مفهوم اللامركزية في الإدارة ما أمكن، والاستفادة من التقنيات الحديثة في عملية اتخاذ القرار، ومن ثم اختيار الأفراد للمشاركة بالمجالات التي تتوفر فيهم الشروط المتطابقة للمواصفات من مهارات وسلوكيات وخبرات وخلفيات ثقافية، كذلك وضع خطط مستقبلية للتنبؤ بحاجات ومتطلبات المجتمع لاتخاذ القرار المناسب.

لقد جاء هذا الكتاب لتقديمه للقُراء الأعزاء ليساعدهم على اتخاذ القرار الصائب، ولتعزيز معلوماتهم عن موضوع مدى الاستفادة من ذلك في القيادة التربوية في اتخاذ القرارات الناجحة، لذى فقد قسم مواضيع هذا الكتاب إلى عشرة فصول كما يلي:-

- الفصل الأول: مهارات القيادة والقائد الإدارية.

- الفصل الثاني: التغير في القيادة الإدارية.

- الفصل الثالث: الإدارة التعليمية ودورها في القيادة التربوية.

- الفصل الرابع: أدوار القيادة في المدارس والجامعات.

- الفصل الخامس: دور الموهوبون في العملية التربوية.

- الفصل السادس: القيادة الجماعية ودورها في تطبيق مبدأ العمل التنظيمي في التربية.

- الفصل السابع: القيادة وقت الأزمات.

- الفصل الثامن: الإدارة ودورها في تطوير مدارس الفكر الإداري و اتخاذ القرارات.

- الفصل التاسع: اتخاذ القرارات الإدارية.

- الفصل العاشر: المشكلة التربوية واتخاذ القرارات المناسبة لمعالجتها.

الفصل الاول

مهارات القيادة والقائد الادارية

اولاً : مهارات القيادة الادارية :

-التطور التاريخي لمفهوم القيادة الإدارية
-تعريف القيادة
-ماهي القيادة الفعالة
-أهمية القيادة
-سمات القيادة
-عناصر القيادة
-صفات القيادة
-العلاقة بين القيادة والإدارة
-الشروط الواجب توافرها في القيادة الناجحة
-مصادر قوة القيادة وتأثيرها
-خصائص القيادة
-قدرات خاصة ستحدد نجاح القيادة الجديدة
-القيادة والابداع
-أساليب القيادة
-نماذج وأنماط القيادة
-القيادة والتأثير على المهمات
-نظرية السمات والخصائص
-الفرق بين القيادة والقائد

ثانياً : مهارات القائد :

-تعريف المدير(الفائد) الفعال
- هل القائد يولد أم يصنع
- صفات القائد الإداري
-صفات القائد الإداري
- منهجية إعداد وصناعة القادة
-تامهام الأساسية للقائد المدير
-أدوار القائد
- الطابع الشخصي والقدرة التنظيمية
- الصور المستقبلية ، خدمة الهدف والرؤيا في خدمة الفحوى (المغزى)
- المهام المركزية في عملية الواقعية (تحويل الرؤيا إلى الواقع)

أولاً: مهارات القيادة الادارية:

التطور التاريخي لمفهوم القيادة الإدارية

لقد مر مفهوم القيادة الإدارية بعدة مراحل، وجرى على المفهوم تغيرات جذرية منذ تأسيس وظهور الدولة الأولى ومؤسساتها، وتوزيع السلطة بينها وتقسيم المجتمع إلى طبقات تغيرات مع مرور الزمن. حيث جرت وباستمرار تغيرات مماثلة في الفكر الإنساني السياسي والاجتماعي والاقتصادي، وكلما غاب عن مسرح الحياة طبقة أخذت معها الأفكار والتقاليد والعادات وحتى الأعراف، وجاءت الطبقة الجديدة بتقاليدها، وهذا هو حال الناس يتغيرون ويتلاءمون مع الجديد، من المجتمعات الإنسانية الأولى مروراً عبر العصور التاريخية الأولى إلى نشوء الإمبراطوريات وزوالها ومن ثم مجيء الحربين العالميين ونشوء المنظمات العالمية ومؤسساتها (عصبة الأمم، هيئة الأمم المتحدة)، ثم انتشار الأفكار الديمقراطية الداعية إلى التعددية واحترام حقوق الإنسان وحرية الرأي والمبدأ كما كان يراد فهمه دوماً، حدوث تغييرات في هيكلة إدارة المجتمعات وقياداتها.

نرى مثلاً أن طبقات المجتمع كانت تتغير دوماً مع التغير الفكري والعقائدي في المجتمعات إلى طبقة (الحاكم، رجال الدين، القادة العسكريين، النبلاء الإقطاعيين، أصحاب رأس المال، العمال، الفلاحين، الحزبيين، المعلوماتيين).

هناك العديد من النظريات الإدارية:

1) تعتمد على البيروقراطية في الإدارة من المدرسة الفرنسية، ومن مؤسسها الفرنسي هنري فايول، ومدرسة ماكس ويبر في السلم الهرمي الإداري. ويسرها المدرستين التي تقول أن السلطة والحكم كمبدأ أساسي في الإدارة.

2) التيلرية التي تنتسب إلى فردريك تايلر والمعروفة تحت تسمية "الإدارة العلمية"، حيث الاستخدام المنظم للدراسات والبحوث والتجارب وتحليلها للتوصل إلى أفضل الطرق لعمل القيادة الإدارية، وعن طريق تقسيم العمل

اليدوي إلى مراحل يكرر فيها العامل نفس العملية متحولاً إلى خبير في أداء تلك العملية.

لقد قام الممثل الكوميدي الشهير شار لي شابلن في فلمه النقدي " العصر الحديث " بتصوير ذلك العامل الذي تحول بمرور الزمن إلى جزء من الماكنة والآلة فاقداً إنسانيته، وتلك الالتفاتة الذكية تعتبر اليوم مفتاح النقد الموجه إلى النظرية التايلرية. الديمقراطية تبعد الدكتاتورية، تلك هي نظرية كورت لوين في الإدارة، حيث يرى أن الديمقراطية يسهل العلاقة بين العامل ورب العمل وتحل الإشكاليات بغياب الدكتاتوريات، ويعتقد أن ذلك سيؤدي إلى تحسين أداء العامل وعدم تكرار غيابه وقلة المشاكل والخصام بين العاملين.

هذه النظرية التي تعتمد على العلاقات الإنسانية، يرى نقادها أنها لاتأتي بالجديد والتغير لمفهوم الفلسفة الأساسية في القيادة الإدارية القديمة، لقد استمرت البحوث في الأربعينيات والخمسينيات من نهايات القرن الماضي حول الإنسان في دور في الحياة العملية. وخاصة فيما يتعلق بعلم النفس البشري وبحوث حول النظريات الاجتماعية، هنا نرى دور العالم النفساني ماسلو ودراساته؛ حيث قادة إلى نظرية "سلم الحاجة" فيها يقسم حاجات الفرد إلى مراحل، ولكل مرحلة خاصية معينة مختلفة عن المرحلة اللاحقة قائلا أن الإنسان منقاداً عن طريق احتياجاته، وقد انتقد هذه النظرية كذلك كسابقاتها في العلاقات البشرية أو الإنسانية التي تعتمد على سلوكية الإنسان متناسية أن البشر يتعلمون بصورة مستمرة في كفاحهم المستمر من أجل تحقيق الأفضل والرقي نحو الأحسن.

3) نظرية الإحداثيات (س، ص) للعالم ماك كريكوس، فتبنى على أساس وجود إحداثيتين أفقية وعامودية، ولكل قيادي طريقته في التنظيم والقيادة وله إستراتيجية خاصة به، وكلها تعتمد على افتراضيات إنسانية. فإذا كان طبع المرء كسولاً ليكن أداءه حسب طبيعته، وإذا كان نشطاً فعالاً يعيش في مكان إحداث المجتمع، ويرى فيها الحوافز للتطور والرقي فتكون

حاجاته هي التي تقوده نحو الأمام والمشاركة مع الآخرين، ويقول هيرتزبرك أن الأمور المتعلقة بالعمل مباشرة كانت في إجابات العاملين الذين تم استطلاع آرائهم لحل مشاكل ومعطلات العمل وقضايا العمل وأمور التفوق والنجاح والتكليف بمهام مهمة ومفيدة هي التي تقود بالمرء إلى العمل والإنتاج والإبداع.

4) نظرية التغرب والمصطلح، بحد ذاته يقابلنا في الكتابات الأولى لماركس وهي فكرة ملائمة الإنسان للبيئة المحيطة وتكيف نفسه وتغيره أي العمل.

العمل بحد ذاته كأساس لإنسانية البشر والإنسان الذي لاحول له ولا قوة ميسر من قبل الآخرين، لايمنه أن يتدخل ويغير ولا يرى بالنتيجة أي فائدة من العمل الذي يؤديه أن كان خدمة أو مشاركة في الإنتاج، حيث لايتمكن من إجراء علاقة بين المنتوج والحياة الاجتماعية وتكاد أن تكون شخصياتهم مهزوزة ولا يرون في عملهم أي قيمة أو معنى بل كأداه في الإنتاج.

5) النظرية الاسكندنافية، التي تعتمد في الأساس على البحوث والدراسات حول تكنولوجيا الإنتاج المسماة بنظرية التقنية الاجتماعية، وفيها يرى المنظرون أن الشركات والمؤسسات تتكون من عنصرين مهمين متكاملين هما: الآلة والإنسان والعلاقة بينهم يربط تلك الأجزاء مع بعضها البعض.

تعريف القيادة

لقد تعددت مفاهيم القيادة بتعدد الاتجاهات والأطر النظرية، حيث يمكننا النظر إليها كدور اجتماعي تربوي، أو كوظيفة اجتماعية، أو كسمة شخصية، كما يمكن النظر إليها كعملية سلوكية، إلا أن ثمة قاسم مشترك بينهما وهو إحداث التأثير في الآخرين، وعندما يحدث التأثير في نطاق مؤسسة ما، فلا بد من الربط بينه وبين المساهمة في تحقيق أهدافها، وبناءٍ على ذلك يمكن تعريف القيادة بأنها : مجموعة السلوكيات التي يمارسها القائد في الجماعة، والتي تمثل محصلة تفاعله مع أعضائها، وتستهدف حث الأفراد على العمل معاًُ من أجل تحقيق أهداف المنظمة بأكبر قدر من الفاعلية والكفاءة والتأثير.

أو هي عملية إلهام الأفراد ليقدموا أفضل ما لديهم لتحقيق النتائج المرجوة، وتتعلق بتوجيه الأفراد للتحرك في الاتجاه السليم، والحصول على التزامهم، وتحفيزهم لتحقيق أهدافهم، ووفقاً لما قاله وارين بنيس وبيرت نانوس فإن المديرين يفعلون الأشياء بطريقة صحيحة، ولكن القادة يفعلون الأشياء الصحيحة.

ما هي القيادة الفعالة

القيادة الفعالة هي عملية ابتكار الرؤية البعيدة الرحبة وصياغة الهدف ووضع الاستراتيجية وتحقيق التعاون واستنهاض الهمم للعمل، والقائد الناجح هو الذي:

- يصوغ الرؤى للمستقبل آخذاً في الاعتبار المصالح المشروعة البعيدة المدى لجميع الاطراف المعنية.
- يضع استراتيجية رشيدة للتحرك في اتجاه تلك الرؤى.
- يضمن دعم مراكز القوة الرئيسة له، والتي يعد تعاونها أو توافقها أو العمل معها أمراً ضرورياً في انجاز التحرك المطلوب.
- يستنهض همم النواة الرئيسة للعمل من حوله، والتي يعد تحركها أساسياً لتحقيق استراتيجية الحركة.

أن توافر الامكانية القيادية في شخص ما يتوقف على ائتلاف عوامل بيولوجية واجتماعية ونفسية مركبة، كما ينبغي أن توظف تلك الامكانات القيادية في ممارسات ناجحة لتحقيق الفعالية. فقد يمتلك المرء صفات قيادية عالية، لكنه لا يمارس القيادة، وقد تبرز الخصائص القيادية عند مختلف الناس في مواقف معينة وفي مراحل مختلفة، كما أن ممارسة القيادة امر يتأثر بالبيئة والفرص والقيود التي تواجه الفرد.

أهمية القيادة

تلعب القيادة دوراً هاماً ورئيسياً في حياة الأفراد والأمم والشعوب، وهناك حاجة متزايدة في كل المجتمعات، خاصة المجتمعات النامية إلى القادة القادرين

على تنظيم وتطوير وإدارة المؤسسات الرسمية وغير الرسميين للارتقاء بمستوى أدائها إلى مصاف مثيلاتها في المجتمعات الأكثر تقدماً.

وهذا ما يؤكد حاجة المجتمع إلى جهود الباحثين والتربويين في دراسة ظاهرة القيادة بأبعادها وجوانبها المختلفة، والتعرف على الخصائص المميزة لها، مما يساعد في التوظيف الكفء للمعلومات التي تترتب على هذه الجهود العلمية والاستفادة منها في مواقف اكتشاف العناصر القيادية وتنمية مهارتهم.

وبدون شك يمثل القائد عنصراً هاماً في عملية القيادة، فهو عضو من أعضاء الجماعة يتبعه الآخرون لأنه استطاع أن يفهم العلاقات الاجتماعية التي تسود بين أفراد الجماعة، ومن ثم يدفعها للنشاط والعمل نحو تحقيق أهدافها، وعلى ضوء ذلك هناك ضرورة لتعريف مفهوم القيادة والكشف عن ماهيتها ودورها في المجتمع.

سمات القيادة

1- القدرة على اتخاذ القرار:

لا بد أن تكون قادراً على اتخاذ أي قرار: إن اللجوء إلى العقل والمنطق لا يكفي للتوصل إلى تقييم للموقف؛ فالعديد من الأفراد يمكنهم ذلك، ولكن قلة قليلة فقط هم من يستطيعون أن يتخذوا القرار في التوقيت المناسب، ثم يعلنوا هذا القرار بلا تردّد.

2- الحكمة في التخطيط والتنظيم:

بمجرد أن تتخذ القرار، سيكون عليك أن تضع خطة لتنفيذه، وخطتك هذه ينبغي أن تجيب عن بعض الأسئلة مثل: ما الذي سيتم القيام به؟ ومن سيقوم به؟ وأين ومتى وكيف سيتم ذلك؟، ولذا فإن الحكمة في التخطيط والتنظيم هي أحدى السمات الأساسية التي ستحتاج إليها لتكون قائداً للآخرين.

3- الشجاعة في التصرف:

حتى وإن كانت لديك القدرة على اتخاذ قرارات، ووضع خطط متميزة، وإصدار أوامر وتوجيهات ترتكز على قراراتك تلك، فإنك ستظل بعيداً عن تحقيق

أهدافك ما لم تكن لديك الشجاعة للتصرف، إن المفكر الألمعي بلا قلب شجاع لن يواجه إلا الكوارث والمآسي بسبب سلبيته أو تردّده. لا بد إذن أن تكون شجاعاً لتقوم بما يجب القيام به، بصرف النظر عن التكاليف والصعوبات والمخاطر والتضحيات.

ومع أنه قد تكون لك رؤية تكشف لك عما ينبغي القيام به، وحكمة عميقة تساعدك في اتخاذ القرارات، فإنك لن تتوصل إلى نتائجك المرغوبة ما لم تكن شجاعاً في التصرف حين يكون هذا التصرف لازماً للنجاح.

4- القدرة على الإدارة:

القدرة على الإدارة هي الأسلوب المنظم الذي يمكّنك من بلوغ أهدافك المحدّدة، ويتطلب اكتساب هذه القدرة اكتساب مهارات الإدارة واكتشاف خباياها وأسرارها، فالإدارة أداة من أدوات القيادة الجيدة.

عناصر القيادة

هناك خمسة عناصر ينبغي على القادة غرسها في نفوس الاعضاء، وهي:

1- تحكم بمسار الوقت، وامسك بزمام أوقاتك، ولا تدعها تتحكم بك، وأنفق كل ثانية في خدمة العمل الهادف.

2- ركز على الانجازات الحقيقية الملموسة، واهتم بالنتائج أكثر من اهتمامك بالعمل ذاته، وحاول ألا تفقد الصورة الكلية بالانهماك في العمل بل تطلع نحو الخارج والاهداف الكبرى.

3- نمّ عوامل القوة ولا تنمّ عوامل الضعف، سواء في ما يتعلق بك شخصياً أو في ما يعلق بغيرك، وتعرّف على نقاط القوة والضعف لديك، واقبل بها، وكن قادراً على تقبّل أفضل ما عند الاخرين دون الشعور بأنهم يهددون مركزك.

4- تمحور في عملك حول مجالات رئيسية محددة وقليلة، والتي من شأن العمل الجاد المتسق فيها أن يأتي بنتائج كبيرة. افعل ذلك بتحديد الاولويات والالتزام بها.

صفات القيادة

قد تختلف الصفات المطلوبة في القادة بعض الشيء في المواقف المختلفة، ولكن البحث والتحليل للقادة المؤثرون قد حددو عدداً من الخصائص العامة التي يتحلى بها القادة الأكفاء، مع العلم بأن (جون أداير) حدد القدرات التالية:

1. الحماسة: لإنجاز الأشياء التي يمكنهم من خلالها الاتصال بالآخرين.

2. التواضع: الرغبة في الاستماع للآخرين وتحمل اللوم، لا تكن متكبراً أو متغطرساً.

3. الشدة: المرونة، الإصرار والمطالبة بمعايير مرتفعة، والسعي للحصول على الاحترام وليست الشعبية بالضرورة.

4. الثقة: الإيمان بأنفسهم بصورة يمكن أن يشعر بها الآخرون (ولكن لا ينبغي أن تكون الثقة زائدة عن الحد، فقد تقود إلى الغطرسة).

5. التكامل: اصدق مع النفس، التكامل الشخصي، الرشد والأمانة التي تولد الثقة.

6. الدفء : في العلاقات الشخصية، رعاية الأفراد ومراعاة مشاعر الغير.

العلاقة بين القيادة والإدارة

على الرغم من وجود ارتباط وثيق بين مفهوم القيادة والإدارة، إلا أنهما لا يعنيان نفس الشئ، فالفرد قد يكون مديراً أو قائداً أوكليهما، كما قد لا يكون أياً منهما، وبصفة عامة فإن القيادة ليست سوى إحدى مكونات الإدارة والتي يتم ممارستها بالعمل مع الأفراد أو من خلالهم لتحقيق الأهداف التنظيمية.

وتتضمن الإدارة أنشطة التخطيط والتنظيم والتوجيه والرقابة، وتسمى الجوانب غير قياديه في عمل المدير بالعمل الإداري بينما يطلق على الجوانب التفاعلية مع الأفراد بالعمل القيادي.

من ناحية أخرى، بينما ينظر للقيادة على أنها القوى التي تلهم الأفراد توحد جهدهم وتحثهم على التغيير، فإن الأبعاد الإدارية الأخرى تتعامل أكثر مع

القضايا الحالية أو الراهنة، ويعتبر التحفيز والاتصالات وحل المنازعات بعض نماذج الأبعاد القيادية لوظيفة المدير. وتحتاج المنظمات الى كل من الإدارة والقياده إذا ما أرادت أن تحقق الفعالية لعملياتها، فالقيادة ضرورية لتحقيق التغيير. كما أن الإدارة ضرورية لتحقيق النتائج المنتظمة، والإدارة في ارتباطها مع القيادة يمكنها مساعدة التنظيم في تحقيق التوافق مع بيئته.

الشروط الواجب توافرها في القيادة الناجحة:

1. تعظيم المبادرات الإدارية الذاتية على نحو يقود إلى الإبداع الإداري والتعليمي معاً.
2. التوظيف الأمثل للموارد وتعظيم سبل استثمارها.
3. تأسيس قواعد وأسس للانضباط الإداري تتمركز حول الأداء المنصف العادل.
4. تمكين القيادات التعليمية من مهارات إدارة العمل بروح الفريق وزيادة قدراتها الاتصالية داخل وخارج المؤسسة التعليمية.
5. ترسيخ قيم الشفافية والمحاسبية والتنافسية واللامركزية داخل المؤسسة التعليمية، ليعمق الانتماء المؤسسي لدى العاملين.
6. تمكين القيادات التعليمية وقيامها بالتقويم الذاتي المستمر لأدائها وأداء مرؤوسيها
7. حفز القيادات التعليمية للتنمية الإدارية المستمرة.
8. تعميق التوجه الاستراتيجي المستقبلي في كافة الممارسات الإدارية وربطها بالرؤية الاستراتيجية المستقبلية للتعليم.
9. قيام القيادة التربوية بالمتابعة الفعالة لكافة العاملين، ووفقاً لأسس موضوعية للتقييم.

10. الارتقاء بقدرة القيادات التعليمية على تخطيط العمل الإداري التعليمي وتنسيقه ومتابعتة واتخاذ قرارات عملية علمية رشيدة.

11. بناء بنية التنظيم المؤسسي التعليمي وإعادة توصيف وظائفه على كافة المستويات الإدارية والقيادية.

مصادر قوة القيادة وتأثيرها

1 - قوة الإكراه.

2 - قوة المكافأة.

3 - القوة الشرعية أو القانونية.

4 - القوة الفنية.

5 - قوة الإعجاب.

خصائص القيادة

تستطيع أي منظمة أن تكون أفضل من مستوى القيادة بداخلها، ولأن القيادة هي مكانة هامة، يجب أن تكون في حالة دائمة من التطور، وهناك اختيارات شخصية هامة والتي يجب أن يتخذها القادة سواءٍ الجدد أو ذوي الخبرة كأساس ثابت، فالقادة المؤثرون هم في الأساس أشخاصاً مؤثرون من الخصائص مايلي:

1- لا يمكن فصل الأخلاقيات الشخصية عن المهنية، ولذلك فشخصية القائد هامة وأساسية، وتعد القائمة الآتية التي تحتوي على العشرة صفات الأساسية للقائد دليل قيم ومعيار أساسي للقيادة.

تأتي على رأس القائمة واحدة من أهم الأخلاقيات الشخصية، ويعد Honest Abe Lincoln ذلك الرجل الذي سار أميالاً لإعادة بقية نقود لعميل مثالاً قوياً على كيفية انعكاس الأخلاقيات الشخصية على التصرف أو السلوك المهني، فالآراء التي تصدر تحت ضغوط أوإغراءات تفرق بين القادة العظماء الحقيقيين وبين الغير حقيقيين.

2- الهمة العالية، فالقادة العظماء لا يصابون بالملل أو الكلل بالتعامل مع القضايا الصغيرة، هؤلاء الأشخاص يعرفون الصواب من الخطأ، كما لديهم القدرة على التفرقة بين ما هو هام بالفعل وما هو مجرد ممتع.

3- القدرة على القيام بالأولويات، والتي تأتي بنفس أهمية تحديد الأولويات، فكثير من قوائم الأولويات المحددة بعناية فائقة تنتهي بفشل في التنفيذ على أرض الواقع.

والفرق بين تحديد الأولويات وتنفيذها، كما تم تحديدها هو الفرق ذاته بين الشخص الحالم وبين الشخص المنفذ.

4- الشجاعة، فالاستعداد للمخاطرة وتقبل مسؤولية النتائج هي بحق صفة أساسية ومشتركة بين القادة المؤثرين، فإما أن تقوم أنت بالسيطرة على كل شيء تفعله أو تقوم مخاوفك بالسيطرة، والمنظمة لن تكون أبداً أشد جرأة من قائدها.

5- القادة الملتزمون، الذين يعملون بجد وإخلاص سيقومون تباعاً بإنتاج منظمات ملتزمة ومخلصة الأداء بغض النظر عن الأشخاص الذين سيبدءون معهم، أوالخبرات التي سيقومون بإضافتها إلى العمل.

6- يؤمن القادة الغير تقليديين، بالمبادرة وعدم انتظار أي شيء ليتحركوا علي أساسه، فالقادة المؤثرون هم المبدعون الذين لديهم القدرة على تحمل المسؤولية، والذين يفضلون تشكيل الغد بدلاً من تكرار الأمس.

7- القادة العظماء، لديهم الاتجاه الدائم نحو اتخاذ القرارات الصعبة، وهذا الاتجاه دائماً ما ينتج طاقة وقوة دافعة، والتي تمثل الدرع الواقي ضد آلام المهام الصعبة، كما أن الحفاظ على المنظمة بهذا الاتجاه يجعلها أكثر تأثيراً وتماسكاً.

8- الحماس، فالحماس الحقيقي الذي ينتج من الالهام له تأثير ايجابي على الأشخاص، فهم ينظرون الى قادتهم وينقلون ذلك الشعور بالحماس، فنجاح المنظمة وإلهامها قائم على حماس القائد.

9- الأشخاص ذوي التفكير الرفيع المستوى، هم القادة الواقعيون الذين يتجاوبون مع المشكلات ولا يقومون فقط بردة الفعل، فالقائد الذي يستطيع البقاء هادئاً في ظل أجواء متوترة يضفي الشعور بالثقة داخل المنظمة ويحرك من فيها لاتباع منهجه.

10- الرغبة في مساعدة الآخرين على النجاح، هي السمة المميزة للقائد الحقيقي العظيم، فيكون التكامل عندما يستثمر القائد جهده بحق في نجاح الآخرين، يقول Zig Ziglar " لا يأبه الناس بما تعرف حتى يعرفون كم تكترث بهم."

خصائص القيادة قي القرن الحادي والعشرون

1- الأصالة.

2- القصدية.

3- الجانب الروحي في القيادة.

4- الحاسية Sensibility.

قدرات خاصة ستحدد نجاح القيادة الجديدة

1) القائد الجديد يتفهم مساهمات الآخرين ويعبر فعلاً عن تقديره لها :

يتقن القادة الجدد اكتشاف المواهب، وهم يمارسون دور الأوصياء على هؤلاء الموهوبين أكثر من كونهم المبادرين بخلقه، ومن النادر أن يكون القائد أفضل فرد في المؤسسات الحقبة الجديدة، فقادة هذه المؤسسات يبرعون في التقاط المواهب وانتقاء ذوي الخيال الخصب والقدرات الفذة، غير أنهم لا يخشون أبداً أن يوظفوا أفراداً يفوقونهم في قدراتهم، وعلى سبيل المثال فإن بيتر شنايدر رئيس استوديوهات "Feature Animation" التابعة لشركة "ديزني" والتي حققت نجاحاً مبهراً، يقود فريقاً يتألف من 1200 رسام متخصص في الرسوم المتحركة، ورغم ذلك فهو لا يملك

أدنى فكرة عن الرسم. وقد عبر ماكس ديزني عن هذا الأمر حين قال " إن القائد الجديد هو من يتنازل عن حبه لذاته لكي يفسح المجال أمام مواهب الآخرين".

2) القائد الجديد يذكر الآخرين بما هو مهم:

" ذكروا العاملين بما هو مهم " إن تذكير الآخرين بما هو مهم يمكن أن يعطي قيمة ومعنى للعمل.

ونذكر هنا مثلاً يوضح أهمية تذكير العاملين بما هو مهم، لقد استقطب الجيش الأمريكي مهندسين موهوبين لأداء مهمة خاصة في مشروع مانهاتن وطلب إليهم أن يعملوا على أجهزة الحاسوب البدائية التي كانت شائعة في تلك الفترة (1943- 1945)، غير أن الجيش، وهي مؤسسة مسكونة بالهاجس الأمني، رفض أن يخبرهم عن أي معلومات محددة حول المشروع.

وهكذا لم يكونوا على علم بأنهم يبنون سلاحاً يمكن أن ينهي الحرب العالمية الثانية، كما لم يكن لهم علم حتى بالأهمية الخاصة للعمليات الحسابية التي يجرونها، وكانوا يؤدون مهامهم ببطء وليس بأفضل شكل ممكن، ولكن عندما تم أخبار الفريق بطبيعة العمل الذي يقومون به والهدف منه، وعندما يبدأ فريق العمل يبتكر طرقاً لأداء المهمة بشكل أفضل، قاموا بتطوير وتحسين خطتهم وواصلوا العمل ليلاً ولم يعودوا بحاجة إلى إشراف.

3) القائد الجديد يخلق الثقة ويديمها:

إن الثقة هي الرابطة العاطفية التي تربط الأفراد بمؤسستهم، وتجمع الثقة بين أمور عدة هي:

1. الكفاءة.
2. الولاء.
3. الاهتمام.
4. النزاهة والصراحة.
5. الموثوقية.

ويستطيع القادة الجدد تحقيق هذا الجانب عندما يوافقون في تحقيق التوازن بين ثلاثة مرتكزات من القوى المؤثرة فنياً، وهي:

1. الطموح.
2. الكفاءة.
3. الاستقامة.

4) القائد الجديد على علاقة طيبة مع مرؤوسيه:

القادة العظام يكتسبون صفة العظمة بفضل جهد المجموعات والمؤسسات التي تخلق بنية اجتماعية من الاحترام والوقار والوجاهة، هؤلاء القادة الجدد ليسوا ممن يتحدثون بصوت عال في مؤسساتهم، بل هم من يحرصون على الإصغاء إلى غيرهم بانتباه ويقظة وبدلاً من الأشكال الهرمية فإن المؤسسات في مرحلة ما بعد البيروقراطية ستكون على شكل بين تقوم على طاقات العاملين فيها وأفكارهم، وهي مؤسسات يقودها من يجدون متعة في المهام التي يؤدونها.

القيادة والابداع

هناك صفات مشتركة وملامح بين القائد والمبدع، فالقائد يؤثر في الجماعه والمبدع ايضاً، وكلاهما اليوم يلعب دوراً خطيراً في الصراع الاجتماعي الحضاري التكنولوجي، وهذا الدور دور مزدوج، ذلك أنه يمسك بناصيته مصير الانسانية وحضارتها، فنائها ودمارها، سعادتها وتقدمها وبقائها.

والقائد يؤثر في افراد الجماعه، لانه يملك مايرغبون فيه أو أنه يحقق لهم مايرغبون، أو يمكن له أن يحقق لهم هذا الذي يرغبون، هو يبلور رغباتهم إذا عجزوا عن بلورتها ويحقق امالهم إذا عجزوا عنها، كذلك فأن القائد أيضاً يتأثر بإفراد الجماعه.

والمبدع مؤثر ومتأثر أيضاً، وأن كان تأثيره قد يتعدى أو هو يتعدى حدود جماعته أو مجتمعه، لذلك فهو قد يلقى التهكم أو الاحترام أو الاضطهاد من

مجتمعه أو من خارجه، هو كالقائد يقود ويسيطر، ولكن سيطرته قد تتجاوز حدود جماعته أو مجتمعه، ولكن كلاً منهما قائداً له والمبدع يقوم بتعكير صفو العادات، ويعطل الاساليب االقديمة والقائد قد يبتكر حلولاً مناسبة لمواقف جديدة دون التأثر بعادات عقلية أو اجتماعية ثابته، وهذا عكس التصلب.

أساليب القيادة

أولا : القيادة الاتوقراطية:

1- خصائص سلوكية :

اتخاذهم السلطة أداة ضغط وتحكم في مرؤوسيهم لإنجاز العمل، وهو يكون بدرجات متفاوتة.

2- أنماط السلوك " يتدرج سلوكة بين نقطتين " :

أ- السلوك المتطرف في استبداديته (القيادة الاتوقراطية المتسلطة).

ب- السلوك المتطرف (القيادة الاتوقراطية الصالحة أو الخيرة).

ويرى العلماء صعوبة الفصل بين النمطين وصعوبة وضع حدود فاصله بينهم.

ثانيا : القيادة الديمقراطية:

تعتمد على العلاقات الإنسانية السليمة بين القائد ومرؤوسيه واشباعة لحاجاتهم والتعاون معاً لحل المشكلات، وإشراكهم فى بعض المهام القيادية واتخاذ القرارات (تفويض السلطة لهم).

المأخذ

1- لا يمكن القول بأن هذا الأسلوب هو أفضل أسلوب قيادي، ذلك أن الأسلوب القيادي المثالي هو الذي يتفق مع توقعات وأماني وخبرات مجموعة معينة من العاملين في الإدارة مع أهدافها.

2- ما يؤخذ على المشاركة على أنها تشكل مظهراً لتنازل القائد عن بعض مهامة القيادية، وانه قد ينظر الى المشاركة كغاية في حد ذاتها وليست وسيلة لتحقيق ديمقراطية القيادة.

ثالثا : القيادة الحرة أو المنطلقة:

تركز على حرية الفرد العامل فى أداء العمل، وأهم خصائصها :

1- اتجاه القائد الى إعطاء اكبر قدر من الحرية لمرؤوسيه لممارسة الأنشطة وإصدار القرارات لإنجاز العمل.

2- اتجاه القائد الى تفويض السلطة لمرؤوسيه على أوسع نطاق وإسناد الواجبات بطريقة عامة وغير محددة.

3- إتباع القائد سياسة الباب المفتوح في الاتصالات لتوضيح الاراء والأفكار.

تقييمها :

1- الاتجاه الغالب لدى كتاب الإدارة أنه أسلوب غير مجد في التطبيق العملي.

- لأنه يعطي حرية كاملة للمرؤوسين في العمل.

- القائد الذي يتبع هذا الأسلوب لا يقوده لالقاءة المسؤولية على مرؤوسيه دون ضبط لسلوكهم أو توجيههم.

2- بينما يرى بعض الكتاب أنه له تطبيق عملي ومجدي في ظل مواقف وظروف معينه.

نماذج وأنماط القيادة

- نمط هاليين أ- (تركز على المهمة الواجب أداؤها وتهتم اهتماماً كبيراً بالإنتاج).

- نمط هاليين ب- (يركز على الاهتمام بالعاملين وبناء علاقات اجتماعية بيئة وبين العاملين).

- نموذج بورز:

أ- (القيادة المتمركزة حول العاملين).

ب- (القيادة المتمركزة حول العمل).

- (الشبكة القيادية / المصفوفة الإدارية) لبليك وموتون Blake & Mouton.

- نموذج ريدن أ- (القيادة التي تهتم بالعمل، المهمة) Task oriented.

- نموذج ريدن 1970 ب- (القيادة التي تهتم بالعلاقات).Relationships.

- نموذج Ridden etal، 1970.

ج- (القيادة التي تهتم بالفعالية) Effectiveness.

- أنماط ليكرت:

أ- (النمط التسلطي الاستقلالي).

ب- (النمط التسلطي الخير).

ج- (النمط الاستشاري).

د- (نمط المشاركة الجماعية).

أولاً: الأنماط السلوكية ذات البعد الواحد Unidirectional Style :

أ- النمط السلطوي Authoritarian.

ب- النمط الديمقراطي Democratic.

ج- نمط عدم التدخل Lassies fair.

ثانياً: نمط المحورين Two Dimensions :

الاهتمام بالعمل والعاملين بإدخال محور الإنتاج Production ومحور العاملين Employee.

ثالثاً: الأنماط المرنة Tennenbaum & Schmidt،1958)).

أ- متصل ديمقراطي أوتوقراطي (افرز).

1- نمط السلطوي يقرر السياسة وتحفظ بالرقابة على المرؤوسين.

2- تتخذ القرارات ويسوقها للمرؤوسين.

3- يعرف أفكاره ويطلب الأسئلة عليها.

4- قائد ديمقراطي يسمح للمرؤوسين باتخاذ القرار.

نموذج فروم Vroom، 1964 :

أ- نمط القائد الدكتاتوري مشاور وجماعي يحتوي خمسة أنماط قيادية سبعة مواقف سبعة قواعد للقرارات أربعة عشر نوعاً من المشاكل.

ب- استخدام شجرة القرار للربط بين الموقف والنمط القيادي.

المنحنى الظرفي Approach Contingency

أولاً: نموذج فيدلر (Fiedler، 1982)):

أ- تحديد الظروف والمتغيرات الموقفية.

ب- توافق سلوك القائد ودقة الموقف.

ج- العلاقة بين القائد والموقف.

د- العلاقة بين القائد والمرؤوسين.

هـ- هيكلة المهام.

ثانياً: علاقة التحولات في نظرية القيادة بالدوافع:

- النماذج الاحتمالية.

- نظرية هدف المسار المطورة House & Mitchel، 1974.

توافق الموقف ودرجة النضج

1- النمط الموجه.

2- النمط الداعم.

3- النمط المشارك.

4- النمط المهتم بالإنجاز.

يحدد النموذج ثلاثة خصائص بالنسبة للتابعين تساعد في تحديد الموقف:

1- ربط النمط القيادي الثقافي في القدرة ودرجة التحكم في العمل والحاجات.

2- ربط النمط الملهم (قدرة شخصية، قيم، إبداع، عمل مؤسسي).

الموقف القائد يحددان سلوك القائد والعلاقات بين المتغيرات باستخدام الموقف والقائد والسلوك (تفاعل).

النظرية الموقفية لهيرسي وبلانشرد (Hersey & Blanshard)

أبعاد السلوك القيادي :

- الموجه للاهتمام بالعمل والعاملين.

- الأنماط القيادية ووصف طبيعة الموقف.

- نضج الفرد لتحقيق الأهداف.

- إهتمامات (بالناس والإنتاج والنضج والوظيفي والأنماط القيادية) (والوصفات القيادية في السلوك).

المنحنى الاحتمالي (Contingency):

تشذ النظرية لعدم وجود مبادئ عامة للموظفين والظروف ومنها:

- التركيز على السلوك العقلاني للقائد مع التنبؤ من خلال الحفز.

- اعتماد التطوير والتغيير على القيادة الإدارية.

- اعتماد التطوير والتغيير على المديرين في التوجيه.

- خصائص التنظيمات المستقبلية : (المرونة، توفير فرص التنظيم الذاتي للعاملين، الاعتماد على عمل الفريق، الاستفادة من القراءات النسبية وهي تتوافر في التنظيم، التنوع / المستلزمات والراءات البيع، المسؤولية والموارد، الاحترام).

المكافأة والتحفيز Reseeds & Recognition:

العلاقة Relation ship، السلوك القدوة Role Modeling، التجديد Renewal).

- نماذج من الأنماط التنظيمية : (البيروقراطية، الأوتوقراطية، نمط المصفوفة Matrix - Type org).

القيادة والتأثير على المهارات

كلنا نعلم أن الإدارة لا تقتصر على شخص المدير، بل تشمل جميع العاملين معه، فإن من الصعوبة بمكان أن نقدر على تنفيذ كل شئ بأنفسنا، بل في كثير من الأحيان قد يكون اجابة الفرد في العمل تعود بالنتائج الفاشلة، لذلك لابد لكل مدير من معاونين ومستشارين وعاملين.

ولكي يضمن النجاح الأحسن في الأداء مع قلة الأزمات والمشاكل، لابد وأن يستخدم أسلوب ومشاكل الحث والدفع المعنوي وبث روح الحماس والنشاط في نفوسهم، وهنا تبرز أهمية القيادة بشكل جدي فلكي يضمن المدير تعاون الآخرين في تحقيق أهدافه عليه أن يقوم بدور القائد فإن من الواضح أن العمل لابد له من رأس يتشخص.

ويتقوم به إلا أن الرأس كلما كان أكثر فاعلية وواقعية وقدرة كان أقدر على جمع الآخرين إلى لوائه، ويضم دوره إلى أدوارهم لتحقيق الأهداف. إذ لايمكن للمدير أن يترك العمل إلى الآخرين ويتنحى جانباً عنه، كما ليس من الصحيح أن يتفرد بالأمور ويجعل كل شئ على عاتقه ويهمش أدوار الآخرين أو يهمهم شخصياً، ولكي يكون المدير قائدا عليه أن يوازن بين الأعمال الواجب على الجماعة القيام بها في تلك الواقعة عليه.

إذ من الواضح أن دور المدير يغاير أدوار العاملين معه، لأن رأس العمل ينبغي أن يأخذ دور الرأس أيضاً في الوظيفة ودور الرأس يظهر في التفكير والتخطيط والرقابة والإشراق لا التدخل في كل شاردة أو واردة في العمل.

أن توزع الأدوار بشكل جيد وفسح المجال للآخرين في ممارسة أدوارهم يتطلب من المدير اهتماماً أكثر في :-

1- التنظيم العادل والحازم للأدوار وتوزيعها.

2- كسب ثقة العاملين معه وبث روح الرضا والمحبة بينهم.

3- دفع الآخرين للعمل بطريقة جدية.

4- شدهم المستمر للأهداف المطلوبة.

وعليه فأن المدير الذي يمتلك هذه الصفات تصبح الإدارة بيده أمراً سهلاً وناجحاً، وسيتمكن من تحقيق انتصارات كبيرة في فترة قياسية.

نظرية السمات والخصائص

لقد واجه الباحثين في تفسير ظاهرة القيادة صعوبة الإجابة على بعض الأسئلة مثل :

- هل توجد لدى بعض الأشخاص الذين برزوا كقادة عبر التاريخ مميزات مكنتهم من ذلك؟

- أم هل يرجع الأمر إلى وجود هؤلاء الأفراد في المكان الملائم وفي الظروف الملائمة؟

ولقد اختلفت مساهمات الباحثين في محاولة الإجابة على هذه الأسئلة، لكن قادت هذه المساهمات في النهاية إلى تقديم ما يعرف بنظرية السمات والخصائص، والتي ترى بأن سمات معينة تعتبر موهبة لدى بعض الأفراد تميزهم كقادة عن غيرهم من الأفراد.

مساهمات ايدوين غازلي Edwin Ghaselli

قام ايدوين غازلي بإجراء بعض الأبحاث لمحاولة الوصول إلى بعض السمات المرتبطة بالقيادة الفعالة، وقد تركزت أبحاثه حول النقاط التالية :

1- القدرات : مثل القدرة على الإشراف الفعال، الذكاء، المبادرة.

2- الصفات الشخصية : مثل الحزم، الثقة بالنفس، القدرة على قيادة الآخرين، النضج الاجتماعي.

3- الصفات المتعلقة بالدافعية : مثل الحاجة إلى التحصيل المهني، تحقيق الذات، القوة والسيطرة على اللاعبين، المكافأة المالية، الأمن والطمأنينة.

الفرق بين القيادة والقائد

يجب أن نفرق بين القيادة والقائد، حيث أن هذين المصطلحين يستخدمان بالتبادل، إلا أنهما يشيران إلى نواحي مختلفة في الجماعة :

- فالقائد

يشير إلى مركز داخل الجماعة أو الشخص الذي يشغل المركز.

- اما القيادة

تشير إلى العملية التي يتم من خلال تفاعل القائد مع الآخرين، فمـن الممكن اعتبار مدير المدرسة قائداً، وحينما يدير العملية التربوية بعناصرها المختلفة بنجاح وفاعلية فإن ذلك يعكس عملية القيادة.

ثانياً: مهارات القائد:

تعريف المدير (القائد) الفعال

هو القائد الذي يعمل على تحقيق النتائج المتوقعة منه بحكم منصبة، فمدير المدرسة بحكم منصبة يتوقع منه تقديم خدمة عالية تعليمية وتربوية وتحقيق معدلات من الترابط التنسيقي بين العاملين معه لرفع وتحسين العملية التعليمية وتطوير الأداء العام وتحقيق الأهداف التربوية المرسومة له، وذلك بتكلفه محددة في وقت معين، فإذا حقق مدير المدرسة هذه التوقعات منه بحكم منصبة (كمدير مدرسة) نطلق عليه مدير فعال.

هل القائد يولد أم يصنع

وهو تساؤل مشهور اختلفت إجابات المتخصصين عليه اختلافاً واسعا، فأكد بعضهم إلى أن القيادة موهبة فطرية تمتلكها فئة معينة قليلة من الناس، يقول وارين بينسي: "لا تستطيع تعلم القيادة".

القيادة شخصية وحكمة وهما شيئان لا يمكنك تعليمهما"، وأكد آخرون أن القيادة فن يمكن اكتسابه بالتعلم والممارسة والتمرين، يقول وارن بلاك:" لم يولد أي إنسان كقائد، القيادة ليست مبرمجة في الجينات الوراثية ولا يوجد إنسان مركب داخليًا كقائد، ومثله بيتر دركر يقول : القيادة يجب أن تتعلمها وباستطاعتك ذلك.

والذي يتبين لنا أن القيادة تارة تكون فطرية وأخرى تكون مكتسبة، فبعض الناس يرزقهم الله صفات قيادية فطرية، كما قال النبي صلى الله عليه وسلم للأحنف بن قيس رضى الله عنه "إنك فيك خصلتين يحبهما الله: الحلم والأناة، فقال الأحنف: يا رسول الله: أنا تخلقت بهما أم الله جبلني عليهما؟ قال: بل الله جبلك عليهما، فقال: الحمد لله الذي جبلني على خلقين يحبهما الله ورسوله".

صفات القائد الإداري

قام كلا من داني كوكس (Danny Cox) وجون هوفر(John Hoover) بدراسة على مجموعة من القادة الإداريين في بعض المنظمات، واستطاعوا من خلالها تلخيص صفات القادة إلى عشر صفات هي:

1- صقل المقاييس العليا للأخلاقيات الشخصية :

بحيث لا يستطيع القائد الفعَال أن يعيش أخلاقيات مزدوجة إحداها في حياته العامة (الشخصية) والأخرى في العمل، فالأخلاقيات الشخصية لابد أن تتطابق مع الأخلاقيات المهنية.

2- النشاط العالي:

بحيث يترفع القائد عن توافه الأمور وينغمس في القضايا الجليلة في حال اكتشافه بأنها مهمة ومثيرة.

3- الإنجاز:

فالقائد الفعَال تكون لديه القدرة على إنجاز الأولويات، غير أن هناك فرقاً مابين إعداد الأولويات وإنجازها.

4- امتلاك الشجاعة:

فهناك فرق في الطريقة التي يتعامل بها الشخص الشجاع والشخص الخجول مع الحياة، فالشخص الجريء المقدام قد يلجأ إلى المشي على الحافة بهدف إنجاز الأعمال مع تحمله لكافة النتائج المترتبة على ذلك والمسؤولية الكاملة، في حين أن الشخص المسالم ذا الحركة البطيئة والثقيلة يعكف على المشي بحذر وعلى أطراف الأصابع بهدف الوصول إلى الموت بسلام.

5- العمل بدافع الإبداع:

يتميز القادة الفعالون بدوافعهم الذاتية للإبداع والشعور بالضجر من الأشياء التي لا تجدي نفعاً، أما الأفراد الذين يتمتعون بالحماس والإقدام فلن يكون لديهم الصبر لانتظار رنين الهاتف من أجل البدء بالعمل، فالقائد الفعال هو شخص مبدع خلاَق يفضل أن يبدأ بطلب المغفرة على طلب الإذن.

6- العمل الجاد بتفان والتزام:

فالقادة الفعالين يقوموا بإنجاز أعمالهم بتفان وعطاء كبير، كما يكون لديهم التزام تجاه تلك الأعمال.

7- تحديد الأهداف:

فجميع القادة الفعَالين الذين تم دراستهم يمتلكون صفة تحديد الأهداف الخاصة بهم، والتي تعتبر ذات ضرورة قصوى لاتخاذ القرارات الصعبة.

8- استمرار الحماس:

إن أغلب القادة يمتلكون حماساً ملهماً، فهم تماماً كالشعلة التي لا تنطفئ أبداً لتبقى متقدة على الدوام، فنمو القائد وتطوره يتطلب حماساً حقيقياً ملهماً، وإذا كان الفرد في حيرة حول الكيفية التي يمكن الحصول بها على ذلك الحماس، فما عليه إذا إلا إعادة الصفات القيادية السابقة لوجود علاقة وثيقة ومتراصة بين تلك الصفات.

9- امتلاك الحنكة:

فالقائد الفعَال هو ذلك الشخص الذي يمتلك مستوى رفيعاً من الحنكة، بحيث يتمكن من تنظيم المواقف الفوضوية، فهو لا يتجاوب مع المشاكل بل يستجيب لها.

10- مساعدة الآخرين على النمو:

فالقادة الحقيقيون لا يسعون للتطوير والنمو الذاتي فقط، وعندما يكون جو العمل سليماً وصحياً وخالياً من التفاهات يتم حينها تبادل الأفكار بحرية مما يؤدي إلى التعاون، ومن خلال هذا التعاون تصبح المنظمة والعاملون فيها جزءاً متكاملاً لا يتجزأ منتجين فريقاً يتصدى لأقوى الفرق والمهام.

منهجية إعداد وصناعة القادة

1) أن يكون هذا الأمر من استراتيجية المنظمة وأهدافها الرئيسية.

2) اعتماد برامج ومناسبات خاصة لتدريب القادة وتعليم القيادة.

3) توفير المناهج القيادية اللازمة.

4) تشجيع النقاش والحوار من خلال مؤتمرات قيادية تعقد خصيصاً لهذا الأمر.

5) إتاحة الفرصة للمشاركة في المواقع القيادية وتحمل المسؤولية والشعور بها عملياً.

6) تطعيم القيادة بالعناصر الواعدة الجديرة.

7) الصبر على القائد اليافع فإن المعاناة اليومية ونظرية التراكم كفيلتان بإكمال الصناعة وتحسين الصياغة.

8) إلزام جميع المستويات القيادية بتحديد البديل المؤهل.

المهام الأساسية للقائد المدير

لا شك أن القيادة لا تأتي بالتنصيب أو الاعتبارات الخاصة ولا تأتي بالمال أيضاً، بل هي قدرات خاصة ومواهب يعتمد عليها القائد وتضفي عليها التجارب

وقوة التفكير وسعة الأفق ورحابة الصدر مهارات رائعة تجعله يمسك بزمام الأمور بثقة واقتدار، بل لا بد أن يتولى القائد مهاماً أساسية في المنظمة التي يديرها حتى يصلح أن يكون في هذا المقام، وتقسم مهام القائد في الغالب إلى:

مهام رسمية تنظيمية:

وتتلخص المهام الرسمية في مراعاة تنفيذ مبادئ التنظيم الإداري في المنظمة لكي تسير الأمور بانضباط وجدية، وأبرز هذه المهام ما يلي:

1. التخطيط:

أي رسم السياسات ووضع الإستراتيجيات وتحديد الأهداف البعيدة والقريبة، ووضع الخطط الموصلة إليها، وتحديد الموارد والإمكانات المادية والبشرية في ذلك كله. ولكي يتمكن القائد من إنجاز مهامه بشكل فاعل وناجح عليه أن يقوم بتوضيح أهداف المنظمة للعاملين معه، والاستماع إلى آرائهم حول القضايا، والتعرف إلى أهدافهم الشخصية، وليس الحصول على تعهداتهم والتزاماتهم بالمشاركة في إنجاز الأدوار والخطط فقط، فالقيادة الناجحة والفاعلة تقوم على القناعات الشخصية للأفراد وتحظى بالتعاطف والتعاون بإرادة ورضا، وهذا لا يتحقق في الغالب إلا إذا شعر الأفراد أن في إنجاز خطط المنظمة وتحقيق أهدافها تحقيقاً لأهدافهم وطموحاتهم أيضاً، ولو تلك الطموحات الذاتية التي يجب أن يشعر فيها الكثير من الأفراد بالاحترام والتقدير والاعتناء برأيهم والاهتمام بدورهم.

2. التنظيم:

أي تقسيم العمل وتوزيع المسؤوليات والوظائف بين الأفراد وتوزيع العاملين عليها حسب الكفاءات والخبرات والقدرات والطموحات، ولا يكون التوزيع ناجحاً إلا إذا وضع الرجل المناسب في مكانه المناسب، وهذا ما يفرض عليه أن يراعي الخبرة والتخصص والقدرة والفاعلية في الأفراد، ولعلّ أنجح أسلوب وأبقى لضمان التنظيم الأقوى؛ هو التوزيع على أساس اللجان أو الهيئات والجماعات

المستقلة التي تحظى بصلاحية التفكير والتخطيط في مهامها حسب نظام شوري مفتوح، ويبقى للمدير دور الاستشارة لأنه في هذا يضمن تفرغاً كبيراً للإدارة الأهم ويضمن للأفراد طموحاتهم واحترام آرائهم، فهذا الأسلوب يؤدي دوراً كبيراً في دفع العاملين إلى المشاركة في العمل بحماس وقناعة ويضمن التزامهم في تحقيق الأهداف وبهذا يكفي نفسه المزيد من الرقابة والقلق من التسيب والانفلات.

3. التنسيق: بين أطراف العمل وأجنحته وتوجيه الجميع للمسير باتجاه هدف المنظمة الأول والحث على الأداء بأعلى مستوى من الكفاءة والفاعلية، وهنا لابد للمدير من العمل على تذليل العقبات التي تقف أمام التنسيق وتمنع من تحققه أو تعرقل نجاحه من النزاعات الشخصية بين الأفراد أو عدم قناعة البعض الآخر المؤمن بالفردية، أو الذي يصعب عليه تجاوزها للقبول بالجماعية والتنسيق، وغير ذلك من الموانع والمعرقلات التي تواجه التنسيق والتعاون، وهذا ما يتطلب منه الاتصال الدائم مع العاملين وشرح أهداف المنظمة لهم وتذكيرهم بها باستمرار لشحذ هممهم وتحفيزهم للتعاون، وبعبارة مختصرة عليه أن يعمل دائماً لخلق روح الفريق المتكامل والمتعامل المتحد الأهداف والطموحات.

4. تشكيل شبكة من الاتصالات العمودية والأفقية:

وذلك لنقل المعلومات والأفكار والقرارات والإطلاع على مجريات الأمور، وتذليل الصعوبات أو معرفتها ليكون الجميع في أجواء العمل وتفهم حاجاته ومتطلباته.

5. المتابعة والإشراف:

فنجاح واستمرار الكثير من الأعمال يعود على مهمة المتابعة التي يقوم بها المدير مباشرة أو بوساطة المهام والخطط، كما تعد المتابعة المستمرة وسيلة للثواب والعقاب وأداة للإصلاح والتقويم والتطوير، وأيضاً تعد مهمة كبيرة لاكتشاف الطاقات الكبيرة من تلك الخاملة، لتحفيز الخامل وترقية الكفء المتحمس إلى

غير ذلك من فوائد جمة، فمهمة المتابعة المتواصلة من المدير تعد من أكثر المهام تأثيراً على الإنجاز وتحقيقاً للنجاحات.

أدوار القائد

هناك دورين أساسين للقادة يجب عليهم الاهتمام بهما، وهما:

1. إنجاز المهمة، ولهذا تتواجد مجموعتهم، ويضمن القادة الوفاء بهدف المجموعة، وفي حالة عدم الوفاء بالهدف فإن النتيجة ستكون حالة من خيبة الأمل وعدم الاتساق والنقد وربما في النهاية تفكك المجموعة.

2. الحفاظ على العلاقات الفعالة ما بين أنفسهم وأعضاء جماعتهم، وبين الأفراد داخل المجموعة.

وهذه العلاقات ستكون فعالة إذا ما ساهمت في إنجاز المهمة، ويمكن تقسيمها على المعنيين داخل الفريق وروحه المعنوية وإحساسه بوحدة الهدف، وعلى هؤلاء المعنيين بالأفراد وكيفية تحفيزهم.

وأشار جون أداير الخبير في مجال القيادة، منذ وقت مضى إلى أن هذه المطالب يمكن التعبير عنها بأفضل صورة باعتبارها ثلاث احتياجات يجب على القادة العمل لإشباعها، وهي:

1) احتياجات المهمة لإنجاز العمل.

2) احتياجات الأفراد للتنسيق بين احتياجات الأفراد واحتياجات المهمة والمجموعة.

3) احتياجات المجموعة لبناء روح الفريق والحفاظ عليه.

الطابع الشخصي والرؤيا التنظيمية

الطابع الشخصي يلزم كل قائد في أي وظيفة كانت أن يعرف نفسه كي يتفاعل مع احتياجات العاملين ومركبات البيئة وليتأكد مما سيحققه، والدوافع

تحركه، وأي واقع يريد أن يغيره محاولاً التعلم من أشخاص يتأثر بهم إضافة إلى تجربته وخبرته السابقة.

المدير الذي ينمو في جو مانع ومحدد ويتعامل مع شخصيات تقليدية، قد يكون الهدف من قيادته خلق بيئة تتمتع بالحرية والمرونة والنمو الشخصي، ومدير آخر يرى أن هدفه أن يخلق جواً داعماً مليئاً بالتنافس على مبدأ صراع البقاء.

الطابع الشخصي قد يتأثر من مراحل شخصية في التطوير والنمو في تحقيق ما توقع الآخرون تحقيقه، فولت دسني أقام مؤسسة كبيرة مؤمناً بأنه بالإمكان تحقيق أي حلم إذا كان واضحاً ومحدداً.

والطابع الشخصي للقائد قد يؤثر على طريقة تفكيره وعمله في كل إطار يعمل فيه، ويتخذ مسارات أخرى في كل بيئة تنظيمية جديدة مثل مؤسسات الجيش والكيبوتس وما إلى ذلك.

مما ذكر أعلاه أن الرؤيا هي تحقيق الطابع الشخصي في إطار بيئة تنظيمية معينة مع كشفه الرؤيا الموجودة في المؤسسة. القائد صاحب الرؤيا النابعة من أهداف مؤسسة معينة (تكنولوجيا، حضارة، مركبات إنسانية) ومن رؤيا شركاء المؤسسة يشبه القائد (جامع النفايات)، الذي يفتش عن رؤيا الأقسام كي يجمعها ويضمها في رؤياه.

وفي هذا السياق قد يكون هنالك فوارق بين المبادر الذي ينظم الرؤيا كما يريد، وبين القائد الذي يساعد منظمة ما لتحقيق الدوافع الموجودة في داخلها، إن هنري فورد (صاحب شركة فورد للسيارات)، (الحقل الصناعي ومصانع يسكار) الذين بنوا مؤسسات وفقاً لحلمهم وسبب ذلك بالعاملين معهم إلى تحقيق الدوافع وأهداف في مؤسساتهم، فإن المقام المشترك لهم جميعاً هو تقدم المؤسسة لمستقبل أفضل.

الصور المستقبلية، خدمة الهدف والرؤيا في خدمة الفحوى (المغزى)

في كل تجربة للرؤيا المستقبلية يوجد اضطراب بين الهدف والرؤيا، ومن ذلك ينتج اضطراب بين الإستراتيجية والتقنيات والقيم ومع أن لكل من الهدف والرؤيا قنواته الخاصة إلا أنهما يكمل كل منهما الآخر في إطار الرؤيا التنظيمية العامة.

الهدف : يتركز في معرفة الأسباب الرسمية لوجود المؤسسة وأعمالها المركزية التي تثبت مصداقيتها. وجودتها على مدى الأيام، سواءً كانت المؤسسة تجارية (كي تضمن الأرباح الهائلة) أو كانت مؤسسة تؤدي الخدمة (كي تكسب انتماء أعضائها لها).

الرؤيا : تتركز في الطريقة التي تعمل بها المؤسسة لتحقيق الأهداف، والهدف يميز بين المؤسسات على أساس المعطيات في تركيبها: مثلاً التكنولوجيا، نوعية الناس، الحجم، وهنا يتركز الهدف فيها على أسس القيم والدلالة، فقد يحصل أن شركتان متشابهتان في الهدف، ينما تختلفان في الرؤيا التي تمثل القادة أو مطوري السياسة مثل وحدات الجيش والرياضة. من كل هذا نستنتج أن مسيرة تخطيط والعمل في المؤسسات يتطلب الدمج بين ذراعين، الأول يؤدي إلى المهام والفعاليات والثاني يؤدي إلى الالتزام والمعنى.

المهام المركزية في عملية الواقعية (تحويل الرؤيا إلى الواقع)

أ- ربط الشركاء في الرؤيا وتجنيد الالتزام :

- مسار التسويق؛ وذلك يعني أن مدى وضوح الرؤيا وبلاغة القائد يعنيان الاحتمالات لخلق المهمة الأساسية.

- المسار القيادي: أهميته في أن يفهم الشركاء للرؤيا الضمانات لمستقبل أفضل لكل شريك. وإلى حد يرى الشريك أن الرؤيا التنظيمية تجيب على احتياجاته الشخصية وتؤكد رؤياه الشخصية " وإلى أي حد تساعد الرؤيا في مؤسسة الدوافع الفكرية، وهذه التساؤلات تشير إلى مقدرة القائد في التأثير

على المشاعر : يشعل المشاعر ليجذب التفكير وليتطرق شخصياً للعامل نفسه، وبالرغم من ذلك فكلما تكون لرؤيا واضحة تكون مهمة القائد أبسط وأسهل.

ب. تخطيط التدخل الحاسم (المصيري) للقائد في خدمة القيم المركزية:

بناءً على الفرضية أن القيادة تتمثل بالأعمال وليس بالأقوال على القائد أن يفتش عن الطرق التي تعبر عن أهدافه من خلال سلوكياته التنظيمية، إضافة إلى كونه القدوة الرسمية، فيطلب منه أن يفتش عن أعمال ومؤشرات ومنظمات بواسطتها يحقق ويقدم أهدافه.

ج- تشكيل طواقم وأطر لتحقيق القيم : (بناء جهاز على ضوء الرؤيا):

إضافة إلى توظيف الالتزام الشخصي لكل شريك، فإن على القائد أن يبني الجهاز بشكل يفيد ويوجه أعضاءه للسلوك اليومي، بما يناسب الرؤيا، وكذلك عليه تهيئة كافة مركبات الجهاز لتحقيق الرؤيا.

مراجع الفصل الأول

1. عوض، عباس محمود، (1986). القيادة والشخصية.
2. نور الله، كمال، (1992). وظائف القائد الإداري.
3. Owens، Robert G، Organization Organizational Behaviour In Education. (1995).
4. Wise Carol، Public Administration And Public Policy. (1977).
5. Loab، Marshall and Kindel، Stephen، Leadership for Dummie. (1999).
6. كنعان، نواف، (1980).القيادة الإدارية.
7. رفيو، هارقرد بيرنس، (1996). القيادة الإدارية أراء مجموعة من كبار التنفيذيين.
8. السلمي، علي، (1999). المهارات الإدارية والقيادية للمدير المتفوق.
9. Afsaneh Nahavandi.، The Art and Science of Leadership. (2003).
10. Bennis، W، and naus ،. B.، Leaders : The stratgies for takinig charge. (1985).
11. http://www.alwww.jazirah.com.sa/magazine/29102002/aj7.htm

الفصل الثاني

التغير في القيادة الإدارية

-تعريف الغيير

- ماالذي يتم تطويره وتغييره

- مداخل التغيير

- أهمية التغيير

- خصائص أدارة التغيير

- أنواع التغيير

- عوامل نجاح التغيير

- معوقات التغيير وكيفية التغلب عليه

- تهيئة المناخ الصحي للتغيير

- دور التغير في القيادة

- أسباب التغير والتجديد

- مراحل التغير والتجديد

تعريف التغيير

هو الانتقال من مرحلة أو حالة غير مرغوبة إلى مرحلة أو حالة أخرى مرغوبة، والتي يفترض فيها أن تكون أكثر ايجابية وتلقى قبولاً لدى أغلبية العاملين في المنظمة، ويتطلب التغيير جهوداً متواصلة ومضنية من المنظمات ومن المديرين في التخطيط لعمليات التغيير، ومجابهة ردود الأفعال الناجمة عنها المتمثلة في شعور العاملين بعدم الاتزان، وعدم القدرة على التصرف وهذه ما يعرف (بالصدمة)، ثم بعد ذلك عدم التصديق ببدء دوران عجلة التغيير وفي بعض الأحيان يكون الشعور بالذنب من قبل العاملين الذين يعتقدونأنهم هم السبب في التغيير المفاجئ وانتهاء بقبوله.

ما الذي يتم تطويره وتغييره

أولاً: الأفراد:

يدور المنطق حول ضرورة تغيير وتطوير الأفراد بالشكل التالي، أن الأداء الناجح للأفراد داخل أعمالهم ومنظماتهم يعني أن هناك توافقاً بين الأفراد (اهدافهم ودوافعهم وشخصياتهم وقدراتهم وآمالهم) من ناحية، وبين الادارة، اعمال ووظائف وأهداف وتكنولوجيا وإجراءات من ناحية أخرى، إلا أن دوام الحال من المحال، فكل من الأفراد والمنظمات يتغيران بصورة دائمة، ويسبب هذا التغيير عدم توافق الأفراد مع الادارة مما يسبب مشاكل الأداء السيء وإنخفاض الرضا عن العمل، وهنا يجب إجراء بعض التدخل في الأنظمة المؤثرة على الأفراد مباشرة لكي نعيد التوافق والإتزان بين طبيعة الأفراد من جهة وطبيعة التنظيم من جهة أخرى.

ما الذي يتغير في الأفراد

إن التغير الذي يحدث في الأفراد يترتب ضرورة التدخل بإستخدام أساليب التطوير التنظيمي، فما الذي يتغير في الأفراد ويقلب التوافق بين الأفراد ومنظماتهم؟ وهذا القائمة تشمل:-

1- إهتمام متزايد بالنقود والأجور:

- زيادة ثقة المرؤوسين برؤسائهم من حيث قدرتهم على التصرف السليم.

- الإرتفاع في طموح صغار السن بالشكل الذي يتجاوز إمكانيات الوظائف الحالية.

- الثقة في جدوى أنظمة الحوافز والجزاءات وقدرتها على التمييز بين الطيب والسيء.

2- المشاركة في اتخاذ القرارات.

- الإحساس بأهمية الكسب الوقتي السريع.

ثانياً: جماعات العمل:

- ما الذي يتغير في جماعات العمل، ويتضمن هذا ما يلي:-

1) يتغير تشكيل الجماعة من وقت لآخر .

2) غير قيم ومعايير الجماعة، أي أن الأنماط السلوكية المقبولة بواسطة أفراد الجماعة قد يحدث فيها تغيير ، مما يؤثر بالتبعية على محاولات التطوير التنظيمي.

3) تماسك الجماعة قد يزداد قوة أو ضعف.

4) الأساليب المستخدمة في علاج وحل المشاكل.

5) أساليب الإتصال الجماعي قد تتغير أنماطها.

6) أساليب المشاركة في التصرف.

مداخل التغيير

المدخل الأول: مدخل رفض الماضي:

بمعنى رفض ما هو قائم الان، وهذا المدخل يتم استخدامه في حالة الثورات الشعبيه الجارفه، ومن منطلق الإصلاح للعلاقات الاقتصادية والاجتماعية، ومن خلالها تتأسس مجموعه من قواعد ومبادئ حاكمه لعملية التغيير، وتقوم على

عناصر رفض الماضي وهي تجسيم ظلم الماضي/ اظهار خطايا الماضي/ اعلان اسرار الماضي/ فتح باب التعويض عن المتضررين من الماضي، وبذلك نكتسب قوة دافعه جديده لاحداث التغيير وتدعيمه.

المدخل الثاني: مدخل الانفصال عن الحاضر:

واهمية هذا المدخل تكمن في ان الوضع الراهن يكون المجتمع ضحية تيارات عاصفه ومتناقضه من الاراء والافكار والقيم، ونجد اهمية منهج في ضرورة الانفصال عن الواقع الراهن بابعاده وجوانبه، حتى يمكن احداث التغيير المطلوب وكذلك اظهار عقم وسلبية الاوضاع الراهنه، وهناك عدة اساليب يمكن من خلالها التغيير عن طريق الانفصال عن الحاضر، ومن هذا المرحلة ما يلي:-

أ- أسلوب البعث من الحاضر: حيث يتم التصور انه بعث من الماضي الى الحياة، وأنه امل جديد يعيشه المجتمع واختيار طريق واحد نسير جميعاً فيه لتحقيق اهدافنا المشتركه.

ب- أسلوب اليقظه الحاضر: ويقوم هذا الاسلوب على اثارة العديد من الاسئلة الذكيه تعمل على اذكاء الرغبه في الانسلاخ من الحاضر.

ج- أسلوب الصحوة الحاضر: وهي مرحله بنائيه ادراكيه شامله تقوم على تعميق الوعي والاحاطه بمشاكل الحاضر وعيوبه، ويفرض ضرورة التدخل والتحرك لمعالجته. وأن هذا الوعي الكامل يدرك الامكانيات والموارد والطاقات المتوفره والتي يمكن توفيرها.

د- أسلوب النهضه نحو التغيير: وهي مرحله سلوكيه فاعله ترتكز على الفعل والسلوك والحركه، حيث البناء ووضع الاسس الارتكازيه واعمدة الهياكل التى تعطي شكل التغيير وملامحه.

أهمية التغيير

1. الحفاظ على الحيويه الفاعله، حيث تكمن أهمية التغيير في داخل مؤسسه او منظمه الى التجديد والحيويه، وتظهر روح الانتعاش والمقترحات، كما تختفي روح اللامبالاة والسلبيه والروتين الذي يقتل الابداع والانتاج.

2. تنمية القدرة على الابتكار، فالتغيير دائماً يحتاج الى جهد للتعامل معه على اساس أن هناك فريقين منهم ما يؤيد التغيير ويكون التعامل بالايجاب ومنهم مايتعامل بالمقاومة ذلك التغيير، كما ذكر طارق السويدان (التغيير يطلق كما هائلاً من مشاعر الخوف من المجهول وفقدان الميزات او المراكز وفقدان الصلاحيات والمسؤوليات).

3. ازكاء الرغبه في التطوير، يعمل التغيير على التحفيز وازكاء الرغبات والدوافع نحو التغيير والارتقاء والتطوير وتحسين العمل، وذلك من خلال عدة جوانب:-

أ- عمليات الاصلاح ومواجهة المشكلات ومعالجتها.

ب- عمليات التجديد وتطويرالقوى الانتاجيه القادرة على الانتاج والعمليات.

ج- التطوير الشامل والمتكامل الذي يقوم على تطبيق أساليب انتاج جديدة من خلال ادخال تكنولوجيا جديدة ومتطورة .

4. التوافق ايضاً الى أهمية التغيير لتوافق مع التكنولوجيا وعولمة التجارة، والتي تقود تلك الاتجاهات وتسيطر عليها، فانه يجب علينا أن نتعلم كيف نتوافق وبسلامه مع هذا التغيير أو نقوم بأداء الدور الصعب للتوافق معه، فالتجديد الاقتصادي على سبيل المثال عامل منشط ومطلب ضروري يفرز بعض المفاهيم والمبادئ الاقتصادية الحديثة في الفكر الاقتصادي المحلي والعالمي، ادارة التغيير هي النواة والحلقة المفقودة، وكذلك التغيير في المؤسسلت التعليم العالي حيث نجد أنه لابد من التغيير لتوافق معزخم التغيير المتواصل.

5. الوصول الى درجه اعلى من القوة والاداء.

خصائص أدارة التغيير

1- الإستهدافية:

التغيير حركة تفاعل ذكــي لا يحدث عشوائياً وارتجالياً، بل يتم في إطار حركة منظمة تتجــه إلى غـاية معلومــة ومواقـــف عليها ومقبولة من قوى التغيير.

2- الواقعية:

يجب أن ترتبط إدارة التغيير بالواقع العملي الذي تعيشه المنظمة ، وأن يتم في إطار إمكانيتها ومواردها وظروفها التي تمر بها .

3- التوافقية:

يجب أن يكون هناك قدر مناسب من التوافق بين عملية التغيير وبين رغبات واحتياجات وتطلعات القوى المختلفة لعملية التغيير .

4- الفاعلية:

يتعين أن تكون إدارة التغيير فعالة ، اي أن تملك القدرة على الحركة بحرية مناسبة ، وتملك القدرة على التأثير على الأخرين ، وتوجيه قوى الفعل في الأنظمة والوحدات الإدارية المستهدف تغييرها .

5- المشاركة:

تحتاج إدارة التغيير إلى التفاعل الإيجابي ، والسبيل الوحيد لتحقيق ذلك هو المشاركة الواعية للقوى والأطراف التي تتأثر بالتغيير وتتفاعل مع قادة التغيير.

6- الشرعية :

يجب ان يتم التغيير في إطار الشرعية القانونية والأخلاقية في آن واحد.

7- الإصلاح:

حتى تنجح إدارة التغيير يجب أن تتصف بالإصلاح ، بمعنى انها يجب أن تسعى نحو إصلاح ما هو قائم من عيوب ، ومعالجة ما هو موجود من اختلالات في المنظمة .

8- القدرة على التطوير والابتكار:

يتعين على التغيير أن يعمل على إيجاد قدرات تطويرية أفضل مما هو قائم أو مستخدم حالياً، فالتغيير يعمل نحو الأرتقاء والتقدم وإلا فقد مضمونه .

أنواع التغيير

1- التغييرات الغير المخططة: وتحدث نتيجة التطور والنمو الطبيعي في المؤسسة ، واضطرارها للتعامل مع المتغيرات.

2- التغييرات المخططة : وتحدث من أجل أن تعد المؤسسة نفسها لمجابهة التغييرات المتوقعة.

3- التغييرات المفروضة: تفرض جبراً على العاملين ، وتسبب الإحباط، وقد تزول بزوال الشخص الذي فرضها.

4- التغييرات بالمشاركة: تتم بمشاركة العاملين في التخطيط للتغيير وتنفيذه وهي أكثر استمرارية.

عوامل نجاح التغيير

هناك العديد من العناصر التي يجب أخذها في الاعتبار لضمان نجاح الجهود المبذولة في التطبيق منها:-

1) خلق رؤية عامة مشتركة في كل المؤسسة (دور الإدارة العليا).

2) إدارة عملية التغيير (دور المسؤول عن إحداث التغيير) .

3) تحديد العلاقة بين المخططين والمنفذين .

4) بناء وتوطيد العلاقات القوية الفعالة بين الفنيين والإداريين.

5) التطبيق على مراحل التدريب وتشجيع الأفكار الإبتكارية.

6) المحافظة على استمرارية جهود التغير وتشجيع ودعم نتائج التحفيز والمكافأة .

معوقات التغير وكيفية التغلب عله

أولاً: معوقات التغيير:

- الخوف من الخسارة المادية أو توقع كسب مادي: حيث قد يسود الاعتقاد بأن أعباء عملية التغير معظمها ستقع على إدارت المستويات الوسطى والعاملين، هذا الاعتقاد سيتحول على خوف قد ينتج مقاومة شديدة

للتغيير، وفق هذا المنظور يسود الشك بأن التغيير يعني استغراقاً أكثر في العمل مقابل تخفيض محتمل للأجر؛ أما إدا تمكن قياديو التغيير من إقناع المنقادين بأن عملية التغيير ستعود بالكسب على الجميع، فإن الجميع سينخرطون ويجتهدون في عملية التغيير.

- الشعور بالأمان أو بالخوف: قد يتطلب الوضع الجيد توصيفاً وظيفياً جديداً ينشأ التزامات تجاه معايير الجودة مثلاً، وهذا ما يدفع البعض على الشك في قدراتهم للالتزام بهذه المعايير، وبالتالي التخوف من فقدان المنصب أو التدحرج في السلم الوظيفي، وهذا كما قد ينشأ مقاومة للتغيير تسعى للحفاظ على الوضع الحالي؛ بالمقابل إذا تمكن قيادي المؤسسة من تلبية حاجات الأمان لدى الجمهور الداخلي من خلال إشعاره بأهمية كل الوظائف في إنجاح التغيير وقيادة المؤسسة نحو التمييز.

- الخوف الاجتماعي أو المساندة الاجتماعية: قد يفرض التغيير التنظيمي أن يفصل الفرد عن فريق العمل الذي تربطه به علاقات إنسانية مميزة، وحتى قد يفرض عليه العمل بمعزل عن الآخرين، وهذا ما قد يدفعه إلى السعي الحثيث بهدف المحافظة على الوضع، أما إذا لعب قياديو التغيير في المنظمة دوراً إيجابياً واقنعوا منقاديهم بأن التغيير التنظيمي المستهدف سيزيد من فرص الانتماء الاجتماعي لاتساع دائرة التفاعل والمعاملات.

- درجة الثقة مع قيادي التغيير في المؤسسة: إن الثقة الكاملة في قياديي التغيير وغياب الحساسية السلبية معهم يجعل الفرد يتقبل المهام التي توكل إليه في إطار التغيير، دون الاعتقاد أن هذه القيادة متحاملة عليه لأنها تكثر التوجيهات، ولكي تكسب القيادة هذه الثقة وتقضي على الحساسيات في المهد ينبغي أن تشرح أبعادُ، والغايات والأهداف الحقيقية المبتغاة من التغيير التنظيمي في حدود استيعاب كل مستوى تنظيمي.

- الثقافة الفردية: قد تتعارض بعض محاور التغيير مع ثقافة الفرد وأبعادها الحضارية، وهذا ملا يجعله مرتاحاً في عملية الانخراط في هذا النهج،

ومن هذا المنظور ينبغي على مصممي برامج التغيير التنظيمي وقيادييه مراعاة هذا البعد الخطير وإدارة المزيج الثقافي المنظمي بعناية.

ثانياً: التغلب على أسباب مقاومة التغيير:

يجب تحليل المعلومات المتعلقة بأسباب مقاومة التغيير، فشدة المقاومة مثلاً تكشف النقاب عن:-

- درجة تقبل التغيير.

- أين تكمن حساسية المرء.

- عوامل شاملة أو آثار مهملة.

وبصفة عامة يمكن التغلب على أسباب مقاومة التغيير بما يلي:

1- اعتراف الإدارة العليا بالمشكلة.

2- بناء الثقة بين العاملين والإدارة العليا.

3- توسيع قاعدة المشاركة لأحداث التغيير.

4- عدم طلب المستحيل (التأكد أن التغييرات المستهدفة معقولة وممكنة).

5- تقديم الحوافز من أجل التغيير.

6- استخدام الدوافع الإنسانية مثل دوافع الإنجاز والتفوق والانتماء من أجل التغيير.

7- اختيار الوقت المناسب لتطبيق خطة التغيير.

تهيئة المناخ الصحي للتغيير

1. تستطيع الإدارة أن تستفيد من العمليات الإدراكية للعاملين، ثم تفسيرها التفسير الواقعي الصحيح، الذي يساعد على الاستجابة الملائمة.

2. يمكن للإدارة أن تنشئ مناخاً صحياً للتغير، ينشرها وتبينها لقيم سليمة بناءة بينهما وبين العاملين قوامها الصريحة التغيير الوجهة السليمة.

3. تستطيع الإدارة من خلال التعريف على اتجاهات العاملين الصحيحة وغير الملائمة أن تصنع التخطيط السليم للتغير.

4. يمكن أن تستفيد الإدارة من دوافع العاملين، في توجهها نحو التغير المطلوب، وتقديم الإشباع الملائم عن طريق المشروع المناسب من الحوافز وإعطاءها المزايا التي يحملها التغيير لتقديم مزيد من الإشباع لحاجات العاملين.

دور التغير في القيادة

إن القيادة الإدارية تحتاج بين الحين والآخر إلى تغير وتجديد مستمرين في ملائمة ومسايرة للتطورات التقنية والاجتماعية والاقتصادية، حيث بات سرعة التغيرات تلك لايمكن مجاراتها بعدم تغيير جذري لطريقة التفكير ونبذ التقاليد الإدارية الموروثة والتي لا تعتمد على الفكر التطوري الإنساني ولا تتلاءم مع التطورات التقنية المتسارعة.

أسباب التغير والتجديد

ما الذي يدفع بالمرء إلى اتخاذ قرار هجر القديم وتبني الجديد المجهول الغير مجرب ؟ وما سيأتي به التغير ما لم يتمكن من إنجازه القديم المبادئ ؟ هل هناك دوافع غريزية لدى البشر تدفعهم إلى التجديد أو التغير والبحث المستمر عن الجديد، أن ملائمة الواقع الجديد والاستمرارية وضمان البقاء عوامل تدفع للجديد المستحدث أو ربما يسمى أحدهم "بدعه" ويكون نهاية المطاف والطريق . نرى من الناحية العامة أن هناك العديد من أسباب الداعية إلى التغير أهمها : التطور الحاصل في البيئة المحيطة بنا (العولمة ، قصر دورة الحياة السلع ألإنتاجية والخدمات ، سرعة التطور التقني)، تغيرات طرق العمل كل هذا التغيرات التي تفرض على القيادة الإدارية وتدفعه إلى اتخاذ قرارات التحديث والتغير، حيث أن القيادة الواعية ترى مجمل الصورة بأكملها نتيجة حتمية وشرطية للتغيرات الحاصلة في البيئة المحيطة التي تنعكس على مجمل نشاطات وفعاليات ومسؤوليات القيادة الإدارية .

القلة في الكادر القيادي واعتماد القيادة الإدارية على استشاريين ومجموعات مؤازرة وعلى شكل مجامع تشترك في مشروع مؤازرة للقيادة الإدارية. لذا يستوجب تناسب دور القيادة الإدارية وتتلاءم مع الطرق الحديثة للعمل نرى هنا أهمية ظهور مجاميع مستقلة ضمن الإدارة تعمل منفصلة أو على كل شبكات منظمة تعمل بصورة جماعية.

كذلك نرى أن أحد أسباب التغير هو ظهور العنصر النسائي في القيادة الإدارية بعد أن كانت هذه المجموعة الفعالة من المجتمع بعيدة عن القيادة التي ظل العنصر الرجالي المسيطر عليها، هذه الطبقة الجديدة من النساء المثقفات والواعيات لمسؤوليتهن في المجتمع قد تكون طرقهن في الإدارة مختلفة عن زملائهم ولذا يستوجب على الإدارة اتخاذ قرارات التغير.

استخدام العلم كأداة وسلاح في داخل المؤسسات والمنظمات أدى الى ظهور فرع جديد من الرقابة بين الإدارات تعتمد على أساس "العلم" حيث رقابة الأفراد من ناحية تسلحهم بالمعارف الحديثة.

تزايد تلك المعارف والعلوم وباستمرار بين العاملين أدى الى مشاركتهم الفعالة في الإدارة وقراراتها، بالإضافة الى تحولهم الى جهة تقيم وتراقب وتؤثر على أداء القيادة الإدارية من ناحية، ومن ناحية أخرى تشارك في عملية التخطيط ورسم سياسات الإدارة وفي عملية المتابعة.

وجود القيادة الإدارية على رأس السلطة الإدارية مهم للعاملين وحاجة ملحة حيث شعور الأمن والاطمئنان والضمان في الحياة العلمية مرتبط دوما بوجود سلطة قيادية قوية وواعية.

مراحل التغير والتجديد

التغير يمر دوماً بمراحل متعددة وقامت العالمية الاجتماعية منها:-

1- المرحلة الأولى: من التغير يواجهان دوماً نوع من الخوف والرفض والشك في النوايا، حيث تكون كل الطاقات في البداية موجها الشخص الذي يتخذ القرار والعاملين المستفيدين من خدمات المؤسسة والمواطنين ، تكون عدم الوضوح

في الصورة النهائية الكاملة ومعرفتة نتائج التغير أو الإصلاح وما يترتب عليها من مسؤوليات على الفرد العادي من أكبر المعوقات التي تجابه الإدارة في هذه المرحلة.

تدريجاً تتوجه كل الطاقات نحو الداخل حيث يزداد الغضب والمقاومة للتغير ، هنا نرى أهمية دور القيادة الإدارية في الاستماع الى العاملين والحوار معهم والتعاطف مع أفكارهم وآرائهم واحترام رأي الجميع، في المرحلة التالية تكون الطاقة موجهة نحو الداخل وتحت ظروف تسودها الفوضى والشك حيث من وسط هذه الظروف تخرج الحاجة الى التغير والتنظيم للمجاميع والأفراد.

2- مرحلة ردود الفعل: الحاجة الى التغير تأتي من عدم الرضا بالموجود ورؤية الجوانب السائدة فيها وفي تطبيقها الحالي ، هذه الحاجة تكون متفاوتة من شخص الى آخر حسب موقعه في داخل المؤسسة ومدى ارتباطه المباشر والمعني بالأمر الذي يراد تجديده ويقابل ذلك رفض مشابه لما يأتي من تجديد، كذلك خاصة إذا كان قرار التجديد من السلطات العليا دون أخذ رأي العاملين في المؤسسة وإعلامهم عن تلك التغيرات ، هذه الحالة تؤدي الى نشر الشائعات والأفكار السلبية الغير علمية والتي تعتمد في الأساس على افتراضات خيالية وقد ذكرت عدد منها كفقد الوظيفة أو المكانة والدرجة وأمور أخرى كثيرة.

3- مرحلة المقاومة للتجديد أو التغير: كلما كانت المشاركة كبيرة في عملية التغير كلما كانت النتائج إيجابية وتطبيق التجديد أسهل ومقبول لدى الجميع هذا المبدأ العام يمكن تطبيقها في كافة مجالات الحياة.

4- مرحلة تحقيق الهدف: هذه المرحلة تسودها الفوضى التي تقود في النهاية الى التغير والقول والرضوخ إليه ، هنا نرى أن الأكثرية قد نال تغير استحسانهم وتحول جزء طبيعي من حياتهم اليومية.

5- مرحلة الرهان: وضع الثقة والأمل بيد المستقبل وتعين أهداف نبيلة وسامية عالمية وربما الى درجة المستحيلة كي تكون للكفاح معنى آخر وللنجاح والتفوق طمعا آخر . عندما تصل القيادة الإدارية في عملية التجديد الأخيرة يكون معظم العاملين في المؤسسة قد باركوا التجربة وقبلوا بمبدأ التغير.

مراجع الفصل الثاني

1. كورتوا، تعريب المقدم ميثم الايوبي، (1986). لمحات في فن القيادة.

2. عبد الباقي، صلاح الدين محمد، (2001). السلوك الإنساني في المنظمات.

3. حنفي، عبد الغفار ، (1993). تنظيم وإدارة الأعمال.

4. حسن، رواية، (2004). السلوك التنظيمي المعاصر.

5. Dessler, M. Gary, (2001). Management, Leading People and Organizations in The 21 Century.

6. Lussier, Robert N, (1996). Human Relations in Organizations.

7. المدهون، موسى، (1999). الاستراتيجية الحديثة للتغيير والإصلاح الإداري.

8. عامر، سعيد يسن، (1992). استراتيجيات التغيير وتطوير المنظمات الأعمال.

9. عوض، عباس محمود، مرجع سابق.

10. David Allison, (1971)). Decision Making in Changing Word.

11. مرجع سابق Loab, Marshall and Kindel, Stephen

12. http://links.islammemo.cc/filz/one_n...asp?IDnews=311

13. http://www.islamtoday.net/articles/show_articles_content.cfm?

الفصل الثالث

الادارة التعليمية ودورها في القيادة
التربوية

-تعريف الادارة

-التطور التاريخي لمفهوم الإدارة (التربوية)

-ميادين الإدارة (مجالات الإدارة التعليمية)

- مفهوم الإدارة التعليمية

- هل الإدارة علم أم فن ، أم هي مزيج من الاثنين

- الفرق بين الادارة التعليمية والادارة التربوية

- مراحل التطور في مجال القيادة التربوية

- تعريف القيادة التربوية

- طبيعة القيادة التربوية

- أهمية القيادة التربوية في المؤسسات التعليمية

- نظريات القيادة التربوية

- الفرق بين معنى القيادة والمفاهيم المرتبطة معها

- مهارات وسمات القيادة الناجحة في التربية

- اختبار الذكاء الانفعالي لدى القائد

- مهارات القائد التربوي

- صفات القائد التربوي

- أنماط القيادة

- أنماط القيادة التربوية

- نظريات القيادة التربوية

- كفايات ومسؤوليات القيادة

- اكتشاف وتدريب قيادات المستقبل - خطة عمل

أنماط (أنواع) القيادة المدرسيّة

تعريف الادارة

هي عملية التخطيط وإتخاذ القرارات الصحيحة و المستمرة، والمراقبة والتحكم بمصادر المؤسسات للوصول إلى الأهداف المرجوة للمؤسسة، وذلك من خلال توظيف وتطوير والسيطرة على المصادر البشرية والمالية والمواد الخام والمصادر الفكرية والمعنوية.

وهناك بعض التعاريف التي وضعها كبار علماء الادارة، و ذلك في محاولة للتوصل إلى تعريف أكثر تكاملاً، و فيما يلي بعضاً من هذه التعاريف :

- تايلور: الإدرة هي القيام بتحديد ما هو مطلوب عمله من العاملين بشكل صحيح ثم التأكد من أنهم يؤدون ما هو مطلوب منهم من أعمال بأفضل وأرخص الطرق.

- فايول: تعني الإدرة بالنسبة للمدير أن يتنبأ بالمستقبل و يخطط بناء عليه، وينظم و يصدر الأوامر و ينسق ويراقب.

- شيلدون: الإدرة وظيفة في الصناعة يتم بموجبها القيام برسم السياسات والتنسيق بين أنشطة الإنتاج و التوزيع و المالية و تصميم الهيكل التنظيمي للمشروع و القيام بأعمال الرقابة النهائية على كافة أعمال التنفيذ.

- وليم هوايت: إن الإدارة فن ينحصر في توجيه و تنسيق و رقابة عدد من الأشخاص لإنجاز عملية محددة أو تحقيق هدف معلوم.

- ليفجستون: الإدارة هي الوظيفة التي عن طريقها يتم الوصول إلى الهدف بأفضل الطرق و أقلها تكلفة وفي الوقت المناسب وذلك باستخدام الإمكانيات المتاحة للمشروع.

في ضوء التعاريف السابقة يمكننا وضع تعريف أكثر تكاملاً للإدارة، و ذلك على النحو التالي:

الإدارة نشاط يعتمد على التفكير والعمل الذهني يستخدم أسساً ومبادىء معينة، جمعت في وظائف أربع هي: التخطيط والتنظيم والتوجيه والرقابة.

الهدف الأساسي من تنفيذ هذه الوظائف استخدام الإمكانيات البشرية و المادية في المنشأة أحسن استخدام و خلق الجو الصالح المناسب لتشغيل كافة الموارد المتوفرة إلى أقصى طاقاتها الممكنة، لتحقيق الأهداف المنشودة بأقل التكاليف، مراعية في ذلك الناحية الإنسانية في معاملة العنصر البشري و تحقيق أكبر قدر ممكن من التعاون في المشروع.

يمكننا أن نصنف الإدارة تصنيفاً عاماً وشاملاً على أساس الهدف من النشاط (اجتماعي خدمي - مادي) فتصبح الإدارة بذلك نوعين:

1- إدارة الأنشطة ذات الهدف الخدمي الاجتماعي (ادارة القطاع الحكومي أو الإدارة العامة).

2- إدارة الأنشطة ذات الهدف المادي (إدارة القطاع الخاص أو إدارة الأعمال).

التطور التاريخي لمفهوم الإدارة التعليمية (التربوية)

إن قصة تطور التربية وانعطافاتها الكبيرة ، هي في بعد من أبعادها الأساسية قصة تحول من نمط تقليدي إلى نمط إداري جديد أو حديث ، فنشوء المدرسة كثورة تعليمية في التاريخ القديم كان معناه قيام إدارة جديدة أو عصرية. غير ما درج الناس عليه في تعليم أبنائهم في البيت ومواقع العمل والنشاط في الحياة.

وتحمل الدولة مسؤولية التعليم في العصور الحديثة كان معنها انتقال إدارة التعليم من نمط يقوم على العفوية أو المبادرات التطوعية أو اتباع العرف والتقاليد إلى نمط جديد يعتمد على سلطة الدولة وإشرافها ، ويحتكم إلى مجموعة من القوانين والنظم واللوائح الوصفية التي تنظم العمل والتعامل داخل المؤسسات التعليمية، وفيما بينها وبعضها مع بعض وبينها وبين المجتمع الذي توجد فيه، وهذا يعني تبنى إدارة تعليمية جديدة غير إدارة تعليم الكتاتيب والمساجد.

إلا أن ميدان الإدارة التعليمية الذي يعد اليوم من ميادين الدراسات العلمية الحديثة، ولم تنشأ فكرة الإدارة التعليمية كميدان من ميادين المعرفة أو مهنة من المهن لها قواعد وأصول ثابتة إلا في العقد الثاني من القرن العشرين، كما لم تظهر ذلك التاريخ كتابات أو بحوث متخصصة، وإما كل ما وجد أو نشر حول هذا الاختصاص لا يتعدى أن يكون سوى ملاحظات يغلب عليها طابع البساطة وعدم التخصص ، ومع ذلك فإن تلك البدايات أو المحاولات قد ساعدت على وضع اللبنات الأولى لهذا الميدان فيما بعد ، ثم أخذ هذا المفهوم يتطور تطوراً سريعاً نتيجة لمجموعة من الأسباب تتمثل في:

1- تطور مفهوم إدارة الأعمال والصناعة.

2- توافر العديد من الدراسات في ميدان الإدارة العامة.

3- تأثر مفهوم الإدارة التعليمية بالحركة العلمية، حيث أدى ظهور هذه الحركة إلى انتقال الإدارة التعليمية من إدارة تقليدية تقوم على الارتجال والخبرات الشخصية إلى إدارة علمية تهدف إلى معالجة المشكلات بأسلوب يعتمد على التفكير والاستقراء واستخدام سبل التحليل والقياس والموضوعية.

4- تأثر مفهوم الإدارة التعليمية بحركة العلاقات الإنسانية، حيث أصبحت مجالات العلاقات الإنسانية تشكل المعرفة الرئيسية للإدارة ، فاتجهت الإدارة إلى ممارسة المبادئ الديمقراطية في العمل والتعامل.

5- تأثر الإدارة التعليمية بالمفاهيم النفسية والتربوية الجديدة التي قادها المفكرون التربويون وعلى رأسهم (جون ديوي) ، (كلباترك)، والتي تؤكد في مجملها على شخصية الطفل وحاجاته ورغباته وتشجيع التعبير الذاتي والإبداعي لديه بدلاً من إخضاعه لأنماط مرسومة مسبقاً.

6- استخدام النظريات والنماذج في دراسة الإدارة.

7- تحليل الإدارة إلى بعدين رئيسيين أحدهما يتعلق بالمحتوى ، والآخر بالطريقة الاجتماعية.

8- تأثر الإدارة التعليمية بقوى جديدة وعدد من الظواهر مثل التكنولوجيا، العوامل السكانية والاقتصادية، الانفجار المعرفي، العقائد الأيدلوجية ، والضغوط الاجتماعية.

بعد هذا العرض السريع لمجموعة الآراء والتيارات الفكرية والعلمية والتربوية والاجتماعية والنفسية التي تأثرت بها الإدارة التعليمية، نستطيع استخلاص مجموعة من نتائج هذه الأفكار على الإدارة التعليمية بصفة عامة ومفهومها على وجه الخصوص:

1- تطور مفهوم الإدارة التعليمية الذي أصبح لزاماً أن يتغير ويتطور ويلبي احتياجات المدرسة الحديثة.

2- إن الإدارة التعليمية هي أساس أي تطور وتجديد للتعليم في سبيل تحقيق أهدافه من أجل تطوير المجتمع وتنميته الشاملة.

3- إن ألإدارة التعليمية أصبحت علماً له أصوله وفلسفته وقواعده وأساليبه وطرائقه ، ولم تعد تعتمد على الخبرة و الإجتهادات الشخصية.

4- إن الإدارة التعليمية تعتمد على الشورى، والعلاقات الإنسانية ، والمشاركة ، وليس على الاستبداد بالرأي.

5- إن استخدام التكنولوجيا بأبعادها الآلية والعقلية والاجتماعية أصبح أساس الإدارة التعليمية الحديثة.

6- إن العناية بالعنصر ألبشري في اختياره وتأهيله وتدريبه يأتي في أولويات التطوير الإداري المعاصر .

7- ظهور كثير من البحوث والدراسات التي تعطي أبعاد العملية الإدارية، وكذلك الإدارة الديمقراطية ، والعلاقات الإنسانية وانشغال الباحثين في موضوعات (الإدارة وجودة التعليم) ، و (الإدارة من أجل تعليم متطور).

ميادين الإدارة (مجالات الإدارة التعليمية)

لقد شهد القرن العشرون في بدايته ميلاد علم الإدارة ومحاولة إقامتها على أسس من الدراسة والبحث ، وبدء ذلك واضحاً أول الأمر في مجال إدارة الأعمال ، ثم انتقل إلى الإدارة العامة وفروعها : إدارة الحكومة -

إدارة المستشفيات ، وإدارة التعليم، كما بدء علم الإدارة واضحاً أول الأمر في المجال العسكري الذي ندين له بكثير من المفاهيم والمصطلحات والأساليب الإدارية ، ولكل نوع من هذه الإدارات مشكلاته الخاصة التي تتفق مع طبيعته ، كما أن لكل منها أساليبه الخاصة في معالجة هذه المشكلات وإيجاد الحلول لها.

وجدير بالذكر أن الإدارة التعليمية تتفق مع الإدارة العامة في الخطوات الرئيسية لأسلوب العمل في كل منهما ، فالإدارة التعليمية تشترك مع الإدارة العامة في عمليات التخطيط ، التنظيم ، التوجيه ، المتابعة ، التقويم ، اتخاذ القرارات ، ووضع القوانين واللوائح التي تنظم العمل في كل منهما ، وتسهم الخطوط الرئيسية هذه في إنجاح النظام التعليمي في أداء مهمته والتي تتمثل في :

1- وضع الأهداف العامة للتعليم وتحديد الاستراتيجية التعليمية.

2- تربية الأفراد (التلاميذ - الطلاب) وإعدادهم للحياة في المجتمع.

3- توفير القوى والإمكانات المادية والبشرية لتحقيق الأهداف التربوية.

ومعنى هذا أن الإدارة التعليمية تتفق مع الإدارة العامة في الإطار العام للعملية الإدارية فقط ، أما فيما يتعلق بالتفاصيل فإن الإدارة التعليمية تشتقها من طبيعة التربية والتعليم، فالعمل داخل المؤسسات التعليمية يختلف دون شك عن العمل في المؤسسات الصناعية والتجارية والعسكرية وفقاً لاختلاف أهداف العمل في كل منهما.

مفهوم الإدارة التعليمية

هي الطريقة التي يدار بها التعليم في مجتمع ما وفقاً لأيدلوجية ذلك المجتمع وأوضاعه ، والاتجاهات الفكرية التربوية السائدة فيه ليصل إلى أهدافه من خلال كل نشاط منظم مقصود وهادف يحقق الأهداف التربوية المنشودة في المدرسة، ينظر إلى الإدارة من حيث كونها طريقة وأسلوب.

هل الإدارة علم أم فن ، أم هي مزيج من الاثنين

تقتضي المعالجة العلمية للإجابة عن هذا التساؤل تحديد المسميات والألفاظ:

تعريف العلم: عرف المعجم الوسيط العلم بأنه الإدارك الكلي والمركب ، وقيل: العلم إدارك الشيء على حقيقته.

تعريف الفن : هو التطبيق العلمي للنظريات العلمية بالوسائل التي تحققها .

وقبل الإجابة عن هذا السؤال نود أيضاً أن نوضح الاتجاهات التي كانت سائدة حول الإدارة في الماضي.

الاتجاه الأول : كان اعتقاد الناس فيما مضى يقوم على أن الإدارة فن من الفنون ، يحتاج إلى موهبة شخصية ، مثله في ذلك مثل الرسم والشعر ، ويتسم صاحبها بحسن التصرف في حل المشكلات أو بالقدرة على التنظيم، وكل ما يحتاجه رجل الإدارة هو صقل الموهبة وتنميتها عن طريق الخبرة والتجربة.

الاتجاه الثاني : يقول إن الإدارة لا تعتمد على الموهبة، ولصفات الشخصية وإنما هي علم من العلوم، يخضع للتطور والتجديد، ويتلاءم مع الظروف، ويرتكز على أسس علمية من شأنها أن تعيين الإدارة في ممارسة عمله على أكلم وجه سواء كانت لديه الموهبة أم لا.

إلا أن علماء الإدارة المحدثين يؤكدون على أنه ليس كل من أحاط بالمعرفة الإدارية يمكن أن يكون ناجحاً، وكذلك ليس كل من لم يحط بالمعرفة الإدارية يمكن أن يكون مديراً فاشلاً، ولكن من المؤكد أن للممارسة الإدارية من قبل المديرين جانبين هما العلم والفن ، وليس لأحدهما غنى عن الآخر.

الفرق بين الإدارة التعليمية والإدارة التربوية

يبدو أن الخلط بين الإدارة التعليمية والإدارة التربوية يرجع إلى النقل عن المصطلح الأجنبي **Education** الذي ترجم إلى العربية تارة بمعنى التربية، وأخرى بمعنى التعليم، ومن ثم ترجم المصطلح **Educational Administration** تارة إلى

الإدارة التربوية ، وأخرى إلى الإدارة التعليمية باعتبار أنهما يعنيان شيئاً واحداً، وذلك صحيح إلا أن الذين يفضلون استخدام مصطلح الإدارة التربوية يقصدون التمشي مع الاتجاهات التربوية الحديثة التي تفضل استخدام التربية على التعليم، باعتبار أن التربية اشمل وأعم من التعليم، وأن وظيفة المؤسسات التعليمية هي التربية الشاملة، وبهذا تصبح كلمة الإدارة التربوية مرادفة للإدارة التعليمية.

مراحل التطور في مجال القيادة التربوية

أولاً : القيادة التربوية في الفكر القديم :

لقد بدأت مفاهيم التربية لدى الانسان على كوكب الارض منذ بدايات الأنسان الأولى، ولكنها بطبيعة الحال كان بدايات بسيطة مستمدة من واقع الفطرة التي فطر الناس عليها إلى أن أصبحت على ماهي عليه الآن من تطور وتقدم بسبب تقدم المجتمعات وظهور الثورة الهائلة في شتى المجالات .

وهذه الفترة التي يعتبرها الواحد منا فترة انقضت، ولكنها مرت بعد سنوات عديدة، وكانت رحلة شاقة طويلة استغرقت آلاف السنين ونحن لا نعلم عنها شئ كثير بسبب مرور الزمن .

ففي البداية كان الأنسان بدائي يعيش على العشب والصيد، ولكنه بدأ يتعلم تدريجياً كيف يكيف نفسه مع المجتمع الذي يعيش فيه ومع البيئة المحيطة به، فتعلم معنى التفاهم، وذلك عن طريق اللغة المشتركة بين المجتمعات ولا سيما احتكاك الانسان بغيره يكسبه العديد من طريق التحدث والمفاهمة .

ومن هنا نجد أن نظام الاتصال والتراسل بين الناس من الأسس الفاعلة للتطلع إلي حياة أفضل.

وكانت الأسرة والأنبياء والرسل والفلاسفة هم قادة التربية ، حيث جاءوا للتغير في أوضاع الناس ومفاهيمهم الخاطئة عن الكون والحياة للوصول الى المعرفة، واكتساب العلم وقد مرت هذه المراحل مرحلة العصر الحجري القديم والحديث وما بينهما من مراحل ، وقد كانت أهداف التربية في العصور السحيقة

غير واضحة المعالم، ولكنها كانت تركز على تنمية التفكير الايجابي والنظرة المستقبلية لسعادته وسعادة الجماعة ورخائها في الأمور الحياتية (المأكل والمشرب وحماية النفس)، كما كانت تركز على نظام التوافق بين حياة الجماعة ، وبناء على ماسبق نجد أن الفكر القديم عرف أنواع من القيادات مثل:-

أ . قيادة الأسرة :

ففي العصور القديمة نجد أن الإنسان عاش حياة بدائية، فقد كان كل همه هو لقمة العيش وتأمين الحاجات الضرورية له ولأسرته من مأكل وملبس ومشرب، ونجد أن الإنطلاق الأول لفكرة التربية جاء من الأسرة فقد كانت بمثابة الخلية الأولى للمجتمع، وعلى مدى عدة قرون لم تكن التربية ألا فرض خصائص الوالدين على الأطفال، ونقل تراثهم وعاداتهم إليهم وإتقان المهارات التي يتقنها الآباء. فقد كان الذكور يقلدون آبائهم في الصيد وغيره، ونجد أن الإناث كانوا يقلدن أمهاتهن من حياكة وطهي وتنظيف، إلى غير ذلك من أمور البيت.

وكانت الأم والأب بمثابة القيادة التعليمية وكانت الدراسة تستلهم من الطبيعة الواسعة برنامجها ومناهجها، وكانت قيادة الأسرة تنبع من الوالدين تجاه الأبناء وعندما بدأ الأنسان ينضم إلى جماعات بني جنسه حول الشواطئ وضفاف الأنهار وباستئناس الحيوان، وتكون الجماعات البشرية استطاع ان يدخل أبواب التاريخ المدون بالتعاون مع غيره من أفراد الجماعة بما صنع من أفراد ومعدات ومبان بسيطة توفر له مزيداً من الأمن والرخاء بطريقة أسهل وأكثر منفعة وكفاية .

ب . قيادة القبيلة :

وبعد إحتكاك وإتصال الإنسان بغيره أصبح عضواً في جماعة لايستطيع أن ينعزل عنها والعيش بمفرده، ومن هنا ظهرت قوة وأهمية القبيلة كسلطان أو قيادة تنظم أمور الحياة بصورها المختلفة، ومن هذا التطور انتقلت قيادة التربية من الأبوين إلى القبيلة.

حيث نجد أن القبيلة أصبحت هي المحددة لما يجب وما لا يجب لا فيما يتصل بالصغار وحدهم بل ما يتصل بالصغار والكبار معاً.

واصبح تركيز التربية منصباً على الجانب العملي لإعداد الطفل للحياة العملية فهي:

إعداد الحياة وهي عملية تهدف إلى أن يعلم الكبار الصغار سبل العيش والسلوك في حياتهم البدائية ومعرفة وسائل الدفاع عن النفس وعن المجتمع الذي يعيشون فيه، ومن هنا تطور الولاء والإنتماء من الأسرة الصغرى (الأب والأم) إلى الأسرة الكبرى التي تعتبر الأسرة الصغرى مجرد عنصر من عناصرها.

ج. قيادة المجتمع:

وفي هذه المرحلة تطورت الأهداف القيادية من اهداف تركز على الاسره فقط إلى أهداف تهتم بالمجتمع الأكبر، وصار قادة الرأي في العصور الأولى يمثلون قيادة تعليمية تربوية تشرف على التربية وتوجهها، وتعمل على بلورة ثقافة المجتمع وتعليم المهارات التي وصل إليها الإنسان عبر تاريخه الطويل.

وعند زيادة عدد المجتمعات على صورة قرى زاد عدد الناس وتعقدت الحياة وأصبح ظهور المدينة ضرورة تفرضها حاجات الإنسان، حيث ظهرت المدينة كمركز للأنشطة التجارية والإقتصادية، ومن هنا ظهرت الانشطة المختلفة وظهرت الحاجة إلي قيادة تربوية تنقل التراث والتطبيع الإجتماعي إلى الصغار وسد حاجة هذه الأنشطة من الأيدي العاملة التي يحتاجها كل نشاط حسب كل تخصص في ذلك العصر.

د. قيادة التربية والدين:

في المجتمعات القديمة ومن خلال رؤى وتصورات الحكماء والفلاسفة وجدت الكثير من الرؤى الفكرية عن طريق الكهنة والحكماء والفلاسفة لتغيير الحياة.

فكان ملجأهم في ذلك الكهنة والعرافين والفلاسفة، فتحولت القيادة التربوية إلى هؤلاء الكهنة لتفسير الغموض الذي يحيط بالإنسان البدائي، ويعكس به ظروف مجتمعه. ومثله العليا أكثر مما يقدم ذلك التفسير الحقيقي للحياة، كما فعلت الأديان السماوية بعد ذلك من لدن آدم ونوح عليهما السلام إلى خاتم الانبياء والمرسلين محمد بن عبد الله أفضل الصلاة وأزكي التسليم.

وهذه القيادات زرعت في عقولهم الأفكار الفلسفية وخاصة في عقول الناشئين كتفسيرات وتعليمات تناسب ظروف المكان والزمان الذي تظهر فيه.

ومن هنا عرفت الإداره القديمة كثيراً من القواعد والمبادئ والمفاهيم التي أسهمت في توضيح مفاهيم القيادة بمعناها العام والخاص.

وكثير من القيادات ظهرت نتيجة لتطور تاريخي، ونلاحظ أن معظم المشكلات التي تواجه القيادة التربوية اليوم شبيهه بالمشكلات التي واجهت القادة التربويين في الماضي، فعلى سبيل المثال تبنت القيادة المصرية القديمة نمطاً يتناسب مع البيئة التي ظهرت فيها ومع نظام الحكم والمدينة البيروقراطية التي كانت سائدة لدي قدماء المصريين، وأضافت الإدارة اليونانية والإدارة الرومانية مفاهيم أخرى كديموقراطيه الإدارة ومبدأ تسلسل السلطة وأسلوب الهيئات الإستشاريه التي عرفتها الكنيسة الرومانية.

وعندما تطورت المدن والدول تدخلت الدول في قيادة التربيه، فقد سيطرت الدولة سيطرة كاملة على التربيه، فلم تعد هناك مدارس لا تديرها الدولة فقط بل وتصرف عليها وتدفع مرتبات معلميها، وقد زاد دخل الدولة في شؤون التربيه وزادت سيطرتها على إدارة التربيه.

أما في العصور الوسطي وخصوصاً بعد سقوط الأمبراطورية الرومانية في الغرب سنة 476م، فقد كانت الكنيسة تمثل لوناً من ألوان السلطة حيث سيطرت على شؤون الناس الروحية، وتمكنت من توجيههم وتشكيل فكرهم وأيديولوجيتهم من نهاية القرن الخامس، وحتى القرن الثالث عشر الميلاديين، وكانت المسؤولة وحدها عن إدارة التربية، فهي التي تنشئ المدارس وتحدد المناهج وتشرف على

تنفيذها، ويمكن ملاحظة ذلك من المساهمة الشهيرة لغير الكنيسة ما قام به (شرلمان) حيمنا أصدر أوامره بتعميم التعليم وجعله مجانياً وبني العديد من المدارس.

ثانياً: القيادة التربوية في الفكر الإسلامي:

لقد حدد الفكر الإسلامي في أساسه الديني (حيث القرآن الكريم) المنطلقات الأولي للفكر التربوي، فقد وجدت التربية مع النظريات الأولى للإنسان، فالله سبحانه وتعالي هو المعلم الأول (وعلم آدم الأسماء كلها ثم عرضهم على الملائكة فقال أنبئوني بأسماء هؤلاء إن كنتم صادقين، قالوا سبحانك لا علم لنا إلا ماعلمتنا) .

ومن هذا المنطلق فإن مفهوم القيادة التربوية في الشرق الإسلامي كان على العكس مع مفهوم تربيه الغرب تماماً، فالإنسان المسيحي يعمل للآخرة وحدها، أما الإنسان المسلم يعمل للدنيا وللآخرة، فالدنيا هي مزرعة المسلم فهو يزرع في دنياه ما يجني ثماره في أخراه، ولذلك فإن القرآن الكريم الذي نزل علي سيدنا محمد كان معلناً بدء الرسالة وتعتبر شعارها في نفس الوقت {أقرأ بإسم ربك الذي خلق} كما كان أحاديث الرسول صلي الله عليه وسلم كلها تؤكد على العلم والحث عليه.

فالعلماء ورثة الأنبياء، ومن هنا فإن قيادة التربية اللامركزية في بداية الأمر كانت تعليم المسلم نفسه بنفسه وأن يعلم الآخرين في حلقات المساجد.

وأتسمت الإدارة في عهد الرسول عليه الصلاة والسلام بالبساطة، حيث كان الرسول صلي الله عليه وسلم هو القائد ورئيس القادة كلهم، وكان تعيين القيادات يقوم على التوثق من المهارات والنزاهة والإستقامة، بالإضافة إلي تمتعهم بحسن الخلق وسعة العلم والجدارة والأمانة والقوة قال تعالي : {إن خير من أستأجرت القوي الأمين}.

وناقش كثير من العلماء إنشاء العديد من المدارس، ومن هنا نجد أن من أهم النظريات القيادية في الفكر الإداري المعاصر والتي يتبناها الباحثون هي نظرية

المدخل المشترك لكونه أقرب المداخل إلى المفهوم العام للمنهج الإسلامي، وذلك فيما يخص توفر المقومات والعوامل الخارجية (الموقفية والبيئية) لظهور ونشأة القيادة، ورغم هذا التوافق بين نظرية المدخل المشترك ومقتضى المفهوم العام للمقومات والشروط القيادية الإسلامية، فإن هناك بعض الفروق والإختلافات، ولعل من أبرزها:

أن المدخل المشترك لم يحدد لنا تلك العوامل الخارجية غير الشخصية (الموقفية والبيئية) التي تسهم في ظهور وإستمرارية القيادة أو أختفاءها، فهي عوامل غير واضحة متروك أمر تحديدها لطبيعة وظروف تلك المواقف البيئية المتغيرة والمتباينة، ومع ذلك فإستمرارية أو عدم إستمرارية القائد يصبح رهيناً بأي تغيرات موقفية وبيئية، بينما نجد أن الشروط القيادية الإسلامية شروط ثابتة ومحدده، وكلما كانت متوفرة ومتكاملة مع بعضها البعض فإن ذلك يؤدي إلي إستمرارية القائد في القيادة.

تعريف القيادة التربوية

هو دور اجتماعي تربوي يقوم به المعلمون والتربويون أثناء تفاعلهم مع الطلاب في جميع المراحل التعليمية وفي مختلف المواقف، وهذا الدور القيادي للمعلم يتعلمه ويكتسبه عن طريق الممارسة والتدريب والخبرة، ويتحقق هذا الدور بشكل فعال عندما يكون قادراً على:

- متابعة الاتجاهات والقضايا القومية والعالمية والوعي بأبعاد تأثيرها على التعليم عامة ، والمدرسة بصفة خاصة (مثل: العولمة وتأثيرها علينا بالسلب أو الإيجاب، وكيفية التوافق مع هذا التيار دون المساس بقيمنا المختلفة).

- توضيح الجديد في الثقافة التربوية لكل العاملين في المجتمع المدرسي، وتشجيع القيادة المدرسية على القيام بذلك في المدارس التي يتولون قيادتها (مثل كيفية استخدام التكنولوجيا الحديثة في التدريس، والتقويم)، وكيفية جعل المتعلم مركز العملية التربوية.

- توفير البيانات والقيام بالعمليات التي تساعد المدرسة على إدراك الأولويات، وتكوين الإستراتيجيات التي تساعد على تحقيق المدرسة لرسالتها ، مثال المعلم القائد يجب أن يكون لديه قاعدة بيانات عن جميع الأمور والموارد (البشرية - والمادية) الموجودة بالمدرسة حتى يمكنه المشاركة في حل المشكلات التي تواجهه واتخاذ القرارات في الاتجاه الصحيح.

- التأكد من أن اهتمام المجتمع المدرسي منصب على القضايا المعاصرة والعالمية ، فالمعلم القائد يكون لديه إطلاع ووعي بالقضايا العالمية المعاصرة في جميع المجالات، السياسية، الاقتصادية، الاجتماعية وطرحها من خلال عمله كمعلم وكقائد بطرق مختلفة مثل (توجيه الأنشطة الطلابية الثقافية والرياضية والاجتماعية أو الأنشطة الصفية المختلفة).

- الشعور بالمسؤولية نحو نجاح العمل، وحبه الشديد لمساعدة وخدمة الآخرين.

- التنبؤ بالأحداث والنظرة بعيدة المدى نحو تطوير العملية التعليمية.

إذن يمكن القول أن القائد التربوي : هو الشخص الذي يمتلك المعرفة والقدرة على استثارة الدافعية، وتحقيق النجاح لدى جميع الطلاب بالعمل على أساس من النزاهة، والعدالة، وأخلاقيات وآداب المهنة ومن ثم فهو يستطيع أن يتعرف على حاجات وقدرات الطلاب ويراعى الفروق الفردية بينهم، وميولهم واستعداداتهم ، ويحفزهم باستمرار على الأداء الجيد ، ويتعامل معهم كميسر، له القدرة على المشاركة والتنظيم ، ونشر الأخلاقيات السليمة فيما بينهم بروح من المحبة والتعاون.

طبيعة القيادة التربوية

لقد مارس كثير من الافراد في فترات كثيرة من حياتهم نوعاً من القيادة التربوية، فكل من مدير المدرسة والمشرف الفني والمعلم والاباء قومون بادوار

قيادية، ولكنه من الصعب احداث التغيير المنشود او التطوير المنشود او التطوير في غياب القيادة التربوية الفعالة، ويعتبر هذا النوع من القيادة هو محط اهتمام كلاً من الباحثين والمسؤولين عن التعليم في الوقت الحاضر ونتج اختلافاً واضحاً في تحديد طبيعة القيادة التربوية.

حيث يرى البعض ان القيادة عمل صعب يقابل بتحديات تتعلق بامور كثيرة منها مرعاة الديمقراطية في الحياة المدرسية التي تعتمد اعتماداً كامل على النظام المفتوح وتعزيز وتنمية العملية التعليمية، ودور المدرسة في الاطار الاجتماعي في البيئة والقيادة الادارية نفسها بتعدد مستوياتها وممارستها داخل المدرسة، ولهذا فالقيادة عمل مرهف وحساس يحتاج الى العديد والمزج من الاصرار على استمرار النظام وتحقيق الاهداف وعلى الرغم من هذه الاراء حول طبيعة القيادة التربوية، الا ان هناك عديداً من الدراسات أكدت بوضوح حقيقة العلاقة الايجابية بين طبيعة او نوعية القيادة وفعالية المدرسة في تحقيق اهدافها.

فهى تتميز بفعالية مستمرة وتعبر عن علاقة الشخص بالاخر، وهي بمثابة العلاقة بين الرئيس والمرؤوسين، ومن خلال هذه العملية يمكن للرئيس أن يؤثر من خلال دوره القيادى على سلوك الافراد تاثيراً مباشراً، وكذلك يمكن للمرؤسين تقديم المعلومات الضرورية لقرارت المدير. ولقد مرت الابحاث بثلاثة مراحل متميزة عن طبيعة القيادة التربوية الفعالة وهي:

1- مرحلة دراسة السمات الشخصية للقائد: لقد اختلف الباحثون في تحديد عدد السمات الشخصية التي تميز القائد الفعال، وظهرت مشكلة وجود عدد غير محدد من السمات التي تصف القادة، وكذلك لم يتفق الباحثون على السمات الاكثر اهمية للقائد، وبالرغم من ذلك توجد بعض السمات المشتركة التي يظهرها عدد من القادة دون غيرهم في بعض المواقف القيادية وهذه السمات تتمثل في الذكاء النضج الاجتماعي، الدافع الداخلي قوى داخلية للانجاز والاتجاه الايجابي في العلاقات

الانسانية ، وفي التعامل مع الاخرين وانكار الذات والاحساس بالمهمة وسمو الشخصية .

2- مرحلة دراسة سلوك القادة : تعتبر هذه المرحلة نقطة تحول في نوعية الدراسات والابحاث، حيث نجد أن اتجاه الباحثين قد تغير من دراسة السمات الى دراسة سلوك القادة في محاولة لتجديد اتجاهات القيادة الفعالة على اساس أن مؤشر القيادة الفعالة غير موجود بصفة قاطعة في سمات القائد، ولكن قد يوجد في نمط معين من سلوك القائد القابل للتحليل والتعليم.

أهمية القيادة التربوية في المؤسسات التعليمية

يعتبر النظام التربوي أحدى الأنظمة الإجتماعيه المهمة، شأنه في ذلك شأن النظم الإجتماعية الأخرى، كالنظام الإقتصادي والإعلامي والسياسي وغيرها من النظم الإجتماعية. وبما أن المجتمعات البشرية تعيش ثورة إتصالات هائلة وتفجراً معرفياً متنامياً وتحولاً من مجتمعات مغلقة إلى مجتمعات متفتحة.

لقد أصبحت الإدارة التربوية في هذه الايام معقدة جداً، فمجتمع اليوم يطلب من مدير المدرسة تحمل مسؤولية أكبر وتحقيق مستويات نجاح أعلى.

تقوم القيادات التربوية في القطاع التعليمي بدور هام وفعال، وذلك لتحقيق النجاح المرغوب وصولاً للأهداف التربوية والتعليمية، ويتوقف العطاء الفعال للإدارة التعليمية على ما تتمتع به القيادة فيها من وعي وإدراك فيما تقوم به من تخطيط لإستمراريته، ويدل على ذلك ما المحُتّ اليه الدراسات التى تناولت العنصر الانساني في التنظيم من حيث التاهيل والخبرة ، وتعتبر الكوادر القيادية في مختلف مستويات الادارة التربوية (العليا - الوسطى- التنفيذية) احد المدخلات الرئيسية في النظام التعليمي الذي لا ينصلح حاله ولا يستقيم امره ولا يحقق اهدافه بدون توفر الكوادر المؤهلة و المؤمنة برسالة التعليم، الا ان مشكلة النظم التعليمية المعاصرة تكمن في نقص العناصر القيادية المؤهلة المميزة بخصائص وسمات الفرد القادر على القيام بهذه المهمة.

تتجلى اهمية القيادة التربوية في كونها الروح المحركة والفعالة التي تستمد ديناميكيتها وفعاليتها من شخص القائد الكفء والقادر على كدح شرارة الدافعية، فيما يعمل تحت سلطته ومسؤوليته وتوجيه كل فعاليتهم نحو قيم العمل ووظائف المؤسسة التربوية.

نظريات القيادة التربوية

يعيش العالم الآن عصر الواقعية والحقائق والتفكير العقلاني والتنبؤات المبنية على أسس علمية، ولذلك فهو يحتاج الى القائد الذي يملك حدود المعارف والاتجاهات اللازمة لاداء دوره بجانب الاستعداد والموهبة، وفي سبيل التوصل الى النمط القيادي والقيادة الافضل كان طبيعياً أن تصدر فيها اراء كثيرة، وإن تقوم حولها بحوث عديدة للوقوف على طبيعتها وابعادها ومقوماتها، ومن هنا ظهرت العديد من النظريات ، ويمكن في هذا الصدد الاشارة الى ثلاثة مداخل رئيسية لنظريات القيادة التربوية :

1. مدخل السمات.
2. مدخل المواقف.
3. المدخل المشترك.

يتميز المدخل الاول مدخل السمات بتفسيره لنشاة القيادة التربوية وأنه يرجع ظهور القيادة الى شخصية القائد وسماته وخصائصه سواءٍ كانت الجسيمة او التفسير او العقلية، ويعتبر هذا المدخل من اقدم المداخل في تفسيره لنظريات القيادة، ومن اشهر هذه النظريات نظرية الامير - نظرية البطل - نظرية الرجل المتميز، وتعود الجزور الاولى لنظرية الرجل العظيم الى عهود الاغريق والرومان بحيث كان الاعتقاد بأن القادة يولدون قادة وانهم قد اعطو من الخصائص والسمات الجسمانية والعقلية والنفسية ما يعينهم على هذا، ولقد اختلفت المواقف وتباينت فيما عدا ذلك حول ما هية تلك السمات والخصائص واهمية كلا منها.

الفرق بين معنى القيادة والمفاهيم المرتبطة معها

علينا أن نميز بين مفهوم القيادة وبين المفاهيم الأخرى المتداخلة معها والتي تتمثل فيما يلي:

أولاً : القيادة والإدارة : (Leadership &Management)

تعتبر القيادة مفهوماً قديماً، بينما الإدارة مفهوم حديث لم يظهر إلا من نحو100 عام بعد الثورة الصناعية، الإدارة عملية يوجه فيها الأفراد (الموارد البشرية) وعناصر البيئة (الجوانب الفنية والتنظيمية) للوصول لنتائج أكثر فاعلية في مواقف العمل أو الإنتاج، ويختلف القادة عن المديرون في النقاط التالية :-

القائد	المدير
- يركز على المستقبل والتوجهات طويلة المدى . - يعبر عن الثقافة والقيم السائدة. - يقيم رابطة عاطفية مع الأعضاء - يستخدم قوة تأثيره الشخصي ، ويعمل من خلال حب الجماعة له .	- يركز على الحاضر (الربح والخسارة) ويمكن أن يكون ذلك بمعزل عن المضمون الأخلاقي للتصرف. - يطبق السياسات واللوائح. - يظل محايد للوصول لقرار موضوعي. - يستغل مكانته الوظيفية وموضعه داخل المؤسسة لتحقيق أهداف المؤسسة .

ومن الملاحظ أن الكثير من المعلمين والتربويين إداريون أكثر منهم قادة، وهناك أمثلة واقعية على ذلك:

فقد حضر أحد الموجهين إلى المدرسة فجأة، ولم تكن المعلمة مستعدة وغير جاهزة بكراسات التحضير، فاستدعت عدد من الطلاب وطلبت منهم استكمال كراساتها سريعاً قبل أن يحضر الموجه ويطلب رؤيتهم ، وقامت بترتيب الفصل بحيث يكون الطلاب المتفوقين في الأمام والمنخفضون تحصيليا في الخلف ، وبالتالي يظهر أداؤها بمظهر جيد حينما يسأل هؤلاء الطلاب ومن ثم تنال تقدير مرتفع بغض النظر عن عما قامت به من سلوكيات خاطئة.

ومثال أخر يتكرر يومياً برياض الأطفال: قامت المعلمة مهرولة لتجميع كراسات الأطفال ووضعتها في الدولاب الخاص بها قبل حضور الموجه وأمرت الأطفال ألا يذكروا ذلك للموجه لأن أدائهم من خلال الكتابة أمر يعاقب عليه....الخ.

ثانياً : القيادة والزعامة : Chieftain Leadership

وتعني الزعامة : مجموعة الخصال الزعامية (الكاريزمية) في شخصية الفرد، والتي تمكن من التأثير البالغ على تابعيه ، وعلى تحقيق الأهداف بواسطتهم عن رضى وطيب خاطر من جانبهم، وعن إقتناع بأنها أهدافهم الخاصة ، ومن الممكن أن تكون شكل من أشكال القيادة ، وكل ما يميزها هو القدر البالغ من التأثير على الأتباع اعتماداً على تأثيرهم الشخصي وقدرتهم على إقناعهم بأداء ما يطلب منهم بصرف النظر عن المنطق أو المبرر، وعادة ما نجد هذا النمط في المجالات السياسية والدينية .

ثالثاً : القيادة والرياسة : Presidency &Leadership

الرئاسة : عملية تقوم نتيجة لنظام وليس نتيجة الاعتراف التلقائي من جانب الأفراد بمساهمة الشخص في تحقيق أهداف الجماعة ، وعادة ما يختار الرئيس الهدف ولا تحدده الجماعة نفسها، أي أن التفاعل الدينامي بين الرئيس والأتباع ضعيف ، ومن ثم من الصعب عليه الإحساس بالمشكلات أو الشعور بوجودها أو اكتشاف العيوب الموجودة سواء إدارية أو فنية أو اجتماعية، وبالتالي يجد صعوبة في علاجها.

المثال الواضح على ذلك يتمثل في بعض رؤساء الدول النامية ، ورؤساء بعض الأقسام العملية، وبعض عمداء ورؤساء الجامعات، حيث يتم تعينهم بناءاً على قرارات فوقية أو اقدميات أو بالوراثة كما في الحكومات الملكية.

وبتحديدنا لهذه المفاهيم يبرز سؤال هام وهو هل هناك علاقة بين هذه المفاهيم، وهل يمكن أن تتمثل المهارات التي تنطوى عليها في شخص واحد؟

نعم يمكن أن نجد هذه المفاهيم جميعاً مجتمعة في شخصية القائد ، مما يجعله قائداً فعالاً، ولعل أفضل مثال لهذا القائد الصادق العظيم الرسول الكريم سيدنا محمد عليه الصلاة والسلام، حيث كان يمتلك جميع المهارات القيادية فهو نعم المعلم والقائد.

مهارات وسمات القيادة الناجحة في التربية

يمكن تصنيف الخصائص المطلوب توافرها للقائد الناجح في مجموعة من المهارات تتضمن الخصائص العامة للقائد التربوي وهي:

1- يتمتع بذكاء اجتماعي وقدرة على التفاعل الاجتماعي مع الطلاب داخل الفصل وخارجه.

2- يحرص على بناء الجماعة وتماسكها والمحافظة عليها من خلال كفاءته في إدارة الصراع والتفاوض ، وحل المشكلات واتخاذ القرار.

3- قادر على تزويد الطلاب بالمعلومات والمعارف الجديدة .

4- يمارس مبدأ الشورى ويتبادل الآراء مع طلابه

5- يتصف بالطموح ، المثابرة، الإبداع والابتكار، التخطيط والتنظيم في عمله، القدرة على حل الصراع الشخصي .

6- يمارس التوجيه والإرشاد بكفاءة.

7- يتمتع بذكاء انفعالي بحيث يكون لديه القدرة على معرفة مشاعر وانفعالات المحيطين به وإدارة انفعالاته .

مثال

الذكاء الانفعالي Emotional Intelligence أحد الخصائص الأساسية المرتبطة بشخصية القائد الناجح، ويمكنك أن تكتشف درجة ذكاؤك الانفعالي من خلال الإجابة على الاختبار التالي، والذي يتضمن قياس الأبعاد التالية:

1 - الوعي بذاتك.

2- إدارة انفعالاتك وتنظيمها ذاتياً.

3- الدافعية الشخصية لديك.

4- تعاطفك مع الآخرين.

5- مهاراتك الاجتماعية.

اختبار الذكاء الانفعالي لدى القائد

عليك أن تقرأ كل عبارة من العبارات التالية وتعلم عليها (أ) أو (x) وذلك بما يتناسب مع ما تشعر به.

أولاً : الوعي بالذات : Self - Awareness

1- لدى وعي بما أشعر به، ولماذا أشعر بذلك؟.

2- أفهم إلى أي درجة تؤثر مشاعري على سلوكي وأدائي .

3- لدي فكرة جيدة عن نقاط القوة والضعف في شخصيتي.

4- أحلل الأشياء التي تحدث لي واعكسها على الأشياء التي حدثت بالفعل.

5- لدي استعداد كبير للاستفادة من الآخرين.

6- ابحث عن الفرص التي تعطيني فكرة أكثر عن نفسي.

7- أضع أخطائي في الاعتبار.

ثانياً : إدارة الانفعالات والتنظيم الذاتي :

1- أستطيع أن احتفظ بهدوئي وقت الأزمات.

2- أفكر بتركيز وأظل متأملاً عندما أكون تحت ضغط.

3- أنظر نظرة كلية (شاملة) لجميع ما أقوم به من أعمال.

4- يثق الأفراد بي (يستطيعوا الاعتماد على كلياً).

5- أصمم على ما أقتنع به شخصياً.

6-أتعامل مع الغير بصورة جيدة.

7- أكون مرناً عندما تواجهني المصاعب.

ثالثاً : الدافعية الشخصية :

1- أضع أهداف صعبة المنال .

2- أتحمل المسؤولية وأتحدى المخاطر من أجل إنجاز الأهداف.

3- أهتم بنتائج الأمور.

4- ابحث عن معلومات عن كيفية تحقيق أهدافي ، وتطوير أدائي .

5- أهتم بكل كبيرة وصغيرة تطلب مني.

6- ابحث دائماً عن فرص لكي أعمل أشياء جديدة.

7- اختار الاتجاه الإيجابي حتى عندما أواجه بعقبات ومقالب.

8- أركز على النجاح أكثر من التركيز على الفشل.

9- لا ألوم نفسي كثيراً أو أقف كثيراً أمام أخطائي الشخصية.

رابعاً : التعاطف مع الآخرين:

1- أهتم بمشاعر وردود أفعال الآخرين.

2- أحترم رأي الآخرين لو لم يكن يتفق مع وجهة رأي انا.

3- أنا حساس مع الآخرين.

4- أقدم المساعدة وأحاول أن أساعد الآخرين لإنجاز أعمالهم .

5- أكافئ وأهتم بالذين يؤدون أعمالهم.

6- أنا مستعد لتدريب وتوجيه الآخرين.

7- أحترم الأفراد الذين ينتمون إلى أخلاقيات متنوعة.

8- أرتبط بالأفراد المختلفين معي ارتباطاً كبير.

خامساً: المهارات الاجتماعية :

1- أتمتع بمهارة الاندماج مع الآخرين.

2- أستطيع الاتصال بفاعلية وشفافية.

3- أنا مستمع جيد.

4- أتقبل الأخبار السيئة كما أتقبل الأخبار الجيدة.

5- أستطيع أن أقنع الآخرين بوجهه نظري، وأحفزهم على إتباعي.

6- أقود من خلال النماذج والأمثلة.

7- أستطيع التعامل مع الأفراد المشككين بأسلوب معين.

8- أشجع المناقشات الحرة والمتخصصة، عندما تظهر الاختلافات.

9- أحل المشاكل بناءٍ على المكسب للجميع.

10- أبني علاقات شخصية مع الآخرين.

11- أساعد على تأسيس مناخ إيجابي في العمل.

12- أقدم نموذج جيد للجماعة مثل (الاحترام -المساعدة - التعاون).

13- أشجع السياسة الضابطة التي تحكم المؤسسة.

14- أشجع المشاركة من كل فرد عندما أعمل في فريق.

مهارات القائد التربوي

لقد علمنا ان القيادة لا تتم الا من خلال قائد فهو بمثابة المرشد والمعلم الذي يوجه ارشاد الى مرؤوسيه، ويجدر بنا هنا التحدث عن مهارات القائد، وقبل ذلك يجب ان نتعرف على معنى كلمة قائد في اللغة العربية، فكلمة قائد في اللغة من قود نقيض السوق، فالسوق من خلف والقود من امام وقاد الشيء معناه جره من خلفه فهو قائد وجمعها قادة والقيادة مصدر القائد، ويقال فلان سلس القيادة اي يتبعك على هواك.

أن نجاح القائد التربوي يتطلب توافر مجموعة من المهارات الاساسية التي تعد واجبة للاداري الناجح، حيث يتوقف نجاح الاداري على مدى وجود وتوافر هذه المهارات ولا يشترط توافر هذه المهارات فقط؛ بل لابد من قدرته على توظيفها عملياً اثناء ممارسته لاعماله وتعامله مع الاخرين، وهذه المهارات تتمثل في:

أ- المهارات الفنية:

ان هذه المهارات تعتبر فهما ودراية وكفاية في مجال معين من النشاطات المتخصصة، كذلك التي تتصل بالاساليب والعمليات والاجراءات التعليمية التعلمية ووضع خطة لنظام الاتصال التربوي، وتفويض السلطة وتنظيم الاجتماعات وادارة الوقت، ومتى توافرت مثل هذه المهارات، وتم توظيفها التوظف الامثل فأنها بطبيعة الحال ستنعكس على الاداء الجيد والانتاجية داخل المؤسسة التربوية.

وهناك سمات وقدرات ترتبط بالمهارات الفنية للقائد منها قدرته على تحمل المسؤولية وفهمه العميق للامور، الى جانب الحزم والايمان بالهدف الذي يسعى من اجله ومن اهم هذه السمات الثقة بالنفس والقدرة على الانجاز والرغبة في اداء الواجبات واتخاذ القرارات المناسبة.

وتقبل النقد والاعتماد على النفس، وهذا لا يعني ان يكون القائد متخصصاً في كل العلوم؛ بل عليه ان يكون علم بشئ من هذه العلوم والمعارف الانسانية وأن من أهم الخصائص المميزة للمهارات الفنية كونها اكثر تحديداً من غيرها من المهارات الاخرى، من حيث وضوحها عند اداء القائد لعمله وتميزها بالمعرفة والمهارة في تحليل وتبسيط الاجراءات عند انجاز العمل والقدرة على تحرى الفرص المناسبة للاتصال الفعال مع اطراف العملية التربوية وتقديم المعرفة لهم وتشجيع العاملين وحفزهم والثناء على من يستحق منهم .

ب- المهارات الانسانية :

اذا كانت المهارة الفنية تعنى بفهم اساليب العمل واتقانه وفهم اجراءته ولوائحه، فأن المهارة الانسانية تعني بدرجة كبيرة بفن التعامل مع الناس وتنسيق جهودهم وخلق روح التعاون الجماعى بينهم، وتعرف هذه المهارة بأنها مقدرة المسؤول التربوي على التعامل الفعال والسلوك كعضو في جماعة وكعنصر فعال في تنمية الجهود التشاركية ضمن الفريق الذي يتولى قيادته، ويتصف القيادي

المتمتع بمهارات انسانية متطورة بأنه انسان يعرف نفسه ويعرف نقاط ضعفها وقوتها فهو مدرك لاتجاهاته ومسلماته واثق بمقدرته على التعامل مع الافكار، وان القائد التربوي يفترض فيه ان يعيش هذه المهارات الانسانية بشكل يجعله جزء غير منفصل عن كيانه وعليه ان يجعل من نفسه قدوة ومثلاً يحتذى به .

أن الانسان دائماً بحاجة الى الاشادة بجهوده وابراز انتاجه وتقبل اقتراحاته وتشجيع اتجاهات الابداع والابتكار لديه مما يدفعه للتقدم والانجاز وللعلاقات الانسانية ثلاثة اهداف هي :

1. تحقيق التعاون والمشاركة مع العاملين.

2. حفز الافراد على العمل.

3. اشباع حاجات الافراد الاقتصادية والنفسية والاجتماعية.

وتتطلب المهارة الانسانية أن يكون القائد مدركاً بوعي لميول اتجاهات العاملين ومتقبلاص لاقتراحاتهم لاظهار روح الابتكار لديهم، وباعثاً على الاطمئنان وملبياً لطلباتهم واشباع حاجاتهم ومتفهماً لمشاعر العاملين وثقته بهم .

ج- المهارات الاداركية التصورية :

ان المهارات الادراكية للقائد التربوي تكمن في رؤيته رؤية منظمة عن الأمور كلها، وعن تفهمه وإدراكه لشبكة العلاقات التي تربط بين وظائفها ومكوناتها الفرعية المتنوعة. إن هذه المهارة تمثل للقائد التربوي قدرته على إدارة القضايا والموضوعات والمشكلات التربوية سواءٍ من حيث المنهج أو الأنشطة التربوية أو أهداف المدرسة ومدى إتفاقها مع السياسة والأهداف العليا للمجتمع، هناك بعض العوامل المهمة التي تؤثر في العمليات الإدراكية لدي الأفراد منها:-

1- بيئة الفرد سواءٍ كانت إجتماعية أو مادية.

2- الرغبات والحاجات التي يشعر بها الفرد.

3- التركيب الفسيولوجي للفرد.

4- التجارب والخبرات الماضية للفرد.

إن الأهمية النسبية لهذه المهارات تكمن في أنها تساعد على تجويد أداء المسؤولين التربويين وتجعل من قراراتهم أكثر واقعية وقابلية للنجاح، وهذا يدل على أن المهارات الإدراكية تحمل في طياتها شيئاً من المهارات الفنية، ولابد أن يصاحبها أيضاً لمسات من المهارات الإنسانية.

ولكن يمكن القول أن المهارات الفنية تحتل مكان الصدارة في الأهمية بالنسبة لإداري المستوي الإجرائي في النظام التربوي وهي أكثر حساسية لهم لانها تعد وتعتبر أمراً ضرورياً ولازماً.

بينما نلاحظ أن المهارات الإنسانية مهمة للقائد التربوي داخل المدرسة ولكل من يتعامل معهم بشكل مباشر، أما المهارات الإدراكية التصورية فهي مهمة لمن يتولون مراكز قيادية عليا في النظام حتى يتمكنوا من إتخاذ قرارات قابلة للتفعيل.

ومن خلال ماسبق يمكن القول أن أهمية مهارات القائد التربوي تكمن في بلوغ وتحقيق أهداف العمل التربوي ورفع الإنتاجية والأداء، وكذلك تحقيق أهداف العاملين ورفع رضائهم الوظيفي وضمان نوعية عمل مستمره.

صفات القائد التربوي

إن القائد في المؤسسة التعليمية هو الأساس ولقد تزايدت واجبات القادة في الآونة الأخيرة بسبب النمو والتضخم اللذين حدثاً في المؤسسات التعليمية المعاصرة، حتى أصبح من الصعب حصر هذه الواجبات والتعرف على المهارات، ونظراً لان العمل بالمؤسسات التعليمية له طبيعته الخاصة، فلابد للقائد من صفات فلقد أقيمت مؤتمرات عديدة وأجريت دراسات مختلفة، حول الصفات التي يتمتع بها القائد.

ومن هذه الصفات:

1- التعليم والمهارة: لقد أثبتت الدراسات أن غالبية القياديين الناجحين على مستوي عال أو جيد من العلم والمهارة، فالقيادي الناجح يقرأ ويطالع ويتابع التطور في المعلومات والعلوم ويلتحق بالدورات التدريبية.

2- أن يكون متعاطفاً مع جماعته: أن القائد عليه أن يكون قادراً على تحديات حاجات جماعته المختلفة والإستجابة لها، كما يجب أن يرى من قبل أفراد المجموعة أنه الشخص الذي يعتمد عليه، حيث أن المجموعة لديها القدرة على التعرف على شخصيته وقبولها أو عدم قبولها، وما إذا كان متجاوباً مع القضايا التي تطرأ من آن لآخر أو غير متجاوب، ومن هذا المنطق فإن لم تقبله الجماعة شخصياً فإنها لم تقبله قائداً

3- أن يكون لديه الثقة بالنفس وبالآخرين: إن الذكاء والعلم والمعرفة والحكم الجيد والشخصية القومية والسليمة والطاقة والمثابرة كلها عوامل تؤدي إلى الثقة بالنفس والثقة بالقدرات الذاتية والثقة بقدرات الآخرين.

4- القدرة على الإتصال: أن القائد التربوي الناجح لا بد وأن يكون لديه مجموعة من مهارات الإتصال:

أ- كتابة التقارير.

ب- الحديث والإقناع.

ج- الإستماع والإنصات.

ويمثل درجة مساهمة القائد في توصيل المعلومات إلى أعضاء الجماعة وتسهيله لتبادل المعلومات بين أفراد الجماعة بعضهم مع بعض ودرجة عمله بما يتصل به من الأمور.

5- أن يكون لديه القدرة على المواظبه: العديد من الظروف العملية تتطلب المثابرة والإستمرارية في الإقناع والتأثير في الغير، والقائد الناجح يواظب ويثابر على تحقيق أهدافه مهما تعرض له من صعوبات أو معوقات.

6- أن يكون عريقاً للجماعة: ويقصد بذلك أن يكون القائد في نظر جماعته شخصاً متحمساً ومعتدلاً.

7- أن يكون معترفاً به بين أفراد المجموعة: ينبغي أن يكون القائد شخصاً متميزاً، وذلك بالعمل وفقاً لمبادئ ومعايير الجماعة أي أنه لا يختلف كل

الإختلاف معهم وأن يكون تفكيره شبيهاً بتفكير غالبيتهم عند القضايا الحاسمه.

8- أن يكون مساعداً لأفراد المجموعة: على القائد أن يكون حريصاً دائماً على مساعدة الذين يقودهم، حين يواجهون مشاكل بين الحين والآخر، وعادة ما تقيم الجماعة قائدها بمدى إهتمامه بقضاياهم ومشاكلهم سواءٍ بتوفير المساعدة المباشرة أو بترتيب الإتصالات التي قد تؤدي إلى تحقيق الحاجات الشخصية.

9- أن يكون قادراً على صنع القرارات: إن القائد لا بد وأن يكون قادراً على صنع القرار، فكثيراً من القادة يتوقعون أن يكون صانعي القرارات ذو كفاءة عالية وعميقي التفكير، ويقبلون مسؤولية الإختيارات الصعبة، ولكن يكتشفون أن صناعة القرار من الصناعات الثقيلة في العملية الإدارية فالقرار هو القلب النابض لها، حيث يترجم المدخلات والعلاقات والظروف إلى حدث معين ويحتاج القائد لأن يكون لديه مهارة الحصول على المعلومات وتحليلها ودراسة المؤشرات وتحديد البدائل وإختيار الحلول المناسبة وصياغتها في عبارات معبرة وفي الزمن المناسب.

10- أن يكون متحكماً في إنفعالاته: يجب على القائد التربوي أن يتصف بالهدوء ورباطه الجأش عند مواجهة الأفراد الذين يبدون اللامبالاة و السلوك الإستفزازي، وحقيقة الأمر أن القائد المستقر وغير المنفعل والذي يقف موقف الشخص المعتدل في الأزمات والمشكلات يحظي بإحترام الجماعة.

11- ان يكون ذكياً: ان السبب الرئيسي وراء هذا العنصر هو ان معظم افراد المؤسسات التربوية يتصفون بالذكاء، لذا فأنهم لا يحترمون الا القائد الذكى، ومن ثم فعليه ان يكون على المام ووعي بالنواحي الاكاديمية، وان يكون طليق اللسان مدركاً لكيفية التعامل والتكيف مع العلاقات الاجتماعية وبامكانه ان يفوق جماعته بذكائه، وكذلك سلوكه حتى تري فيه المجموعة أنه الشخصية الاولى بينهم.

12- أن يكون راغباً فى تولى زمام القيادة : ينبغى على القائد الناجح ان يتصف بالمعرفة وخاصة معرفته بمتطلبات العمل ويدرك دوره ويتقبل مسؤولياته وذلك انطلاقاً من رغبته فى العمل .

وهناك صفات اخرى لابد من توفرها في القائد مثل الواقعية والمعرفة - المبادرة وروح الابتكار - الحماس والتفاعل - الاخلاص والاجتهاد وترتيب الاعمال حسب اهميتها .

أنماط القادة

للقادة انماط متعددة منها :

1- النمط السلبي أو الدفاعي: هو ذاك النوع من القادة الذي لا يثق فيما يمكن ان يصدر عنه، فيترك المسؤولية بتفويضها الى غيره، ومعتمداً بدرجة كبيرة على مقترحات مستشاريه او تعليمات رؤسائه النمط الاستغلالي او العدواني: وهو ايضاً لا يثق فيما يصدر عنه؛ ولكنه لكي يخفى ذلك يقوم باستغلال اراء الاخرين بقوة او بالتحايل عليهم وذلك لمصلحته، فيشعر الاخرين بالتنكر لجهودهم وذلك باخضاعهم لرقابة صارمة وتقديم منجزاتهم على انها استجابة لاوامره

2- النمط التسوقي: وهو نمط يستخدم فيه القائد سلطته كسلعة يستثمرها في الحصول على ما يرغب فيه فيدعم هذه الوحدة او تلك، بمقدار ما يمكن أن ينتفع بها ويعرض عنها حين يجد ان دعمه لفئة اخرى يعود عليه بالنفع الكبير.

3- النمط الاستحواذي: ويقوم سلوكه على كل الاعتبارات التي يمكن أن تدعم موقفه وتعززه، ويعتمد في قراراته على نفسه ولا يعطث للعوامل الخارجية قيمة الابقدار ما تدعم موقفه.

4- النمط المنتج: وهذا النوع يستخدم امكانته ويستعين بغيره الى اقصى ما تسمح به قدراتهم، ويعمل على تطوير قدرات الاخرين بهدف زيادة فعالية

المؤسسة ويؤمن باهمية اندماج جميع كوادر الجماعة التي يعمل معها بأهداف المؤسسة، وهناك من يصنف القادة الى: مستغل- كريم - تشاوري - تشاركي.

وهناك من يصنفها الى:

- منتج على حساب العلاقات الانسانية.

- معزز للعلاقات الانسانية على حساب الانتاج.

- قادر على الموازنة بين الانتاج من جهة، والعلاقات الانسانية من جهة اخرى.

أنماط القيادة التربوية

هناك علاقة وثيقة الصلة بين النمط القيادي وفعالية المؤسسات التربوية ونجاحها في أداء رسالتها، لذا فالقائمون على تطوير التعليم وتحقيق ما يسمى بالاعتماد والجودة مطالبون بالبحث عن القيادة أولاً ، وبعد ذلك يولون تطوير هذه القيادة عناية كبيرة ، ففعالية القيادة تؤدى إلى فعالية التعليم والعكس صحيح.

والقيادة المدرسية الناجحة هي التي تتضمن مجالاً واسعاً من الثقافات والممارسات ، بحيث تتنوع الأنماط القيادية بما يتلاءم مع مختلف المواقف ، وهناك العديد من الأنماط القيادية التي يترتب عليها سيادة مناخ اجتماعي معين، ويمكن اجمال ذلك كما يلي:-

- أن نمط الاتصال في القيادة الديمقراطية بين القائد و الاتباع قائم على التفاعل فيما بينهما.

- أن نمط الاتصال في القيادة الاوتوقراطية يكون في اتجاه واحد من القائد للأتباع فقط.

- أما النمط الثالث فيصف القيادة الحرة و بها تكون حرية الاتباع قائمة على المسؤولية و المحاسبة على الإنجاز و ليست حرية مطلقة، و يكون التفاعل قائم بين القائد والاتباع على هذا الأساس كما يتضح من السهم المتقطع.

أولاً: القيادة الدكتاتورية : (الأتوقراطية) Autocratic leadership :-

وتأخذ هذه القيادة اتجاهاً استبدادياً، وإرغامياً وتسلطياً، ويظهر ذلك في العلاقة بين كل من القائد والأتباع والمناخ الاجتماعي السائد، وذلك كما يلي :

1- القائد : يحدد بنفسه سياسة العمل كلياً ويملي خطواته وأوجه نشاطه، ويحدد نوع العمل الذي يختص به كل فرد، ويعطي أوامر كثيرة تعارض رغبة الجماعة، ويهتم بضمان طاعة الأعضاء حتى أنه قد يعمل على انقسام المؤسسة أي يأخذ بمبدأ (فرق - تسد)، ويقلل من الاتصال بين أعضائها لتحقيق مصالحه الشخصية.

2- الأفراد: ينفذون الخطوات خطوة بخطوة بصورة يصعب عليهم معرفة الخطة الكاملة، ليس لهم حرية اختيار رفاق العمل، وإذا ترك القائد مكانه أو تنحى حدثت أزمة شديدة قد تؤدي إلى انحلال الجماعة، أو انخفاض روحهم المعنوية.

3- السلوك الاجتماعي : يتميز المناخ الاجتماعي بما يلي:-

- سيادة روح العدوان والتحزب، كثرة المنافسة، الخنوع، السلبية، واللامبالاة.

- شعور الأفراد بالقصور والعجز، ويزداد اعتمادهم على القائد.

- انعدام الثقة المتبادلة بين بعضهم البعض، وبينهم وبين القائد.

- يسود التملق للقائد مع كرهه.

- انخفاض الروح المعنوية والشعور بالإحباط وحدة الطبع وكثرة المشاحنات بين الأعضاء.

مثال:

الأسلوب التلقيني الذي يطبقه المعلم في عملية التدريس، حيث يملي ويلقن الطلاب المادة التعليمية في فترة زمنية محددة وموضوعات مفروضة ، وبأسلوب لا يراعي فيه احتياجات الطلاب أو الفروق الفردية بينهم، ولا يسمح للطلاب بالمناقشة أو الاعتراض عليه أو طرح أفكارهم المتعارض مع أفكاره، والتحيز

أحياناً إلى طالب دون الآخر لأسباب غير موضوعية، مما يمثل مجتمع مدرسي دكتاتوري لا يطلق الحريات ولا ينمي الإبداع لدى الطلاب أو النقد أو التفكير العلمي الصحيح، سواءٍ على مستوى الدراسة العلمية، أو مستوى الأنشطة المدرسية، فرأى الطالب لا يؤخذ به أو يحترم في جميع المجالات، وهذا يجسد فكرة الإرغام والاستبداد الذي يؤدي إلى نتائج خطيرة.

ثانياًَ: القيادة الديمقراطية: Democratic Leadership

وفيها نجد أن:

1- القائد: يشجع الأفراد على المنافسة والتعاون، يشاركهم الرأي والمشورة فيما يجب عمله، و يلتزم بأهداف الجماعة ، ويترك للجماعة حرية توزيع العمل بين أعضائها ويكون موضوعياً في مدحه ونقده للأفراد.

2- الأفراد: يشعر الأفراد بأهمية مساهمتهم الإيجابية في التفاعل الاجتماعي، و يختارون رفاق العمل والأعمال التي يرغبون فيها طبقاً لقدراتهم وميولهم و يكونوا أكثر تماسكاً وترابطاً، وروحهم المعنوية عادة ما تكون مرتفعة، و إذا ترك القائد مكانه استمر العمل والنشاط دون أن يحدث له خلل.

ويظهر هذا النمط في بعض المجالات داخل المدارس والجامعات مثلما يحدث عند تشكيل انتخابات اتحاد الطلاب بالمدرسة، والجامعة حيث تعقد الانتخابات أولاً، على مستوى (الفصول- الكليات) ثم تعقد الانتخابات مرة أخرى على مستوى (المدرسة أو الجامعة) لاختيار رئيس الاتحاد ونائبه وأعضاؤه ، و تعد هذه خطوة مبدئية لتعويد الطلاب على حرية الرأي والاختيار وتنمية الفكر الديمقراطي لديهم .

كما يربى الفكر الديمقراطي لدى شباب الجامعة من خلال الاشتراك في المعسكرات الخاصة بإعداد القادة، وأنشطة الجوالة، وأنشطة التربية العسكرية، والأنشطة الرياضية، والمسابقات الثقافية والرياضية.

ثالثاً: القيادة الحرة:

وتتميز بما يلي:

1- القائد: محايد لا يشارك إلا بالحد الأدنى من المشاركة، ويتحرى الحرية للأفراد والجماعة.

2- المناخ والسلوك الاجتماعي: حرية مطلقة وكاملة للقائد والأفراد فى أطار إنجاز الأهداف، العلاقة بين أفراد الجماعة يسودها الود والثقة المتبادلة.

وبعد تعرفنا على هذه الأنماط وتقيمنا لوضع مؤسساتنا التربوية سنجد بشكل جلى أهم الأنماط السائدة في معظم المؤسسات التعليمية هي النمط الأوتوقراطي، بينما يغيب عنا كل من النمط الديمقراطي والحر، يعيق ظهور هذا النوع من القيادة نظام التعليم التقليدي القائم على المركزية، ومن قبله نمط التنشئة الاجتماعية التي يستخدمها الأباء في تربية أبنائهم و التي تقوم على التسلط، والقسوة، التفرقة في المعاملين الأبناء والرعاية الزائد، والاستهانة بآراء الأبناء وعدم ترك مساحة لهم للتعبير عن الرأي وحرية اتخاذ القرار.

نظريات القيادة التربوية

أ- نظرية السمات Trait Theory :

تركز هذه النظرية على سمات القائد من حيث خصائصه الجسمية والعقلية والانفعالية والاجتماعية، وترى أن خصائص الشخصية وسماتها تؤثر على أسلوب القيادة. وعادة ما تتأثر سمات الشخصية بنمط الثقافة في المجتمع، ومن أهم سمات القائد:

1- السمات الجسمية: فالقادة يميلون إلى الطول، والوزن الثقيل، والصحة النفسية العالية.

2- السمات الانفعالية: فالقادة يميلون إلى الانبساط ، وروح الفكاهة والمرح، وتشجيع روح التعاون، ومراعاة مشاعر الآخرين، ويكونون أكثر تسامحاً، ومجاملة، واتزاناً.

3- السمات العقلية: فالقادة أكثر ذكاء، وذوى ثقافة ومعرفة عالية وأوسع أفقا وأقدر على التنبؤ بالأحداث. وأكثر ابتكار، وأكثر محافظة على الوقت وادارته، .... الخ.

ب- النظرية الموقفية Situational Leadership :

هذا النموذج يركز على طبيعة العلاقة بين القيادة والأعضاء، ويفترض أن القائد يعمل على موائمة وتغير أسلوبه أو سلوكه القيادي على أساس قدرات وميول أعضاء الجماعة، وعلى قدرته على استخدام الموارد المختلفة (بشرية - مادية) من أجل تحقيق الأهداف وإنجاز المهام.

مثل:

- إذا كان أعضاء الجماعة ناضجين (قادرين و لديهم الرغبة)، فالقائد يمكن أن يقوم بدور المفوض، مثلما يفوض رئيس القسم أو العميد أحد الأساتذة في إدارة العمل في غيابه.

- وإذا كان أعضاء الجماعة لديهم القدرة وليس لديهم الرغبة، فالقائد يمكن أن يقوم بدور المقنع.

- إذا كان أعضاء الجماعة غير ناضجين (ليس لديهم القدرة ولا الرغبة)، فالقائد يقوم بدور الملقن في توجيه العضو بما سيفعله، بالإضافة إلى مساعدته على تنمية استعداداته وميوله، وهنا يكون دوره كمعلم.

وهناك مجموعة من الإرشادات العملية والتطبيقية التي تساهم في تفعيل دورك كقائد موقفي:

أولاً: توطيد العلاقة بين القائد والأعضاء (المعلم- الطلاب) :

1- حاول أن تقضي أكبر فترة ممكنة مع طلابك.

2- حاول أن تقوم بأنشطة خارج نطاق العمل (رحلات - مسابقات).

3- أرتفع بالمستوى الأخلاقي لطلابك من خلال استخدام أساليب مختلفة.

4- ساعد الطلاب على تنمية مهاراتهم الشخصية.

5- حاول دمج الطلاب المشاغبين في الأنشطة بما يتلاءم مع قدراتهم وميولهم.

ثانياً: تغير مركزية السلطة:

1- نمى العلاقات الشخصية بينك وبين زملاؤك.

2- صمم على جعل المؤسسة أكثر قوة.

3- صمم على أن تكون خبير في عملك.

4- كون قاعدة بيانات دقيقة عن المؤسسة.

5- قوى علاقتك بالسلطات الأكبر.

ج- النظرية ذات المصادر المعرفية Cognitive Resources Theory:

تعتبر هذه النظرية أن القائد على درجة من الذكاء والخبرة والمعرفة تساعده على النجاح في المواقف المختلفة، ونرى أن كل من الخبرة والذكاء متفاعلين لدى القائد، وتعتبر أن المواقف التي يمر بها القائد مصدراً للخبرة والمعرفة وتساعد القائد والاتباع على الأداء بشكل جيد.

في الواقع أن هذا النمط القيادي نفتقر إليه في مؤسساتنا التعليمية بالرغم من أننا في حاجة إليه، خاصة بعد انتشار العديد من الأزمات المدرسية مثل:-

- انتشار الزواج العرفي بين طالبات المدرسة.
- السلوك العدواني بين الطلاب وبين المعلمين.
- إدمان المخدرات بين الطلاب.
- انتشار ظاهرة الغش الجماعي.

د- النظرية الوظيفية:

وترى هذه النظرية أن القيادة هي القيام بالوظائف التي تساعد الجماعة على تحقيق أهدافها، ومن أمثلة هذه الوظائف:

1- التخطيط: حيث يقوم القائد بوضع الخطط لتنفيذ الأهداف القريبة والبعيدة المدى.

2- وضع سياسة المؤسسة.

3- الأيدلوجية: حيث يكون القائد مصدر للمعلومات.

4- الحكم والوساطة: حيث يكون حكم ووسيطاً لما قد ينشب من صراعات داخل الجماعة.

5- الثواب والعقاب: حيث يكون مصدر للثواب والعقاب، والضبط والربط بين الجماعة.

6- صورة الأب: فهو رمز مثالي للتوحد والتقمص وقدوة بالنسبة للجماعة.

ومن الملاحظ أن هذه النظرية تعكس الدور القيادي الوظيفي، وهذه الأدوار يقوم بها القائد الفعال بشكل واضح أياً كان نمط أو أسلوب القيادة، ويميل هذا النموذج القيادي إلى النمط الأوتوقراطي؛ حيث يركز على الجانب الوظيفي للقيادة أكثر من الجوانب الأخرى ويظهر هذا النمط بين بعض مديري المدارس الذين يقودون المؤسسة التعليمية من المنطق الوظيفي.

مثال تدريبي:

اقرأ الفقرات التالية ومن ثم وضع الرقم الذي يشير إلى الاستجابة التي تراها مناسبة من وجهة نظرك، لوصف نمط القيادة لدى معلمك، وذلك أمام كل عبارة تقرأها :-

1- غير متأكد.

2- يتبع ذلك.

3- يخالف ذلك وتتم كما يلي:

1- يضع المعلم قائمة من التعليمات المحددة ويعطيها لكل فرد في الجماعة.

2- يحاول المعلم أن يضرب مثالاً للأعضاء بإظهار سلوكيات محددة يتوقعها منهم.

3- يتخذ المعلم قرار في حل مشكلة ثم يشرح بعد ذلك للإفراد ما الذي دفعه لذلك.

4- يهتم المعلم بالدرجات التي يحصل عليها الطلاب أكثر من اهتمامه بمدى استمتاعهم بالعمل الدراسي المطلوب.

5- يعلن المعلم عن اجتماع (محاضرة) ويسمح الأعضاء أن يعبرون عن أفكارهم من خلال العصف الذهني.

6- يحب المعلم أن يتأكد من أن جميع الأعضاء يوافقون على القرار الذي أتخذه.

7- يهتم المعلم كثيراً بدراسة اتخاذ القرار أكثر من إصدار قرار نهائي.

كفايات ومسؤوليات القيادة

تعريف الكفاية

عندما يقدم نموذج القيادة سواءٍ في المؤسسات التعليمية أو المجتمعاتيه يصبح من الضروري تقديم تعريف مبسط لمفهوم الكفاية، و يمكن القول أن الكفاية هي القدرات والإمكانيات المطلوب توافرها لدى القائد إضافة إلى المعارف والمهارات التي يمتلكها القائد.

تداخل كفايات القيادة مع الإدارة

ومن منطلق القول بأن القادة هم الأشخاص الذين يفعلون الشيء الصواب، وأن المديرين هم الأشخاص الذين يفعلون الأشياء بطريقة صائبة، فإننا نؤكد أن كلاً من الدوريين هاماً وحيوياً في أي مؤسسة تعليمية كانت أم مجتمعاتية:-

- إدارة الاهتمام أو الانتباه Management of Attention

ليس من الضروري هنا أن تكون إدارة الاهتمام أو الانتباه نوع من الرؤية Vision أو الحلم dream أو منهج عمل agenda أو حتى مجموعة من النوايا a set of intentions بل أنها تشير إلى قدرة القادة على إعطاء وإظهار درجة تركيز

غير عادى من الالتزام، بهذا يستطيع القادة إدارة وتوجيه الانتباه والاهتمام عن طريق رؤية تبعث الحماس وتدفع الآخرين إلى الوصول إلى آفاق لم يصلوا إليها من قبل.

- إدارة القصد والمعنى Management of Meaning

وهذا يعني أن القائد يتعين عليه طرح رؤية بشكل فاعل وهو في ذلك يتذكر دائماً أن عليه أن يكون محدداً عند إعطاء التكليفات، وهذا معناه أن القائد الذي لا يستطيع تحديد المشكلة بشكل كاف، وكذلك الرؤية والهدف لا يستطيع اختيار من يتعامل معها.

- إدارة الثقة Management of Trust

وتعد الثقة عنصراً هاماً لكل المؤسسات، تعليمية كانت أم مجتمعاتية، وتأتي الاعتمادية والثبات كأهم مكونات الثقة، فقد أثبتت التجارب أن الناس يميلون إلى أتباع الأفراد الذين يمكنهم الاعتماد عليهم حتى وأن اختلفوا معهم أحياناً، بينما لا يميلون إلى إتباع الأفراد الذين يغيرون مواقفهم كثيراً حتى وإن اتفقوا معهم.

- إدارة الذات Management of Self

وتلك الكفاية لدى القائد تمكنه من معرفة نقاط قوته ومهاراته واستخدام تلك النقاط والمهارات بشكل فاعل، وبدون إدارة وتوجيه الذات قد يكون تأثير القيادة ضاراً أكثر منه نافعاً.

ومن الضروري أيضاً أن نوضح هنا أن كفايات القيادة ومسؤولياتها لا علاقة لها بأسلوب القيادة أو نظرية القيادة أو حتى أسلوب الإدارة، ببساطة سنستعرض هنا مجموعة من الكفايات العملية التى يجب أن يتمتع بها القادة ويظهرونها عند اللزوم.

كفايات القائد العملية

الكفايات تشمل قدرة القائد في المؤسسة التعليمية أو المجتمعاتية على عمل الأتي:

أ- التخطيط الإستراتيجي Strategic planning:

وهو ما يعد من أهم وظائف القائد الناجح في أي مجال، ويهدف التخطيط الإستراتيجي إلى توضيح المعتقدات والقيم ونقاط القوة والضعف في المؤسسة، وكذلك تحديد إمكانات العمل وصعوباته، وهنا يأتي دور القائد الناجح ليحدد الاتجاهات وليحسن فاعلية الأداء، ويساعد على تجنب تكرار الأعمال ويركز على عمل الخدمات الهامة ويحسن من ملية التواصل بين أفراد الجماعة وتنسيق العمل بينهم ويضع الأهداف التي تتواءم مع بيئة العمل وتضمن النجاح. ويسير الأمور طبقا للتخطيط الإستراتيجي على الوجه التالي للشكل:

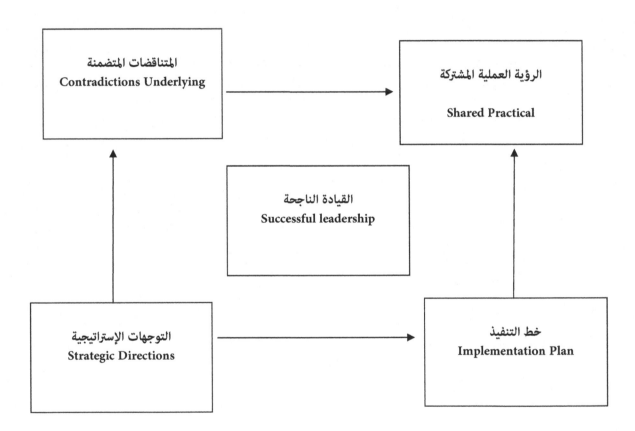

وإذا طبقنا ذلك في محيط المؤسسة التعليمية فإن المدرس على سبيل المثال وهو القائد في العملية التعليمية الذي يضع الخطة الإستراتيجية للتنفيذ في ضوء الرؤية العملية المشتركة التي تشترك فيها جهات عدة ، مثل المجتمع وأولياء الأمور والإدارة التعليمية والطلاب مع المدرس القائد نفسه ، مثال ذلك ما قد يفعله معلم مادة الكيمياء في المعمل من توزيع الأدوار وخطوات تجربة ما ويضع تصوراً للأدوات التي يقوم بها كل طالب في المجموعة الدراسية.

ويوضح للجماعة خطوات التجربة وكيفية التعامل مع نقص الإمكانيات وصعوبات المعمل، وهو يعرف أن الهدف العام هو تعلم إجراء تجارب معملية وليس إنتاج شئ بعينه، وهو يؤكد دوماً على أن دور كل فرد في المجموعة ضروري وحيوي، وتساعده في ذلك رؤية واضحة لتوقعات سير التجربة وخطواتها حتى يمكن التعامل مع أية عقبات تظهر في مراحل التجربة المختلفة.

ب- التعرف على قدرات أفراد الجماعة وإعطاء الدافعية لأفراد الجماعة Recognize and Motivate :

فالقائد الناجح يحتاج إلى التعرف على قدرات أفراد جماعته ويشجعها ويكتشف المواهب والقدرات الكافية لتحقيق أعلى استفادة منها، والمعلم هنا يعطى خير مثال للقائد الناجح إذا تعامل مع طلابه على أنهم مواطنين يحتاجون إلى إعداد جيد ليكونوا أفراد صالحين في مجتمعهم المدرسي.

ومن ثم يصبحوا مؤهلين للإسهام في رفع شأن مجتمعهم، وهنا تأتي الحاجة إلى تعريف مفهوم الدافعية، فبينما يرى" يتلور" أنها الدافع المادي والذي يحتاجه الأفراد ذوى الإنتاجية العالية في شكل تقدير مالي لمواصلة العطاء؛ نجد على الجانب الأخر تعريفاً وتوصيفاً أخر يراه" ماسك " على أنه هرم متدرج من الحاجات، فالدافعية عند "ماسك" تبدأ بأن يحدث تحقيق إشباع للاحتياجات الأساسية بما يؤدى إلى ظهور حاجات جديدة تكون سبباً في مزيد من الدافعية.

جـ- القدرة على التعامل مع وإدارة الصراع داخل الجماعة:Conflict Management

من أهم عوامل نجاح القيادة القدرة على إدارة وتحويل الصراع من شئ سلبي إلى وضع إيجابي، ذلك أن ثقافة الاختلاف وكيفية التعامل معه من أنجح الكفايات لدى القيادة، وفي هذا الإطار يحتاج القائد إلى قبول المعطيات الأتيه كأفضل وسيلة للتعامل مع الصراع:

1- وجود الصراع والاختلاف في أوجه المختلفة شئ حتمي ومن الممكن أن يحل بشكل بناء، فالصراع في حد ذاته حدث محايد لا هو بالشيء الجيد ولا بالشيء السيئ، ولذلك فإن عملية إدارة صراع هي عملية حيوية ومتغيرة وقابلة للتكيف والتعديل.

2- عملية التغيير والتطوير تفرض بطبيعة الحال حاله من المقارنة، وتستدعى معها أنواع من الصراع والاختلاف، ولذلك فإن القائد يحتاج إلى كفايات فرعية للتعامل مع الصراع والاختلاف على النحو التالي:

أولاً: المعرفة: وهي التي تشمل:

1- فهم القوانين واللوائح والتي يكون لها دور في إدارة الصراع من منطلق طبيعة عمل المؤسسة.

2- فهم عملية التغيير في المنظمة.

3- فهم نظرية ومبادئ وطرق حل الصراع.

4- الإلمام بأفضل الطرق الحديثة لحل الصراعات.

ثانياً: القدرات، وتشمل:

1- القدرة على إدارة التغيير في المؤسسة.

2- القدرة على تحديد الاحتياجات.

3- القدرة على تصميم وإدارة برامج التدريب خاصة للكبار.

4- القدرة على تصميم وإدارة وتقويم تنفيذ البرامج.

5- القدرة على التيسير لأفراد المجموعة وتوحيد الأداء.

6- القدرة على تصميم نظام لإدارة الصراع.

7- القدرة على العمل بشكل تعاوني.

8- القدرة على التعامل مع وكسب دعم وتعاون صناع القرار في المؤسسة.

9- القدرة على الوساطة بين أفراد المجموعة.

10- القدرة على تصميم وتنفيذ إستراتيجيات التواصل بين المؤسسات.

11- القدرة على فهم ثقافة المؤسسة التي يعمل بها، والعمل في إطار تلك الثقافة.

12- القدرة على إدخال آليات التعزيز في عملية التغيير.

13- القدرة على إدماج الأفراد و المجموعات المتباينه في المنظومة العامة للمؤسسة.

وللقارئ أن يعود إلى الوحدة الخاصة بإدارة الصراع حتى يتعرف على المزيد من التفاصيل في هذا الموضوع.

د- تعظيم الاستفادة من الموارد البشرية المتاحة Maximum Use of human Resources :

القائد الناجح هو الذي يهيئ البيئة التي ينجح فيها الطلاب والمعلمون، وعلى القيادة أن تقدر أن الناس في مؤسستهم سواء كانت تعليمية أو مجتمعاتيه هم أهم وأعظم مواردهم في سبيل التغيير والتطوير، وهذا معناه أن القائد وهو يتعامل مع الموارد البشرية يضع في حسبانه ما يلي:

1- يقوم بتقدير وتعظيم مساهمات أفراد الجماعة.

2- قادر على الارتباط بالناس والتواصل معهم.

3- يدعم العلاقة التعاونية وروح المشاركة بين أفراد جماعته.

ويتضح هنا أن البعد الأول يتعامل مع تقدير مهارات وخبرات أفراد الجماعة، بينما البعدين الثاني والثالث يتضمنان مهارات التواصل والتعاون بين الأشخاص، مما يعني الاستفادة من المهارات الفردية والخبرات الشخصية من ناحية، ثم توحيد كل ذلك من ناحية أخرى ليصب في صالح تحقيق هدف الجماعة، فالقائد التعليمي الناجح هو الذي يوفق بين قدرات الأفراد وصالح الجماعة.

اكتشاف وتدريب قيادات المستقبل - خطة عمل

يعد اكتشاف وتدريب قادة جدد من أهم أولويات نجاح واستمرار أي عمل أو مشروع، فالمجتمع يحتاج دوماً إلى قادة جدد سواء على المدى القريب أو البعيد، بل أن وجود قادة مؤهلين حتى في ظل وجود القادة الفعلين بعد ضماناً لاستمرار العمل، ويأتي اكتشاف القيادات الجديدة من أهم عوامل تميز القيادة الحالية. وقد يكون من الضروري وضع خطة عمل لتحقيق ذلك الهدف أن تقوم على المحاور التالية:

- الأنشطة والإجراءات:

1- الاستفادة من القادة الذين يحققون النجاح في مؤسساتهم كنماذج وقادة لعملية تدريب للأفراد الذين يتطلعون لأن يصبحوا قادة .

2- عقد ورش عمل خاصة لتدريب هؤلاء المرشحين للقيادة سواءٍ في برامج خاصة أو إعطاءهم تكليفات خاصة تشمل:

- تحمل المسؤولية وممارسة السلطة.

- تعلم مبادئ القيادة خارج المحيط التعليمي أو المؤسسي.

- ممارسة دور القائد أحيانا والتابع أحياناً أخرى.

3- تقديم قياسات لكفايات وقدرات القيادات الجديدة مثل:

- قياس مكونات الممارسة المهنية للقائد التعليمي:

والجدول التالي يدل :-

	1	2	3	4	5
- رؤية التعليم					
1- هل يظهر القائد التعليمي القدرة على تطوير رؤية التعليم؟					
2- هل يظهر القائد التعليمي القدرة على توصيل رؤية التعليم؟					
3- هل يظهر القائد التعليمي القدرة على تطبيق وتنفيذ رؤية التعليم؟					
4- هل يظهر القائد التعليمي القدرة على مراقبة تطبيق وتنفيذ رؤية التعليم؟					
- ثقافة التعلم					
1- هل يظهر القائد التقدير للطلاب والمعلمين؟					
2- هل يطور القائد ويساند ثقافة التعلم؟					
3- هل يؤمن القائد بشمولية التعلم؟					
4- هل يراقب القائد ويقوم ثقافة التعلم؟					
إدارة التعلم					
1- هل يتخذ القائدالإجراءات الإدارية لضمان نجاح التعليم والتعلم؟					
2- هل يطور القائد الإجراءات التي تضمن نجاح التعليم والتعلم؟					
3- هل يحدد القائد الموارد التي تضمن نجاح التعليم والتعلم؟					
4- هل يخلق القائد البيئة الصحية لضمان نجاح التعليم والتعلم؟					

				علاقات القائد بالجماعة لتحسين التعلم
				1- هل يشرك القائد أفراد الجماعة في صنع القرارات؟
				2- هل يتفهم القائد حاجات الجماعة؟
				3- هل يوفر القائد الفرص للجماعة المدرسية لخدمة بعضهم البعض؟
				4- هل يقدر القائد ويتفهم التباين والاختلاف؟
				التماسك والتكامل والعدالة والأخلاق في التعلم
				1- هل يحتفظ هذا القائد بمعايير واضحة للأخلاقيات المهنية؟
				2- هل يتفهم هذا القائد تأثير الفرد على الجماعة والمجتمع؟
				3- هل يحترم القائد حقوق وكرامة جميع أفراد الجماعة؟
				4- هل يشجع القائد السلوك المتكامل والأخلاقي للآخرين؟
				البعد السياسي والاجتماعي والاقتصادي والقانوني والأخلاقي
				1- هل يقود هذا القائد المدرسة لصالح الطلاب والأسر؟
				2- هل ينقل هذا القائد مفهوم التغيير في البيئة إلى المشاركين والمهتمين؟
				3- هل يعمل هذا القائد داخل إطار من السياسات والقوانين واللوائح؟
				4- هل يتواصل هذا القائد مع صناع القرار خارج مجتمع المدرسة؟

مثل هذه القياسات يجيب عليها القادة المشرفون على عملية اكتشاف وتدريب القادة الجدد وتبدأ كالتالي:

فيما يلي قائمة ببعض الكفايات المهنية للقيادة التعليمية من فضللك أجب على الأسئلة التي توضح درجة تلك الكفاية عن المرشحين لتولي القيادة وسوف تراعي سرية إجاباتك طوال عملية التدريب وبعدها.

مثال تدريبي:

كلفتك مدرستك أو الإدارة التعليمية أو رئاستك في العمل بإعداد دليل للقائد الفعال، ضع ملامح هذا الدليل بالاشتراك مع مجموعه مصغرة (يمكن تقسيم المتدربين في البرنامج إلى مجموعات من 3-5 أفراد) واسترشد بالإطار الذي تعرض له هذه الوحدة التدريبية تحت عنوان.

(نحو إعداد قيادة فعالة في المؤسسة التعليمية والمجتمع المدني).

أنماط (أنواع) القيادة المدرسيّة

الأول : نمط استبدادي تسلّطي :

قائده هو محور نشاط الجماعة، ويعتقد أنه بطل الحلبة، وأفضل من يعلم، ويتوقع خضوع الجماعة له، ويستعين القائد لهذا النمط بأساليب القهر والتهديد، والعاملون معه أتباع وليسوا شركاء، وقد يأخذ أفكار الآخرين وينسبها لنفسه، ويهتم بالشكليّات والروتين.

ويؤدي هذا الأسلوب في الإدارة إلى: تفشي صفات سيئة مثل:

الخضوع، القلق، الكراهية، عدم التجيد، وتوقف النمو المهني، وانخفاض الروح المعنويّة.

الثاني: النمط الديمقراطي:

يقوم هذا النمط من القيادة على المشاركة في:

- اتخاذ القرار ، وعمليّات التخطيط والتنظيم والتنسيق والتوجيه والمتابعة .

- والقائد هنا يحترم جماعته، وينمّي قدراتهم الإبداعيّة والابتكار.

- ويؤدي هذا الأسلوب في الإدارة إلى: التعاون المثمر، والشعور بالرضا من الجميع ، والثقة المتبادلة بينهم، ورفع الروح

المعنويّة بين العاملين، ويدفع بالعمل إلى التقدم.

الثالث : النمط الفوضوي:

نمط سائب فوضوي، تفهم الديمقراطيّة أنها حريّة مطلقة لا ضوابط لها ولا حدود.

ويؤدي هذا الأسلوب في الإدارة إلى : ضياع وحدة العمل كفريق متكامل وعمل تربوي ، لايبعث على احترام الجماعة

لشخصيّة القائد ، يشعر بالضياع والقلق وعدم القدرة على التصرف.

مراجع الفصل الثالث

1. Albert, (1975). Organizational Decision Processes .Ronald J
2. Leach Steve, (1982). Approaches To Public Policy.
3. صالح، هاني عبد الرحمن، (2002). الإدارة التربوية.
4. عطوي، جودت، (2001). الإدارة التعليمية والإشراف التربوي: أصولها وتطبيقاتها.
5. مرسي، محمد منير، (1977). الإدارة التعليمية أصولها وتطبيقاتها.
6. البدوي، طارق عبد الحميد، (2001). الأساليب القيادية والإدارية في المؤسسات التعليمية.
7. Kizlik, Robert, (1999). Classroom and Behavior Management.
8. Ronald L, et.al, (1974). The Process of Group Communication.
9. السلمي، علي، مرجع سابق.
10. الطويل، هاني عبد الرحمن صالح، (1999). الإدارة التعليمية مفاهيم وأفاق.
11. علاقي، مدني عبد القادر ، (1981). الإدارة : دراسة تحليلية للوظائف والقرارات الإدارية.
12. سالم، فؤاد الشيخ ، (1982). أساليب بحوث العمليات في الإدارة.
13. العلاق، بشير،(1999). أسس الإدارة الحديثة: نظريات ومفاهيم.
14. الشريدة، هيام، (2004). الأنماط القيادية لمديري الإدارة في وزارة التربية والتعليم وتأثيراتها في التغير التربوي من منظور رؤساء الأقسام.
15. http://www.srdb.org/Arabic/printer1.asp?ID=83 prog=ARP.

الفصل الرابع

أدوار القيادة في المدارس والجامعات

- أدوار القيادة وسلوكياتها في مجتمعات التعلم

- القوى والعوامل الثقافية المؤثرة فيها

- النظريات الحديثة في الإدارة المدرسية

أدوار القيادة وسلوكياتها في مجتمعات التعلم

1. القيادة وصنع القرار في مجتمع التعلم:

تعد عملية صنع القرار عملية جماعية، أي نتاج جهد مشترك يعتمد على جمع المعلومات وتوليد البدائل ثم اختيار الأنسب من بينها، وفي مجتمع التعلم يجدر بالقيادة المدرسية والجامعية أن يتوفر لديها المهارات التالية:

- القدرة على تعريف المشكلة والعوامل المسببة لها والمسؤولة عنها.

- القدرة على تحديد الأولويات لمواجهة المشكلة.

- القدرة على اختيار أنسب الطرق وأكثر ملاءمة.

- القدرة على تحديد التأثيرات التي يحدثها القرار على الأفراد وما بينهم من علاقات.

- القدرة على تجميع كافة العناصر البشرية ذات الصلة بالقرار وكسب تأييدها.

- القدرة على متابعة تنفيذ القرار وتحديد مدى فاعليته.

وتشير الأدبيات إلى قدرة المنظمة على التعلم تقاس بقدرتها على صنع القرار الرشيد من خلال المشاركة الجماعية المترابطة.

والقرار يكون رشيداً عن صناعته في إطار من التعلم التنظيمي، فالمعلومات المتاحة لدى القادة والعاملين بالمنظمة أثناء المراحل المختلفة لصنع القرار تلعب دوراً كبيراً في صناعة القرار.

كما تتأثر هذه القرارات بالثقافة التنظيمية السائدة بالمنظمة والتي تعد نتاجاً للتعلم، بالإضافة إلى أن الوصول إلى قرار وتنفيذه يعد خبرة ويساعد في تكون مخزون معرفي بالمنظمة ولدى أفرادها، كما أن التعلم التنظيمي يساعد في تهيئة وخلق وعي شامل بالمنظمة يستغل في المواقف الطارئة والملحة والتي تتطلب اتخاذ قرار سريع، حيث تساند صانعي القرار في تبصر مواطن القوة والضعف

في المنظمة، وخلق وحدة الموقف ووحدة الهدف لدى مختلف أعضاء وقطاعات المنظمة وتقلل من مقاومة العاملين تجاه القرارات المتحدة.

2. القيادة وتفويض السلطة في مجتمع التعلم:

برغم الفوائد المتعددة التي تعود على المنظمة وعلى العاملين بها من تفويض السلطة، إلا أن بعض القادة يتجنب الأخذ بهذا المبدأ أو ذلك للعوامل التالية:

- الاعتقاد بقلة الوقت الذي يكفي لتعليم العاملين طريقة الأداء من خلال تفويض السلطة لهم .

- تفضيل كثير من المديرين السيطرة الكاملة على مهام عملهم من خلال أداء تلك المهام بأنفسهم.

- ضعف ثقة العاملين في أنفسهم وفي قدرتهم على القيام بأداء العمل المنوط لهم.

- تخوف العاملين من الوقوع في الخطأ، وبالتالي التعرض للعقاب.

- ضعف الحوافز، وبالتالي رفض العاملين قبول السلطة المفوض لهم.

وفي إطار قناعة مدير المدرسة أو المسؤول بالجامعة بأهمية تحويل إلى منظمة تعلم يكون تفويض السلطة جانباً أساسياً من الأدوار القيادية الواجب عليهم القيام بها في منظماتهم.

وفي هذا الإطار على القائد تنمية سلطة المعرفة Knowledge power داخل منظمة، وهي السلطة المستمدة من معرفة أفراد المنظمة كيفية عمل المنظمة وكيفية أداء المهام المختلفة بها، وذلك بإتاحة كافة الوثائق والتقارير والمعلومات أمام جميع العاملين بالمنظمة، وكذلك يتيسر التدريب وتحمل مسؤوليات المواقع المختلفة المنظمة للتمكن من المهارات المختلفة اللازمة لتحسين الأداء بالمنظمة.

معنى ذلك أن التعلم التنظيمي يعد أساساً لتطوير الأداء بالمنظمة ويتضح في قدرة مدير المدرسة على تشجيع العاملين معه على قبول المهام المفوضة لهم عن

طريق توفير المعرفة اللازمة عن كيفية أداء تلك المهام، ومناقشة أكثر الأساليب فعالية لأدائها وتشجيعهم، كذلك على تبني رؤى وتوقعات حول أداء تلك المهام على تقابل تلك الرؤى والتوقعات بالثقة بالتقدير والاحترام.

ومن هنا فأن على قيادة المدرسة أو الجامعة أن تعمل على الإثارة الذهنية المستمرة للعاملين فيها بإعطائهم الفرصة الكافية للتعامل مع المواقف التنظيمية المختلفة مع الاهتمام بنقل المعرفة عن كيفية أداء تلك المهام بسهولة إليهم سواءٍ بالاستعانة بمصادر من داخل المنظمة أو من خارجها، والذي يساعد بدوره في تكوين رؤية مشتركة بين جميع العاملين في المدرسة أو الجامعة في استمرار التعلم التنظيمي بها.

3. القيادة والاتصال في مجتمع التعلم :

يحقق الاتصال الفعال التفاهم المتبادل ويشيع الثقة والاحترام وينمى العلاقات الإنسانية بما يحفز على مزيد من الأداء الجيد.

وهناك مجموعة من المقومات التي يتوقف عليها نجاح نظام الاتصال، ومنها:

- التكامل مع نظام المعلومات: فالاتصال الجيد يتوقف على توفر المعلومات الدقيقة المكونة للرسالة موضوع الاتصال، والتي تأتي في وجود نظام جيد وشامل للمعلومات.

- مراعاة الاحتياجات الحقيقية: فنظام الاتصال يجب أن يبني على دراسة دقيقة لظروف الواقع وإمكاناته.

- وضوح خطوط الاتصال: حيث يوفر الاتصال الجيد تحديداً لمواقع مراكز الاتصال وخطوطها التي تصل بين مختلف القطاعات بشكل دقيق وواضح.

- تجنب التشويش والعوائق التي تشوه مضمون الرسالة وتشكك في صدقها، ويعتمد ذلك على وضوح الأفكار من جانب المرسل، وملائمة الرسالة للمستقبل بحيث يستطيع فهمها واستيعابها.

وعن طريق الاتصال يستطيع القائد أن يعدل سلوكيات العاملين واتجاهاتهم وأن يغيرها بما يتلاءم مع الأهداف المرغوب تحقيقها، كما تمكنه من الحفاظ

على السلوكيات المرغوبة وتعزيزها، كما يعمل الاتصال على دعم الترابط وتقوية العلاقات وتنمية روح الفريق والعمل الجماعي نظراً لما يسهم به الاتصال في تكوين رؤية مشتركة.

ولكي تؤدي عملية الاتصال ثمارها في مجتمعات التعلم فإنها تتطلب بعض الأمور والتي من خلالها يتم تنشيط عملية الاتصال وتطويرها بما يساعد على تدفق المعلومات ونقل المعرفة والخبرات ومن ذلك:

- وضع خطة واضحة لتعريف كل طرف بالدور المنوط به أدائه مع توضيح قنوات الاتصال ووسائلهم التي يمكن استخدامها.

- تطوير مهارات الاتصال وتعميق الفهم، ويمكن أن يكون ذلك من خلال التدريب.

- تدعيم شبكة الاتصال غير الرسمية بأكبر قدر من الحقائق والمعلومات حتى تشبع حاجة الأطراف المختلفة إلى المعلومات وتقلل من الشائعات والرؤى والأفكار غير المستحبة.

- تقويم نتائج الاتصال للتأكد من مدى تحقيقه للأهداف الموضوعة ، ويؤكد ما سبق أن دعم القيادة للاتصال يساعد في توضيح الخريطة المعرفية للمنظمة والروابط التي تحكمها، وفي تهيئة فرص عديدة لنقل المعرفة والخبرة، كما توضح المصادر المختلفة للمعرفة التي يمكن الاستعانة بها، بالإضافة إلى نقل المساعدة المنظمة في اكتشاف القوى الكامنة بها التي يمكن الاعتماد عليها في توكيد معرفة جديدة تفيدها في أنشطتها المستقبلية.

4. القيادة وتقويم الأداء في مجتمع التعلم:

يرتبط تقويم الأداء بالتعرف على مدى الكفاءة والحكم على القدرة والاستعداد للتقدم في العمل، وتتضح أهمية تقويم الأداء في مجتمع التعلم من قدرتها على توفير تغذية راجعة عن الأداء ومستواه وتوجيه مسار العمل باستمرار

نحو الأهداف المرغوبة، إلى جانب ما توفره من قدره على التعرف على المشكلات وتمييز الكفاءات القادرة على التعامل معها، وكذلك توضيح مدى الحاجة إلى التدريب عند اقتفاء ذلك الكفاءات.

وتجدر الإشارة إلى أن هناك بعض الأساس العامة للتقويم الفعال، تتمثل في:

- تحديد الأهداف بدقة ووضوح، والمجالات المختلفة للتقويم.

- التعرف الواضح والدقيق لواجبات كل طرف.

- التزود المستمر بتغذية راجعة علنية عن الأداء ومستواه.

- المشاركة في تحديد المعايير المستخدمة كمحطات للأداء الجيد.

- إشاعة الثقة في تقويم الأداء وكسب التأييد نحوه.

- الاعتماد على بيانات ومعلومات صحيحة وموضوعية وموثقة عن الأداء يتضمن كافة الجوانب الايجابية والسلبية.

وللتغذية الراجعة دور كبير في تعديل الأداء، والتعرف على العوامل المؤثرة فيه وفي تحليل المعرفة المطلوبة لمساندة الأداء،

بمعنى أن التغذية الراجعة كأحد جوانب تقويم الأداء تسهم كأحد جوانب تقويم الأداء في تأكيد المخزون المعرفي بما يدعم ويساعد في تنمية التعلم واستمراره بالمنظمات المشكلة لمجتمعات التعلم، كما تسهم في بناء نماذج تعلم جديدة توفر المستقبل المرغوب فيه.

القوى والعوامل الثقافية المؤثرة فيها

يعتمد سلوك المدارس والجامعات كمجتمعات تعلم على استيعابها للعديد من القوى والعوامل الثقافية وقدرتها على التكيف معها، ومن تلك القوى والعوامل ما هو تكنولوجي وما هو اداري وتنظيمي، وما هو إنساني، وما هو اجتماعي، ولكل من هذه القوى والعوامل تأثيراتها على المدارس والجامعات باعتبارها مجتمعات تعلم:-

1. العامل التكنولوجي:

تميزت الثورة التكنولوجية التي يشهدها عالم اليوم بقيامها بصورة أساسية على العقل البشري مقدمة معارف ومهارات ليس لها سوابق مكنت من تحقيق إنتاجية عالية وكاملة، والتي تتطلب مداومة التعلم والاستمرار فيه لكي يتمكن جميع الأفراد من تملك المهارات والمتطلبات المختلفة لأداء المهام وللقدرة على حل المشكلات بشكل فعال ومبدع وللتمكن على التعاون مع الآخرين والعمل في فريق، بالإضافة إلى القدرة على الاستجابة بصورة ملائمة مع المبتكرات والمستحدثات التكنولوجية المتلاحقة بما يخدم تحقيق الأهداف.

وتؤكد المفاهيم السابقة وشيوعها في المجتمع على ضرورة التعلم ومواصلة بشتى السبل والطرق في أي وقت، وفي أي مكان، ومن مختلف المصادر المتاحة والممكنة، وأظهر ذلك ضرورة وجود اتحادات وإسهامات مشتركة تفيد في إحراز تعلم أفضل وفقاً لما تتجه قدرات الفرد واستعداداته وظروف عمله وأسلوب حياته.

2. العامل الإداري:

يتمثل العامل الإداري الهيئة التي تبدو عليها البيئة التنظيمية للمدرسة أو الجامعة، فهذه البيئة التنيظيمة تعبر مظاهرها المختلفة عن إمكانية تدفق التعلم من وإلى وعبر هذه المنظمات، فالتنظيم المركزي والقيادة التسلطية وضعف تفويض السلطة تثمل أوضاع خاصة بالمنظمة من شأنها أن تعوق قيام مجتمع تعلم بالمدرسة أو الجامعة إذا توفرت فيها هذه الخصائص التنظيمية التى أشير إليها سابقاً.

أما البيئة التنظيمية التي يشيع فيها تفويض السلطات الواعي الحكيم وينمي الكفاءات ويخلق في مختلف أرجاء المنظمة (المدرسة أو الجامعة) صف ثاني من القيادات الكفوؤه ذات القدرة على التعامل بفعالية مع المشكلات وعلى اتخاذ القرار الرشيد.

أعضاء تلك البيئة التنيظيمة

بيئة تنظيمية تعمل بشكل جماعي متعاون ويشيع فيها روح العمل كفريق فإنها أقدر على السلوك كمجتمعات تعلم.

3. العامل الاجتماعي:

يرتبط العامل الاجتماعي برغبات وطموحات أفراد المجتمع وحرصهم على مواصلة تعليمهم حتى أعلى الدراجات العلمية، ويقابل ذلك سعي الدول وحرصها على تحقيق تكافؤ الفرص التعليمية بين مختلف أفرادها من جهة وضمان جودة الخدمة التعليمية المقدمة من جهة أخرى، خاصة عندما تواجه بنقص الإمكانات والأموال، هنا تلجأ الدولة إلى تشجيع تكوين مجتمعات التعلم التي باستطاعتها دفع عجلة التعلم في المدارس والجامعات وتحسين الخدمة التعليمية وتجويدها وجعلها مرنة ومستمرة، بالإضافة إلى توفير فرص بديلة خارج أسوار المدرسة والجامعة لنيل التعليم لمن لا يستطيع أن يجد مكاناً داخل تلك الأسوار.

كما أن تكون مجتمع التعلم يعتمد بدرجة كبيرة على العنصر البشري طبيعاً وخصائصياً من جهة، وما تبثه هذه الطبيعة وتلك الخصائص مشكلة المناخ والثقافة التنظيمية التي تسود بالمدرسة أو الجامعة، فهي إما أن تحركها الصراعات والمنافسات بين كل منهم والآخر أو أنها مشبعة بروح التعاون والثقة واللذان يعتبران عاملين أساسيين في تكون مجتمع التعلم.

النظريات الحديثة في الإدارة المدرسية

حاول العديد من دارسي الإدارة المدرسية تحليل العملية الإدارية ومحاولة وضع نظريات لها، ولقد كان لهذه المحاولات أثر في تحقيق نوع من التقدم في هذا المجال، فقد حاول كل من بول مورت P.mort ومساعده دونالد هـروس Donald H.Ross لوضع أسس لنظرية الإدارة ورد في كتابهما " مبادئ الإدارة المدرسية ".

كما حاول جيس ب. سيرز Jess.Serars البحث في وظيفة الإدارة في دراسة عام 1950 تحت عنوان طبيعة العملية الإدارية، كما أعد البرنامج التعاوني للإدارة التعليمية في أمريكا عدة برامج لتعرف على أساليب نظرية للإدارة التعليمية، ومنها كتاب عام 1955 بعنوان "أساليب أفضل للإدارة المدرسية"، واستحدث سيمون في كتابه "مفهوم الرجل الإداري" عام 1945 طبيعة وأهمية اتخاذ القرار في العملية الإدارية، وفي عام 1968 وضع " يعقوب جيتزلز" J.W.Getzels نظرية علمية في الإدارة المدرسية، حيث نظر للإدارة باعتبارها عملية اجتماعية، بينما نظر سيرز إلى الإدارة التعليمية من حيث وظائفها ومكوناتها وحلل العملية الإدارية إلى عدة عناصر رئيسية، ويمكن القول بأن جميع الجهود التي بذلت كلها جهود متأثرة بأفكار رجال الإدارة العامة والصناعية أمثال (تايلور) (وهنري فايول) (ولوثر جيوليك)، وغيرهم من رجال الإدارة العامة. ومن أبرز النظريات الحديثة في الإدارة المدرسية ما يلي:

أولاً: نظرية الإدارة كعملية اجتماعية Social Processing Theory

وتقوم هذه النظرية على فكرة أن دور مدير المدرسة أو دور المعلم لا يتحدد إلا من خلال علاقة كل منهما بالآخر، وهذا يتطلب تحليلاً دقيقاً علمياً واجتماعياً ونفسياً، انطلاقاً من طبيعة الشخصية التي تقوم بهذا الدور، ويمكن توضيح النماذج التالية لهذه النظرية:

أ - نموذج جيتزلز Getzels : ينظر جيتزلز إلى الإدارة على أنها تسلسل هرمي للعلاقات بين الرؤساء والمرؤوسين في إطار نظام اجتماعي، وأن أي نظام اجتماعي يتكون من جانبين يمكن تصورهما في صورة مستقلة كل منهما عن الآخر وإن كانا في الواقع متداخلين.

فالجانب الأول: يتعلق بالمؤسسات وما تقوم به من أدوار أو ما يسمى بمجموعة المهام المترابطة والأداءات والسلوكات التي يقوم بها الأفراد من أجل تحقيق الأهداف والغايات الكبرى للنظام الاجتماعي.

والجانب الثاني: يتعلق بالأفراد وشخصياتهم واحتياجاتهم وطرق تمايز أداءاتهم، بمعنى هل هم متساهلون، أم متسامحون، أم يتسمون بالجلافة أم بالتعاون أم هل هم معنيون بالإنجاز، وما إلى ذلك من أمور يمتازون بها. والسلوك الاجتماعي هو وظيفة لهذين الجانبين الرئيسيين، المؤسسات والأدوار والتوقعات وهي تمثل البعد التنظيمي أو المعياري، والأفراد والشخصيات والحاجات وهي تمثل البعد الشخصي من العلاقة بين مدير المدرسة والمعلم يجب أن ينظر إليها من جانب المدير من خلال حاجاته الشخصية والأهداف أيضاً، فإذا التقت النظريات استطاع كل منهما أن يفهم الآخر وأن يعملا معاً بروح متعاونة بناءة.

أما عندما تختلف النظريات فإن العلاقة بينهما تكون على غير ما يرام، والفكرة الأساسية في هذا النموذج تقوم على أساس أن سلوك الفرد ضمن النظام الاجتماعي، وفي إطاره كالمدرسة مثلاً هو محصلة ونتيجة لكل من التوقعات المطلوبة منه من قبل الآخرين وحاجاته الشخصية وما تشمله من نزعات وأمزجة.

ب - نموذج جوبا Guba للإدارة كعملية إجتماعية: ينظر جوبا إلى رجل الإدارة على أنه يمارس قوة ديناميكية يخولها له مصدران: المركز الذي يشغله في ارتباطه بالدور الذي يمارسه والمكانة الشخصية التي يتمتع بها، ويحظى رجل الإدارة بحكم مركزه بالسلطة التي يخولها له هذا المركز، وهذه السلطة يمكن أن ينظر إليها على أنها رسمية لأنها مفوضة إله من السلطات الأعلى.

أما المصدر الثاني للقوة المتعلقة بالمكانة الشخصية وما يصحبه من قدرة على التأثير فإنه يمثل قوة غير رسمية، ولا يمكن تفويضها وكل رجال الإدارة بلا استثناء يحظون بالقوة الرسمية المخولة لهم، لكن ليس جميعهم يحظون بقوة التأثير الشخصية، ورجل الإدارة الذي يتمتع بالسلطة فقط دون قوة التأثير يكون في الواقع قد فقد نصف قوته الإدارية، وينبغي على رجل الإدارة أن يتمتع

بالسلطة وقوة التأثير معاً، وهما المصدران الرئيسيان للقوة بالنسبة لرجل لإدارة التعليمية وغيره.

ج - نظرية تالكوت بارسونز :T.Parsons يرى بارسونز أن جميع المنظمات الاجتماعية يجب أن تحقق أربعة أغراض رئيسية هي:

1- التأقلم أو التكيف: بمعنى تكييف النظام الإجتماعي للمطالب الحقيقة للبيئة الخارجية.

2- تحقيق الهدف: بمعنى تحديد الأهداف وجذب كل الوسائل من أجل الوصول إلى تحقيقها.

3- التكامل: بمعنى إرساء وتنظيم مجموعة من العلاقات بين أعضاء التنظيم بحيث تكفل التنسيق بينهم وتوحدهم في كل متكامل.

ثانياً : نظرية العلاقات الإنسانية Leadership Theory

تهتم بأهمية العلاقات الإنسانية في العمل، وهذه النظرية تؤمن بأن السلطة ليست موروثة في القائد التربوي، ولا هي نابعة من القائد لأتباعه في المدرسة، فالسلطة في القائد نظرية وهو يكتسبها من أتباعه من خلال إدراكهم للمؤهلات التي يمتلكها هذا القائد، ومن ضمن مسؤوليات مدير المدرسة ليتعرف ويفهم ويحلل حاجات المدرسين والتلاميذ وليقدر أهمية التوفيق بين حاجات المدرسين والتلاميذ وحاجات المدرسة.

ولا يقصد أصحاب هذه النظرية أن ينخرط الإداري في علاقات شخصية مباشرة مع العاملين، بحيث لا تعود هناك مسافات اجتماعية تفصل بين الإداري والمرؤوسين، لأن جهود الإداري في هذه الحالة تتشتت بعيداً عن الهدف الإنتاجي للمؤسسة، ولكن ما يتوخاه أصحاب النظرية هو مراعاة الأبعاد النفسية والاجتماعية التي تجعل العاملين يؤدون دورهم بدون اللجوء للمراوغة ومقاومة السلطة ، لأن العاملين يتطلعون دائماً إلى نوع من الفهم المشترك يجعل السلطة

تشعرهم بأن مصلحتها أن تنظر في شأنهم بعناية مثلما تولي متطلبات العمل عنايتها، إن المرؤوس الذي لا يكون معوقاً بمشكلات يستطيع أن يركز العمل، فتقل الأخطار التي يرتكبها وتزداد وجوه التكامل بين عمله وأعمال الفريق، ويحافظ على التعاون مع الأقران دعماً لاستمرارية المؤسسة ونجاحها، وبهذا يضمن المحافظة على الأوضاع القائمة التي يرتاح لها.

ثالثاً: نظرية اتخاذ القرار Dicesion Making Theory

تقوم هذه النظرية على أساس أن الإدارة نوع من السلوك يوجد به كافة التنظيمات الإنسانية أو البشرية، وهي عملية التوجيه والسيطرة على النشاط في التنظيم الاجتماعي، ووظيفة الإدارة هي تنمية وتنظيم عملية اتخاذ القرارات بطريقة وبدرجة كفاءة عالية، ومدير المدرسة يعمل مع مجموعات من المدرسين والتلاميذ وأولياء أمورهم والعاملين أو مع أفراد لهم ارتباطات اجتماعية وليس مع أفراد بذاتهم.

وتعتبر عملية اتخاذ القرار هي حجر الزاوية في إدارة أي مؤسسة تعليمية، والمعيار الذي يمكن على أساسه تقييم المدرسة هي نوعية القرارات التي تتخذها الإدارة المدرسية والكفاية التي توضع بها تلك القرارات موضع التنفيذ، وتتأثر تلك القرارات بسلوك مدير المدرسة وشخصيته والنمط الذي يدير به مدرسته، ويمكن مراعاة الخطوات التالية عند اتخاذ القرار:

1- التعرف على المشكلة وتحديدها.

2- تحليل وتقييم المشكلة.

3- وضع معايير للحكم يمكن بها تقييم الحل المقبول والمتفق مع الحاجة.

4- جمع المادة (البيانات والمعلومات).

5- صياغة واختيار الحل أو الحلول المفضلة واختيارها مقدما أي البدائل الممكنة.

6- وضع الحل المفضل موضع التنفيذ مع تهيئة الجو لتنفيذه وضمان مستوى أدائه ليتناسب مع خطة التنفيذ ثم تقويم صلاحية القرار الذي اتخذ وهل هو أنسب القرارات.

رابعاً: نظرية المنظمات: Organaiztion Theory

تعتبر التنظيمات الرسمية وغير الرسمية نظاماً اجتماعياً كلياً في نظرية التنظيم، ومن خلال النظام تكون الإدارة أحياناً عاملاً يزيد أو ينقص من التعارض بين أعضاء المجموعات والمؤسسات أو المنظمة (المدرسة)، فنظرية التنظيم هي محاولة لمساعدة الإداري ليحلل مشاكل المنظمة وترشده في خطته وقراراته الإدارية، كذلك تساعده ليكون أكثر حساسية لفهم المجموعات الرسمية وغير الرسمية التي لها علاقة بها.

خامساً: نظرية الإدارة كوظائف ومكونات:

لا تخرج وظائف الإدارة التي أشار إليها سيرز عن مجموعة الوظائف التي أشارإليها سابقوه، وفي مقدمتهم المهندس الفرنسي " هنري فايول " والوظائف الرئيسية للإداري في ميادين الإدارات المختلفة، كما يحددها سيرز هي: التخطيط، التنظيم، التوجيه، التنسيق، والرقابة، وتقابل بالترتيب مصطلحات: Planning Organazing,Directoring ,Co- ordenating and Controling, وعند تحليل هذه الوظائف يمكن الكشف عن طبيعة العمل الإداري في لميادين المختلفة، حيثأن الوظائف نفسها هي ما يقوم به الإداري.

ففي عملية التخطيط، يحتاج الإداري إلى تدارس لظروف استعداداً لاتخاذ قرارات ناجحة وعملية، تأخذ بعين الاعتبار طبيعة الأهداف والإمكانات المتوفرة لتحقيقها، والعقبات التي تعترض التقدم نحو الأهداف وموقف العاملين منها، وفي عملية التنظيم يحتاج إلى أن يضع القوانين والأنظمة والتعليمات لصورة ترتيبات في الموارد البشرية والمادية، بما يسهل عمليات تنفيذ الأهداف المتوخاة على المنظمة أو التنظيم الذي ينشأ عن الترتيبات.

وفي عملية التوجيه ينشّط الإداري إجراءات التنفيذ بالتوفيق بين السلطة التي يكون مؤهلاً لها من خلال صلاحيات مركزه والسلطة المستمدة من ذكائه ومعلوماته وخبراته المتمثلة في إدراكه الشامل لأهداف المنظمة، وطبيعة العمل المناط بها، وإمكاناتها المادية والبشرية، والقوى والظروف الاجتماعية المؤثرة عليها.

وفي عملية التنسيق، يحتاج الإداري إلى جعل كل عناصر التنظيم وعملياته تسير بشكل متكامل لا ازدواجية فيه ولا تناقض، بحيث توجه الجهود بشكل رشيد نحو الأهداف المرسومة في نطاق الإمكانات المتوفرة، وفي حدود ما تسمح به القوى الاجتماعية والاقتصادية ولسياسية والثقافية في بيئة التنظيم.

أما الرقابة: فهي متابعة مباشرة أو غير مباشرة لمؤسسة لتقييم نظام عملها، ومدى جدواه على ضوء الأهداف المنتظرة منها

سادساً: نظرية القيادة Leadership Theory

تعتبر القيادة التربوية للمؤسسة التعليمية من الأمور الهامة بالنسبة للمجتمع عامة، وبالنسبة لإدارة التعليمية والمدرسية بصفة خاصة، نظراً لعلاقتها المباشرة بأولياء لأمور والمدرسين والتلاميذ، والقيادة ليست ببساطة امتلاك مجموعة من صفات أو احتياجات مشتركة، ولكنها علاقة عمل بين أعضاء المدرسة أو المؤسسة التربوية، ويمكن القول إن هذه النظرية تقترب من أفكار نظرية العلاقات الإنسانية في كونها تركز على بلوغ الهدف لطبيعي للإنسان .

سابعاً: نظرية الدور Role Theory

إذا افترضنا أن مدير المدرسة يخطط لتكوين فريق رياضي لمدرسته ، فمن يكلف بهذه المسؤولية وإذا كلف أحد مدرسي التربية الرياضية ذلك ولم يستطع أن ينجح في تكوين الفريق المناسب، ماذا يفعل مدير المدرسة ؟ ما موقف بقية مدرسي التربية الرياضية الآخرين ؟ ل يشاورهم كجماعة فربما يحدث تصادماً في الرأي ، وعليه في مثل هذه الحالات يجب على مدير المدرسة أن يعرف الدور

المتوقع من كل مدرس في المدرسة، وكذلك توقعات الجماعة التي ينتمون إليها، مع مراعاة توقعات ومتطلبات المدرسة بشكل عامة.

تهتم هذه النظرية بوصف وفهم جانب السلوك الإنساني المعقد في المؤسسات التعليمية (المدارس)، فيجب عليه أن يولي اهتماماً خاصاً للمهارات، المقدرات والحاجات الشخصية لكل مدرس ويتخذ من الإجراءات ما يعزز وسائل الاتصال بينهم وبينه وطبيعتهم اجتماعياً وتنمية معلوماتهم حتى يمكن أن يكون دور كل واحد منهم إيجابياً وفعالاً ومساعداً على تحقيق هدف المدرسة.

ثامناً: نظرية النظم System Theory

لقد شاع استعمال هذه النظرية في العلوم البيولوجية والطبيعية، وكذلك شاع استخدامها في العلوم الاجتماعية الأخرى ، والتي من بينها علم الإدارة التعليمية والمدرسية، وتفسر هذه النظرية النظم المختلفة بأنها تتكون من تركيبات منطقية بواسطة تحليلها تفسر الظواهر المعقدة في المنظمات أو المؤسسات في قالب كمي، بالرغم من أن البحوث التطبيقية المتعلقة بالتغير في المواقف أو الدراسات الاجتماعية تكون أحياناً غير عملية أو غير دقيقة ، تقوم هذه النظرية على أساس أن أي تنظيم اجتماعياً أو بيولوجياً أو علمياً يجب أن ينظر إليه من خلال مدخلاته وعملياته ومخرجاته ، فالأنظمة التربوية تتألف من عوامل وعناصر متداخلة متصلة مباشرة وغير مباشرة وتشمل: أفراد النظام، جماعاته الرسمية وغير الرسمية، الاتجاهات السائدة فيه ودافع النظام والعاملين فيه، طريقة بنائه الرسمي، التفاعلات التي تحدث بين تركيباته ومراكزها، والسلطة التي يشتمل عليها.

وترجع نشأة أسلوب تحليل النظم إلى ما بعد الحرب العالمية الثانية، عندما استخدمه الجيش الأمريكي فيما عرف باسم (بحوث العمليات)، ومن هنا انتقل إلى الميادين الأخرى، بيد أن الاهتمام به في التعليم بدأ مؤخراً، وبدأ يظهر بصورة واضحة منذ العقد السادس من القرن "العشرين"، وكان ذلك على يد عالم

الاقتصاد بولدنج (Bolding) وبكلي (Buckley) عالم الاجتماع، وقد جاء هذا الاهتمام نتيجة "لتزايد الاهتمام بالتعليم ونظمه من ناحية، وتركز الاهتمام على اقتصاديات التعليم من ناحية أخرى". وأسلوب النظم في الإدارة يشير إلى عملية تطبيق التفكير العلمي في حل المشكلات الإدارية، ونظرية النظم تطرح أسلوباً في التعامل ينطلق عبر الوحدات والأقسام وكل النظم الفرعية المكونة للنظام الواحد، وكذلك عبر النظم المزاملة له، فالنظام أكبر من مجموعة الأجزاء.

أما مسيرة النظام فإنها تعتمد على المعلومات الكمية والمعلومات التجريبية والاستنتاج المنطقي، والأبحاث الإبداعية الخلاقة، وتذوق للقيم الفردية والاجتماعية ومن ثم دمجها داخل إطار تعمل فيه بنسق يوصل المؤسسة إلى أهدافها المرسومة .

مراجع الفصل الرابع

1. جبر، أحمد ، حجازي، حمزة ، (1994). سيكولوجية الموهوب وتربيته.

2. الخواجا، عبدالفتاح، (2004). تطوير الإدارة المدرسية.

3. Sullivan, Susan & Glanz, Jeffery, (2000). Supervision that Improves Teaching.

4. الزبيدي، سلمان عاشور، (1988). اتجاهات في تربية الطفل.

5. الزبيدي، سلمان عاشور، (2001). الإدارة الصفية الفعالة في ضوء الإدارة المدرسية الحديثة.

6. العمايرة، محمد حسن، (2002) مباديء الإدارة المدرسية.

7. Richard Barke, (1986). Science Technology & Public Policy.

8. Bush,T, (1986). Theory of Educational Management.

9. سلامة، ياسر، (2003). الإدارة المدرسية الحديثة.

10. عريفج، سامي سلطي، (2001). الإدارة التربوية المعاصرة.

11. الابراهيم، عدنان بدري، (2002). الإدارة، مدرسية، صفية.

الفصل الخامس

دور الموهبون في العملية التربوية

- تعريف الموهبة

- تعريف الموهوب

- نسبة الأطفال الموهوبون

- دور المعلم / معلم الطفل الموهوب

- تفعيل دور المعلمين في تشخيص الموهوبين

- حاجات الموهوبين ومشكلاتهم

- كيف ننمي الموهوب

- تعليم الموهوبين

- دور الآباء

- برامج تعليم الموهوبين والمتوفقين في الوطن العربي

تعريف الموهبة Giftedness

معناها اللغوي كما ورد في المعاجم العربية اخذ من الفعل "وهب" أي أعطي شيئاً مجاناً، فالموهبة إذن هي العطية للشيء بلا مقابل.

أما كلمة موهوب في اللغة فقد أتت أيضاً من الأصل وهب فهو إذن الإنسان الذي يعطي أو يمنح شيئاً بلا عوض.

أما المعنى الاصطلاحي لهذا المفهوم فكان أول من استخدمه وتحدث عن الموهبة والعبقرية والتفوق العقلي فهو تيرمان عام 1925، حيث قام بدراسته المشهورة عن الموهوبين ثم تلته الباحثة ليتا هولنجورت 1931 والتي عرفت الطفل الموهوب بأنه ذلك الطفل الذي يتعلم بقدرة وسرعة تفوق بقية الأطفال في كافة المجالات.

فالموهبة: إذن استخدمت لتدل على مستوى عالٍ من القدرة على التفكير والأداء، وقد ظهرت اختلافات بين الباحثين حول الحد الفاصل بين الموهوب والعادي من الأطفال، من حيث الذكاء فقد بلغ هذا الحد عند تيرمان 140 فأكثر وعند هولنجورت 130 فأكثر في حين نجده عند تراكسلر تدني إلى 120 فأكثر. وحتى على مستوى الموهوبين أنفسهم قسمت الموهبة وصنفت إلى مستويات حددها التفوق العقلي كما يلي:

يقسم دنلوب (Dunlop) المتفوقين عقلياً إلى ثلاث مستويات هي:

1. فئة الممتازين: وهم الذين تتراوح نسبة ذكائهم بين (120او 125) إلى (135 أو 140) إذا طبق عليهم اختبار ستانفورد بينيه.

2. فئة المتفوقين: وهم من تتراوح نسبة ذكائهم بين (135 أو 140) -170 على نفس المقياس السابق.

3. فئة المتفوقين جداً (العباقرة): وهم الذين تبلغ نسبة ذكائهم 170 فما فوق.

أما تصنيف كرونشانك يقسمه إلى مستويات ثلاثة كما يلي:

1) الأذكياء المتفوقين: هم الذين تتراوح نسبة ذكائهم بين 120-135 ويشكلون ما نسبته 5%-10%.

2) الموهوبين: تتراوح نسبة ذكائهم بين 135-145 إلى 170 ويشكلون ما نسبته 1% - 3%.

3) العباقرة (الموهوبين جداً): تتراوح نسبة ذكائهم 170 فأكثر وهم يشكلون 0,00001 % أي ما نسبته واحد في كل مئة ألف، أي نسبة قليلة جداً.

إن للمواهب قدرات خاصة ذات اصل تكويني لا ترتبط بذكاء الفرد بل أن بعضها قد يوجد بين المتخلفين عقلياً، وهكذا ينظر إلى الموهبة في ضوء وصول الفرد إلى مستوى أداء مرتفع في مجال لا يرتبط بذكاء الفرد، وقيل أن الفرد يرث مثل هذه المواهب حتى لو كان من المتخلفين عقلياً كما ذكر أنفاً، مما أدى بالبعض إلى رفض استخدام هذا المصطلح في مجال التفوق العقلي، غير أن العلم ينمو ويزدهر دائماً ونتيجة لهذا تظهر آراء جديدة نتيجة لما يجد من بيانات مستحدثة، وتأتي تفسيرات لهذه البيانات وتتغير نتيجة لذلك نظرتنا إلى الأشياء وهذا ما حدث مع هذا المصطلح.

لقد انتشرت بين علماء النفس والتربية آراء تنادي بان المواهب لا تقتصر على جوانب بعينها دائماً، بل تمتد إلى جميع مجالات الحياة المختلفة وأنها تتكون بفعل الظروف البيئية التي تقوم بتوجيه الفرد إلى استثمار ما لديه من ذكاء في هذه المجالات، فإذا كان هذا الفرد ذو ذكاء مرتفع فانه قد يصل إلى مستوى أداء مرتفع، وبذلك يصبح صاحب موهبة في هذا المجال.

وهناك الموهبة الخاصة: Talent وهي مستوى عال من الاستعدادات الخاصة في مجال معين سواءٍ أكان علمياً، أدبياً، فنياً أم غيرها من المجالات.

تعريف الموهوب: Gifted

من هو الموهوب، "إن الطفل الموهوب في رأي جماعة من المربين، هو الذي يتصف بالامتياز المستمر في أي ميدان هام من ميادين الحياة".

وفي تعريف آخر "هو من يتمتع بذكاء رفيع يضعه في الطبقة العليا التي تمثل الذكي 2% ممن في سنه من الأطفال، أو هو الطفل الذي يتسم بموهبة بارزة في أية ناحية".

وهناك عدة أنواع من التعريفات منها:

1. التعريفات السيكومترية/الكمية:

تتضمن التعريفات السيكومترية، تلك التعريفات التي تركز على القدرة العقلية، واعتبارها المعيار الوحيد في تعريف الطفل الموهوب، والتي يعبر عنها بنسبة الذكاء، حيث اعتبرت نسبة الذكاء المرتفعة هي الحد الفاصل بين الأطفال الموهوبون، والعاديين، وباختصار فإن الطفل الموهوب هو ذلك الفرد الذي يتميز بقدرة عقلية عالية حيث تزيد نسبة ذكائه عن 130، كما يتميز بقدرة عالية على التفكير الإبداعي.

2. التعريفات الحديثة:

ظهر الكثير من النقد للتعريفات السيكومترية للطفل الموهوب في السبعينات من هذا القرن، ومن هذه الانتقادات أن مقاييس الذكاء كمقياس ستانفورد بينيه أو مقياس وكسلر لا تقيس قدرات الطفل الأخرى، كالقدرة الإبداعية أو المواهب الخاصة، أو السمات العقلية الشخصية الأخرى للفرد، بل تظهر فقط قدرته العقلية العامة والمعبر عنها بنسبة الذكاء، هذا بالإضافة إلى العديد من الانتقادات إلى مقاييس الذكاء كتحيزها الثقافي والعرقي والطبقي وصدقها وثباتها، ونقص قدرة اختبارات الذكاء على قياس التفكير لابتكاري، ومن هنا ظهر الاهتمام بظهور مقاييس أخرى تقيس القدرة على التفكير لابتكاري والإبداعي، وظهرت مقاييس التفكير لابتكاري والإبداعي فيما بعد.

وقد اعتمدت التعريفات الحديثة للطفل الموهوب على تغير النظرة إلى أداء الطفل الموهوب في المجتمع وقيمته الاجتماعية، إذ لم يعد ينظر إلى القدرة العقلية العالية كمعيار وحيد في تعريف الطفل الموهوب بل أصبح ينظر إلى أشكال أخرى من الأداء كالتحصيل الأكاديمي والتفكير الإبداعي، والمواهب الخاصة، والسمات الشخصية، كمعايير رئيسية في تعريف الطفل الموهوب، فالطفل الموهوب هو ذلك الفرد الذي يظهر أداء متميزاً مقارنة مع المجموعة العمرية التي ينتمي إليها في واحدة أو أكثر من الأبعاد التالية:

1. القدرة العقلية العالية (حيث تزيد نسبة الذكاء عن انحراف معياري واحد أو انحرافين معياريين).

2. القدرة الإبداعية العالية.

3. القدرة على التحصيل الأكاديمي المرتفع.

4. القدرة على القيام بمهارات متميزة (مواهب متميزة) كالمهارات الفنية أو الرياضية أو اللغوية...الخ.

5. القدرة على المثابرة والالتزام، والدافعية العالية، والمرونة، والاستقلالية في التفكير...الخ، كسمات شخصية- عقلية تميز الموهوب عن غيره .

هناك تعريفات تركز على مفهوم الموهوب، وأخرى إجرائية:

ومن بعض تعريفات القسم الأول، التعريفات التالية:

1. الموهبة: هي التقاء بين التفوق العقلي والإبداع والواقعية، بحيث يتميز الطفل الذي تلتقي فيه هذه الأمور مجتمعة، وتفصله عن أقرانه الذين هم في فئته العمرية.

2. تعريف الجمعية الوطنية لدراسة التربية في كتابها السنوي السابع والخمسين: الطفل الموهوب هو الذي يظهر بشكل ثابت أداء متميزاً في أي حقل من الحقول المعرفية، أو السلوكية ذات القيمة، فهذا التعريف يتضمن ليس فقط الموهوبين عقلياً، وإنما اؤلئك الواعدين في الموسيقى والفنون التشكيلية والكتابة الإبداعية، والمهارات الميكانيكية.

3. تعريف القانون الفدرالي الأمريكي: الموهوبين هم الأطفال أو الشبان الذين يشخصون في مرحلة ما قبل المدرسة، أو مرحلة المدرسة الابتدائية أو الثانوية على أنهم يمتلكون امكانات أو قدرات بارزة فكرية، أو إبداعية، أو أكاديمية، أو قيادية، أو أنهم يمتلكون هذه الإمكانيات والقدرات في مجالات الفنون البصرية أو الأدائية، وبذلك فإنهم بحاجة إلى خدمات ورعاية خاصة لتطوير هذه الامكانات والقدرات إلى حدها الأقصى.

4. تعريف ويتي witty: يعتبر الطفل موهوباً إذا كان أداؤه مرموقاً بشكل ثابت في أي نشاط.

5. تعريف وزارة التربية الأمريكية: الموهوبون هم اؤلئك الأطفال، الذين يحددهم أشخاص مؤهلون مهنياً، على أنهم بفضل ما لديهم، من استعدادات بارزة، قادرون على الإنجاز العالي، وهؤلاء الأطفال بحاجة إلى برامج تربوية خاصة ومتميزة، والى خدمات متفوقة على تلك التي يقدمها البرنامج العادي، ويشمل هؤلاء الأطفال القادرون على الإنجاز العالي، اؤلئك الذين يظهرون إنجازاً بيناً أو استعداد كافياً في مجال أو أكثر من المجالات التالية:

1) مقدرة عقلية عامة.

2) التفكير الابتكاري أو الإنتاجي.

3) القدرة القيادية.

نسبة الأطفال الموهوبون

تختلف نسبة الأطفال الموهوبين تبعاً لعدد المعايير المستخدمة في تعريف الطفل الموهوب، وتزداد نسبة الأطفال الموهوبين كلما قل عدد المعايير المستخدمة في التعريف، والعكس صحيح، وعلى سبيل المثال فلو أخذنا بالاتجاه الحديث في تعريف الطفل الموهوب وأخذنا بعداً واحداً من أبعاد التعريف إلا وهو القدرة العقلية العالية، والتي تحدد غالباً بنسبة الذكاء التي تزيد عن 145 أو ثلاثة انحرافات معيارية فوق المتوسط للذكاء، لوجدنا أن نسبة الأطفال الموهوبين تصل إلى حوالي 1% أما إذا أخذنا نسبة الذكاء التي تزيد عن 130 أو انحرافين معياريين فوق المتوسط فان نسبة الأطفال الموهوبين تصل إلى حوالي 3%.

أما إذا أخذنا بأكثر من معيار في تحديد نسبة الأطفال الموهوبين فأن النسبة تقل، وعلى سبيل المثال فلو أخذنا بأكثر من معيار في تحديد نسبة الأطفال الموهوبين فأن النسبة تقل وعلى سبيل المثال فلو أخذنا نسبة الأطفال الذين تزيد

نسبة ذكائهم عن 130، ويتميزون بقدرة إبداعية عالية وتحصيل أكاديمي مرتفع مثلاً، لوجدنا أن النسبة تصل إلى حوالي 1%. ويقدر مارلند (Marland) أن 3%-5% من أطفال المدارس في الولايات المتحدة الأمريكية من الموهوبين أي ما يقارب 1,8- 3 مليون طفل ، يلتحق منهم حوالي 12% في المدارس الخاصة للموهوبين.

خصائص الموهوبين

أبحاث تيرمان

قام تيرمان وزملاؤه بدراسات مستفيضة حول الموهوبين وخصائصهم، وقد تتبعوا في دراساتهم هذه عينتهم من الموهوبين ممن لا تقل نسبة ذكاء الواحد منهم عن 130، وشملت هذه الدراسة الطولية، التي استمرت بعد وفاة تيرمان، أبناء هؤلاء الموهوبين وقد نشرت نتائج هذه الدراسة في خمسة مجلدات بعنوان The Genetic Studies of Genius وقد ظهر الجزء الأول من هذا الكتاب سنة 1925.

أما الجزء الخامس فقد صدر سنة 1959 أي بعد وفاة تيرمان بخمس سنوات بالاشتراك مع (اودن، Oden) ومن أحدث التقارير، تلك التي صدرت عن الموهوبين الرجال في عينة تيرمان وتلك التي صدرت عن الموهوبات النساء في تلك العينة وقد صدرتا سنة 1977، وهما تتناولان مصادر التمتع بالحياة، في سنوات التقاعد لأفراد هذه العينة، ومما يجدر ذكره أن العينة الأصلية تتكون من 643 طفلاً (325 من الذكور و 291 من الإناث):-

1- الخصائص الجسمية:

أثبتت دراسة تيرمان وغيره أن الأطفال الموهوبين كمجموعة هم أطول، وأثقل وزناً، وأكثر حيوية وصحة من غيرهم من الأطفال الذين هم في نفس العمر، ويلاحظ بعض الدارسين، أن الأطفال الموهوبين يمتازون بتطور جسمي فوق المتوسط وقدرة عصبية عضلية متفوقة ونقائص جسمية اقل.

وجدير بالذكر أن كلاً من تيرمان وويتي قد جمعاً معلومات صحية لأفراد العينة التي درسها كل منهما، وقد أظهرت الفحوصات الطبية ما يلي:-

1) الصحة الجسمية العامة للأطفال الموهوبين ولوالديهم أفضل من المتوسط.

2) تكون قدرتهم على الكلام مبكرة وهم ينضجون بشكل مبكر.

3) تبرز أسنانهم الأولى قبل الأطفال المتوسطين، بحوالي الشهرين، ويمشون قبل الأطفال العاديين بشهرين أيضاً.

4) النواقص الجسمية، الكبرى والصغرى اقل لدى الموهوبين منها لدى العاديين.

وهناك ملاحظتان: اولهما: أن تفوق الموهوب لا يظهر لحظة الميلاد، ولا في السنة الأولى من عمره، وثانيهم: أن التفوق الجسمي ربما كان نتيجة عوامل أخرى غير الموهبة.

الخلفية الأسرية للموهوب

أظهرت دراسات تيرمان أن هناك ارتباطاً بين الخلفية الاقتصادية الاجتماعية، وبين نسبة الذكاء وان العينة التجريبية، تحتوي على نسبة أعلى من الأطفال، من الخلفيات الاجتماعية، الاقتصادية الراقية، ولكن من حيث العدد، فأن هناك عدداً من المتفوقين في الذكاء القادمين من بيئات فقيرة، بل هو اكبر من عدد القادمين من بيئات غنية وذلك لأن الذين هم اقل حظاً من الناحية الاقتصادية في المجتمع هم الأغلبية.

ويجب أن ينتبه المعلمون إلى هذه النقطة بالذات فلا يبنون توقعاتهم على أطفالهم، حسب مهنة أباء هؤلاء الأطفال أو خلفياتهم الاقتصادية والاجتماعية، فالكثيرون من الموهوبين الذين أسهموا في تقدم البشرية منحدرين من خلفيات فقيرة.

التحصيل الأكاديمي

يميل الموهوبون إلى التفوق على العاديين في التحصيل الأكاديمي ويتعلمون القراءة بسهولة، كما أن كثيراً منهم يتعلمون القراءة على يد والديهم أو يعلمون أنفسهم القراءة قبل أن يدخلوا المدرسة.

وقد ظهر أنهم أكثر تقدماً في المجالات التي تتطلب أساساً التحكم اليدوي كالكتابة والفن أو في الرياضيات التي تعتمد على تطور المفاهيم.

الاتجاه نحو المدرسة

معظم الموهوبين يحبون المدرسة، وهم ليسوا ضجرين بها أو مناوئين لها؛ وإنما يرجع الضجر بالمدرسة من قبل بعض الموهوبين إلى طبيعة العمل المدرسي الذي يواجهه بعض هؤلاء الموهوبين، وذلك حين لا يتحدى هذا العمل ذكاء الموهوب، إنها لحقيقة مؤسفة إن كثيراً من الموهبة يهدر، وان الهيئات التدريسية تغفل عن حاجات الطفل الموهوب.

أن الموهوب ذو التحصيل المنخفض هو في العادة معوق بسبب الفرصة التربوية الموصدة أمامه وهذه مأساة، فعلى مدارسنا أن تحدد الموهوبين وتقدم لهم من البرامج ما ينمي مواهبهم ويحقق إمكانياتهم.

2- الخصائص الشخصية والاجتماعية:

هناك اتفاق عام بين الباحثين على أن الموهوبين يختلفون بشكل ايجابي، عن الأشخاص العاديين، فقد أثبتت دراستا تيرمان وويتي، اللتان فحصتا خصائص الموهوبين، أنهم يفضلون سواهم في الخصائص الشخصية والاجتماعية، وقد بددت هاتان الدراستان الاعتقاد الذي كان شائعاً بان التفوق العقلي مرتبط بسوء التكيف الاجتماعي والشخصي، وكان من نتائج هاتين الدراستين ما يلي:-

- أن الموهوبين أفضل من العاديين في تفضيلاتهم الاجتماعية.

- أنهم اقل مبالغة في التفاخر.

ج- اقل غشاً.

د- وجد أن الموهوبين أكثر تحرراً بشكل عام من الاتجاهات المرضية وأكثر استقراراً من الناحية العاطفية من المجموعة الضابطة.

دور المعلم / معلم الطفل الموهوب

يرى وارد (Ward in Newland) أن معلم الطفل الموهوب يجب أن يكون شخصاً ممتازاً، لأنه يتعامل مع طلبة ممتازين، ويتصف هذا المعلم بمجموعة من

الصفات، منها أنه ميال للتحليل والنقد، وينطلق في نقاشه من مواقف واضحة، وهو في حديثه يفكر ولا يستذكر، ويميز بين الاعتقاد والحقيقة، وهو حين يذكر اعتقاداته يكون مدركاً للأسس العقلية لهذه الاعتقادات.

أن المعلم الذي سيضطلع بتعليم الموهوبين، عليه أن يكون متفهماً لحالة عدم الانسجام أو التعارض التي تحصل بين الموهوبين وبين أقرانهم من وقت لآخر، بل بينه وبين عائلته، وعليه أن يكون متعاطفاً مع حالة الإحباط والعزلة التي تطرأ على الموهوب نتيجة تقدم تطوره العقلي على تطوره العاطفي والجسمي.

على هذا المعلم أن يكون قادراً على المشاركة في حب الاستطلاع العقلي والإبداعي، وعلى التعرف على الفروق النوعية بين الاستجابات المختلفة، وعليه أن يكون ذو كفاءة عالية في التحكم في الموارد التعليمية.

وان يعرف ويتفهم المتطلبات الخاصة للطالب الموهوب، ولكن عليه أيضاً الاعتراف بأن هناك حاجات عاطفية واجتماعية شبيهة بحاجات أقرانهم من الطلبة الآخرين. ومن هذه الحاجة:-

1. أن ينتمي إلى جماعة.

2. أن يحب أن يلعب مع هذه الجماعة.

3. أن يحب أن يكون نافعا.

4. أن يحظى بالقبول من الآخرين.

5. أن ينخرط في أنشطة تؤدي إلى الاسترخاء والمتعة الخالصة.

ويجب أن يعرف هذا المعلم انه ليس باستطاعة الطالب الموهوب أن يعمل دائماً ضمن أقصى إمكانياته، وفي أعلى مستوى ومع ذلك فأن هذا الموهوب يحتاج إلى توفير الفرص التي تشعره بأنه سوي وعادي في الموقف التعليمي، ويتبادل الأفكار مع الأنداد، وبأن هناك مشاكل تتحداه وتقتضي منه إطلاق مقدرته إلى درجة يشعر معها بالفشل، وكثير من هؤلاء الموهوبين من يرفض مواجهة الفشل لأنهم أدمنوا على النجاح، ولذلك فإنهم يتجنبون موقفاً يمكن أن يمنوا فيه بالفشل، ولا يطورون عادات تتطلب منهم المثابرة.

أن هؤلاء بحاجة إلى أن ينمو كل منهم كشخص متكامل وليس كمجموعة من المواهب، وبالتالي فأن هؤلاء الموهوبين بحاجة إلى الإرشاد النفسي، وربما احتاج إلى هذا الإرشاد آباؤهم وأمهاتهم.

ربما نعتقد من الناحية المنطقية أن المعلم هو أفضل من يعرف الأطفال وهو أفضل المؤهلين للكشف عن الموهوبين وتحديدهم، أما من الناحية الواقعية فأن هناك صعوبات ناجمة عن:-

- عمل المعلم مع أعداد كبيرة من التلاميذ.

- المنهاج الذي يوجه نحو الطالب المتوسط، ولا يتحدى الطلبة الذين هم فوق المتوسط

- المهارات التكيفية للطالب، من اجل أن يستوعب في النظام التعليمي، وهذا التكيف يبدأه التلميذ منذ الصف الثالث.

تفعيل دور المعلمين في تشخيص الموهوبين

أقام (Gear) ورشة تعليمية صمم فيها مساقاً من خمسة لقاءات، وطرح فيها على المشتركين رزمة تعليمية (برنامج تحديد الموهوبين)، وقد اشتملت هذه الرزمة على مواد تدريبية ووسائط مساندة وأوراق علمية عن الموهوب.

أما المواضيع التي عالجتها هذه الدورة فكانت:-

1. مصطلحات خاصة بتربية الموهوبين.

2. تعريف الموهوب والنابغة.

3. معايير انتقاء الموهوب.

4. دور اختبارات الذكاء في عملية انتقاء الموهوب.

5. خصائص الموهوب.

وكانت نتيجة هذه الورشة التعليمية أن ازدادت فعالية المتدربين في تشخيص الموهوبين إلى الضعف مقارنة بمجموعة ضابطة، وقد بلغت نسبة نجاحها في التشخيص 85%.

استراتيجية مقترحة للمعلمين

ويضع باحث آخر (Callow in Povey) استراتيجية للمعلمين مبنية على نتائج البحوث ونتائج التفاعل مع الموهوبين ومعلميهم لاستخدامهم في مجال التشخيص، وهذه الاستراتيجية ذات شقين: نقاط عامة، وملاحظة خصائص التلاميذ في المدرسة، ومن النقاط العامة:

- على المعلم أن يتوقع وجود طلبة لامعين في مدرسته؛ فمن الناحية الإحصائية البحتة فأن المدرسة التي تضم ألف تلميذ يوجد فيها 20 طالباً من النابغين (الناجحين) جداً، ومع ذلك فقد وجد احد الباحثين أن المعلمين يرفضون الاعتقاد بأن مدارسهم تضم بعض الأشخاص النابغين جداً.

- يجب أن يكون المعلم على قناعة تامة بأن من حق هؤلاء النابغين أن يتلقوا زاداً تربوياً خاصاً ملائماً لمواهبهم وهذه مسألة تتعلق بضمير المعلم.

- على المعلم ، مع اعترافنا بشدة انشغاله وضخامة عبئه، أن يقتطع جزءاً من وقته يكون فيه صورة شاملة عن كل طفل، ويجب أن يرغب في التحدث إلى الطفل، والأهم من ذلك عليه أن يصغي لإجاباته وان يكون يقظاً تجاه نوعية التفكير الكامنة خلف ألفاظ هذا الطفل.

حاجات الموهوبين ومشكلاتهم

نستعرض فيما يلي المشاكل التي يعاني منها الموهوبين:

1. أشارت (Hollingsworth, 1926) و(Terman, 1925) إلى أن الطلبة الذين يصل مستوى ذكائهم (170) فأكثر يعانون من صعوبات اجتماعية في التوافق الاجتماعي.

2. يعتقد بيرنسايد (Bernside, 1942) إن سوء التوافق الاجتماعي يبدأ في مرحلة ما قبل المدرسة والتدخل الإرشادي من الكبار قد ينقذ الطفل من الحياة منعزلة قادمة.

3. يعتقد (Barbe, 1955) أن الموهوبين متقدمون على أقرانهم في الكفاية العقلية، وهذا لا يجعلهم أشخاصاً يعوزهم الانسجام والتكيف مع مجتمعهم، لكن المشكلة تبدأ حين يرفضهم الآخرون لأنهم لا يفهمونهم.

4. أهتم (Torrance, 1962a, 1965a)) بالمشكلات التي يواجهها الموهوب نتيجة التفاعلات المتصارعة مع المجتمع ومع البيئة الثقافية.

أن القوة التي تسيطر على الموهوبين تجعلهم في موقف استقلالي، وغير تبعي في علاقاتهم مع الجماعة التي يواجهها الموهوب، أما أن يتعلموا كيف يقابلون التوترات بطريقة توافقية أو يكتسبوا حاجاتهم الإبداعية.

إن رد الفعل الأول سيؤدي إلى السلوك الإنتاجي والصحة العقلية، ورد الفعل الثاني يؤدي إلى اضطرابات في الشخصية.

5. أشار (Kenmare, 1972) أن الأطفال الموهوبين يجدون صعوبة في التوفيق بين الحياة الشخصية وبين وجودهم الإبداعي، ولذلك تجدهم يميلون إلى الانفصام.

ولا يزال المجتمع قاسياً في تعامله مع المبدعين، خصوصاً الأطفال منهم، وهذا يجعلهم يعانون من الإحباط، لذلك يجب أن نوفر للمبدعين والموهوبين مصادر للتشجيع والدعم.

المشكلات والقضايا التي تخص الموهوب

هناك مجموعة من القضايا تتعلق بالموهوبين، وهي مدار خلاف ولم يتفق عليها بعد واهم هذه القضايا:

1. الوراثة.

2. توزيع الموهوب بين الطبقات الاجتماعية المختلفة.

3. اختباراتجبر، كياء وكيفية اختيار الأذكياء من الأطفال.

كيف ننمي الموهوب

من خصائص الموهوب المعرفية أنه يحتفظ بالمعلومات بطريقة غير عادية، وبكمية كبيرة، لذلك فأنه يجب أن يتعرض لمعلومات جديدة ومتحدية عن البيئة والثقافة بجوانبها الجمالية والاقتصادية والسياسية والاجتماعية. وأن يكتسب اتقاناً مبكراً للمهارات الأساسية.

ونتيجة لهذه الخصائص فأن الموهوب يلائمه التعليم الفردي، والخبرة التي يمكن أن يكتسبها خارج الصف، والاستراتيجية المطلوبة هي معلومات منظمة على مستويات عليا من الصعوبة مع اختبارات قبلية وبعدية وطرق مختلفة للتعليم متيسرة وعلى مستويات مختلفة.

ومن خصائص الموهوب المعرفية أيضاً أنه ذو استيعاب متقدم، والحاجة هنا هي أن نضع بين يدي الطلبة منهاجاً متحدياً وأنداداً من مستوى عقلي متقدم، وهذا يتطلب مجموعات من الطلبة الموهوبين، تتاح لهم الفرصة في الالتحاق بصفوف متقدمة في مدارس أخرى، حيث يمكن ذلك، والاستراتيجية هي نقاش جمعي في موضوعات منتقاة، والعمل في موضوعات متقدمة يميل إليها الموهوب.

ومن خصائص الموهوب المعرفية أنه يتمتع بحب استطلاع غير عادي وبمجموعة متنوعة من الميول، وكذلك فأنه يحتاج للتعرض لموضوعات واهتمامات متنوعة، وأن يسمح له بمتابعة رغباته إلى أقصى حد ممكن.

تعليم الموهوبين

يفترض أن يقدم للموهوبين تعليم خاص من اجل تطوير مواهبهم الخاصة، ومن هذا المنطلق لا بد أن نقدم لهذا القطاع من الناس فرصاً تعليمية خاصة.

أهداف تعليم الموهوبين

لا بد لمن يتصدى لتعليم الموهوبين من تحديد أهداف محددة يسهل قياسها وتقييمها، وكذلك لا بد من تخطيط الاستراتيجية المناسبة لبلوغ الأهداف

المطلوبة، وقد قامت منظمة آباء الموهوبين في منتصف الخمسينات في منطقة (Bergen) في (New Jersey) في الولايات المتحدة بصياغة مجموعة من الأهداف، وهي كما يلي:

1. أن يفهم الآباء حاجات أبنائهم الخاصة.

2. أن يفهم الآباء كيف يمكن إثراء حياة أطفالهم في البيت.

3. أن يوفر الآباء الفرص التعليمية لأبنائهم الموهوبين مما لا يتوفر لهم في مدارسهم.

4. أن يتعاون الآباء مع المدارس العامة والخاصة على توفير تعليم يناسب الموهوبين.

5. أن يقنع الآباء مديري المدارس على تقديم تعليم يناسب قدرات واستعدادات الموهوبين.

6. أن يحث الآباء المؤسسات على سن القوانين لتوفير الأموال والبرامج المناسبة للموهوبين.

دور الآباء

ماذا يمكن أن يفعل الآباء والأمهات إذا عرف الواحد منهم أن ابنه أو ابنته موهوب أو موهوبة؟

لقد وضعت جمعية الطفل الموهوب بعض القواعد التي تساعد هؤلاء الآباء والأمهات كي يتعاملوا مع أبنائهم الموهوبين تعاملاً يعود بالفائدة على هذا الطفل، ومن أهم هذه القواعد ما يلي:-

1. تعامل مع ابنك الموهوب كطفل، ولا تنزعج أو تقلق إذا تصرف ابنك الموهوب تصرف أقرانه من الأطفال، أنه طفل مثل سائر الأطفال، وكونه موهوبا لا يخرجه عن نطاق طفولته، فالطفل الموهوب يحتاج إلى القدر نفسه من المحبة الأبوية والرعاية الأسرية التي يحتاجها سائر الأطفال.

2. لا تقارن طفلك الموهوب مع إخوته العاديين، فلا احد يستفيد من هذه المقارنة. احترم فردية طفلك الموهوب واستمتع بها، ولكن عليك أن تحترم في المقابل فردية كل من أطفالك الآخرين وان تستمع بها أيضاً.

3. لا تقارن طفلك الموهوب مع غيره من الأطفال من أبناء جيرانك أو أصدقائك، ولا تتباه به عليهم.

4. استمع لأسئلة طفلك الموهوب واستجب لها، وحاول أن تكون إجابتك تامة وصادقة.

5. ضع تحت تصرف ابنك مجموعة متنوعة من المجلات والصحف والكتب، وغير ذلك من المواد المثرية للثقافة، وعرضه إلى اكبر عدد ممكن من الخبرات المثرية، مثل زيارة المتاحف والمواقع الأثرية والمعارض.

6. لا تفرض على ابنك ميولاً معينة، أعطه الفرصة لكي يستكشف ميوله بنفسه، ويبلور هذه الميول، وأنه لقادر على ذلك.

7. إذا أراد ابنك أن يتخصص في موضوع معين، فدعه وما أراد، لأنه لا بد وان يكون قد قلب الأمور في هذا الموضوع أثناء وجوده في المدرسة، وقبل أن يقدم على هذه الخطوة.

8. لا تبالغ في إشباع شهيته الثقافية، أعطه الفرصة لكي يتأمل ويفكر ويحلم، فالطفل الموهوب مبدع ومخترع، ومن الصعب أن يكون الشخص مبدعاً ومخترعاً ولديه جدول كامل من الأنشطة المخططة سلفاً.

9. دعه يفعل الأشياء التي يقول أن باستطاعته أن يفعلها، فهو اقدر من الآخرين في قياس إمكانياته، وتقييم نقاط ضعفه.

10. ساعد ابنك الموهوب على اللعب والاسترخاء، والقيام بأنشطة يختارها بنفسه، لمجرد الاستمتاع بها، وليس لأنها ستشحذ ذهنه.

11. امدحه على مجهوده الطيب، فجميع الأطفال يحتاجون للمديح، لكن الطفل الموهوب يقدم على أعمال ذهنية فيها من المخاطرة أكثر من الأعمال الذهنية التي يقدم عليها الآخرون، لذلك فهو بحاجة إلى المديح،

سواءٍ تكللت جهوده بالنجاح أو الفشل، فهو يستحق المديح لأنه بذل المجهود الكافي.

12. لا تتوقع أن يكون ابنك موهوباً في جميع الأوقات وفي جميع الأمور.

برامج تعليم الموهوبين والمتفوقين في الوطن العربي

تشير بعض الدراسات أنه لا يوجد في معظم الدول العربية برامج خاصة أو مشروعات وطنية لرعاية الموهوبين والمتفوقين، وأن هذه الدول لا تزال تتجاهل مدى حاجتها إلى طاقات الموهوبين والمبدعين من الناحية العملية، وبالتالي تهمل مسألة اكتشافهم والتعرف إلى حاجاتهم وتوفير العناية والتربية اللازمة لهم.

ومع ذلك فقد أدت الصيحات المتكررة حول قضية استنفار العقول العربية والتجديد التربوي ونقل تقنيات العصر وغيرها من العوامل إلى ظهور بعض التجارب والمشروعات العربية المضيئة، بالإضافة إلى ظهور تعبيرات من مثل "النابغين والموهوبين" في توصيات وتقارير المؤتمرات التربوية العربية.

وقد تضمن مشروع التقرير النهائي للجنة الاستشارية للبرنامج الإقليمي لتعميم التعليم الابتدائي وتجديده ومحو أمية الكبار في الدول العربية الذي اعد في نهاية جلسات المؤتمر الخامس لوزراء التربية والوزراء المسؤولين عن التخطيط الاقتصادي في الدول العربية توصية للدول العربية هذا نصها: "تطوير السياسات ووضع الخطط الوطنية اللازمة وتخصيص الموارد الكافية لتوفير التعليم والتدريب لذوي الاحتياجات التعليمية الخاصة، بما في ذلك احتياجات النابغين والموهوبين من الأطفال".

كما تضمن تقرير منظمة الأمم المتحدة للتربية والعلوم والثقافة (اليونسكو) بعنوان " التعليم من أجل التنمية: مواجهة تحديات القرن الحادي والعشرين"، الذي قدم للمؤتمر نفسه بنداً ينص على ما يلي:

ومن بين الفئات الأقل حظاً فئة كثيراً ما يلفها النسيان وينطوي إغفالها على عواقب سلبية خطيرة وهي فئة الأطفال الموهوبين والمتفوقين، أن أهمية تنمية

القدرات الإبداعية والمواهب الخاصة لأفراد هذه الفئة منذ نعومة أظافرهم تقتضي وجود أساليب انتقائية للتقييم وبرامج لتنمية مواهبهم.

وعليه فقد تطورت حركة الاهتمام بالموهوبين والمتفوقين في الوطن العربي بدعم من مؤسسات حكومية وغير حكومية لتأخذ أشكالاً عديدة من أهمها ما يلي:

1. السماح بالتسريع الأكاديمي أو التقدم عبر درجات السلم التعليمي خلال مرحلة الدراسة الأساسية استناداً لمعايير متنوعة من أهمها أحكام المعلمين والتفوق في التحصيل المدرسي.

2. إنشاء مدارس خاصة للطلبة الموهوبين والمتفوقين يقبل فيها الطلبة الذين يظهرون تحصيلاً رفيعاً وقدرات إبداعية وعقلية استثنائية. ومن بين هذه المدارس مدرسة اليوبيل في عمان، ومدرسة المتفوقين في عين شمس بالقاهرة، ومدرسة المتميزين في بغداد، ومدرسة المتفوقين في غزة.

3. إنشاء مراكز ريادية اغنائية يقضي فيها الطلبة الموهوبون والمتفوقون عقلياً بعض الوقت ويتعرضون لخبرات تربوية تغني المناهج الدراسية الرسمية، ومن بين هذه المراكز نذكر مركز المتفوقين في بنغازي بليبيا، ومركز السلط الريادي في مدينة السلط بالأردن، ومراكز إعداد المتفوقين في مصر، وبرامج رعاية الموهوبين والمتفوقين في الكويت والسعودية.

4. تقديم منح دراسية لأوائل امتحانات الثانوية العامة أو البكالوريا، وذلك لإكمال دراساتهم الجامعية الأولى.

5. عقد مسابقات سنوية على المستوى العربي والقطري في مجالات الإنتاج الإبداعي الأدبي والفني والعلمي، تمنح للفائزين فيها جوائز نقدية وشهادات تقدير، ومن أمثلة هذه المسابقات ما تنظمه مؤسسة عبد الحميد شومان في الأردن، ومؤسسة الملك فيصل الخيرية في السعودية والجامعة العربية في مصر.

6. عقد بعض المؤتمرات العلمية التي يشارك فيها أكاديميون ومربون على المستوى العربي والقطري بهدف مناقشة موضوعات تتعلق بتنمية الموهبة والإبداع.

مراجع الفصل الخامس

1. الطواب، سيد محمد، (1992). علم النفس الاجتماعي.

2. الديب، محمد مصطفى، (2005) . علم نفس التعاوني.

3. الزهار، نبيل عيد، (2005) . علم النفس الاجتماعي المعاصر ومتطلبات الالفية الثالثة.

4. Shraideh, Heyam, (2002). Evaluating Educational Supervisors' leadership Training in Irbid Governorate.

5. Melvin J. Dubrik, (1983). Thinking About Public Policy.

6. حواشين، زيدان نجيب ، حواشين، مفيد نجيب ، (1989). تعليم الأطفال الموهوبين.

7. أبو مغلي، سمير ، سلامة، عبد الحافظ ، (2002). الموهبة والتفوق.

8. جروان، فتحي عبد الرحمن ، (1999). الموهبة والتفوق والإبداع.

9. الزبيدي، سلمان عاشور، مرجع سابق.

10. Dye Thomas, (1980). The Determinants Of The Public Policy.

11. Charles Jones, (1977). AN Introduction To The Study Of Public Policy.

12. الشريف, رجاء يحيى، (2006). دور التوعية في منع الزحام أولويات التنفيذ.

13. http://www.annajah.net/modules/news/...hp?storyid=254.

الفصل السادس

القيادة الجماعية ودورها في تطبيق مبدأ العمل
التنظيمي في التربية

- مفهوم القيادة الجماعية

- أهمية القيادة الجماعية

- اركان القيادة الجماعية

- القيادة الجماعية الدكتاتورية والفردية

- القيادة الجماعية ودور القادة المتفوقين

- القيادة الجماعية والمسؤولية الفردية

- مبدأ العمل التنظيمي / التربية والتثقيف

- وسائل التربية

- مبادئ التربية

مفهوم القيادة الجماعية

هي ان تكون هناك مؤسسة قيادية مؤلفة من هيئات وذلك لاعمال القيادة التشريعية والتقريرية والتنفيذية والتي تتشكل من مجموعة اعضاء يتساوون في الحقوق والواجبات، وتؤخذ في داخلها القرارات بموجب اغلبية محددة وفقاً للاصول المرعية وتعقد اجتماعاتها بانتظام.

أهمية القيادة الجماعية

تؤمن القيادة الجماعية قيادة سياسية وتنظيمية صحيحة وتمنع الانحراف وتقلل الخطأ، وتؤمن وضع القرارات المتخذة موضع التنفيذ، كما تؤمن تطوير التنظيم، وبذلك فأنه بواسطة القيادة الجماعية أن:

1) يمكن تحليل الاوضاع وتقدير المواقف بشكل سليم.

2) يتم اغناء التصورات والاستفادة من المبادرات المتنوعة.

3) يمكن اتخاذ القرارات التي تعكس فعلاً التجربة والمعرفة الجماعية المتوفرة لدى هيئة القيادة، فالقيادة الجماعية ينبثق عنها اندماج اراء متعددة ومواهب متعددة في وحدة متكاملة.

4) يمكن منع المواقف الضارة والنزعات الخاطئة ومنع الاخطاء قبل وقوعها أو استدراكها او عدم تكرارها.

5) يتم الحد من اخذ المواقف القصيرة النظر او العفوية او التي تأتي نتاجاً لردود الفعل والانفعالات، فالقرارات المتخذة فردياً تفتقر غالباً إلى شمولية الرؤية وتكون ذاتية وآحادية النظرة، فليس بامكان الفرد مهما بلغ أن يكون بديلاً لخبرة الجماعة بكاملها ولمبادراتها الخلاقة.

6) يتم تطبيق بعض صور الديمقراطية، وتتم المساهمة في خلق واشاعة اجوائها داخل التنظيم كله، بل وترتدي المعالجة الصريحة للنواقص والاخطاء طابعاً تثقيفياً تربوياً وتتوفر الكوابح والرقابة، حيث يمكن للاعضاء أن يبادروا الى اصلاح أي قائد في الوقت المناسب، وعندما

يخطئ وقبل أن تتحول الاخطاء الشخصية او الصغيرة الى اخطاء كبيرة وامراض مستفحلة.

7) تكون القرارات المتخذة جماعياً قرارات لها قوة الزام عالية واساس أدبي صلب، وتكون ذات مفعول كبير.

8) يتحمل اعضاء القيادة الذين اتخذوا القرارات معاً واتيح لكل واحد منهم أن يساهم نقداً او تطويراً او اغناءاً في هذه القرارات مسؤولية تنفيذها معاً ومسؤولية الدفاع عنها والتعبئة من حولها بالتضامن، وهو ما يحقق افضل تنفيذ لتلك القرارات.

9) يمكن تطوير التنظيم بما يتوفر من غنى وتنوع وحماس في المبادرات والعمل تزيد من الدوافع القوية لدى اعضاء هيئة القيادة نتيجة لمبدأ القيادة الجماعية.

10) أن القيادة الجماعية هي ما تقتضيه ظروف نضالنا وحركتنا، وهي احدى الضمانات لحماية العضوية والاعضاء، والالتزام بها تعبير حقيقي عن الرقي الفكري والسياسي الذي يجب أن تتمتع به حركتنا وقيادتها وكل عضو في هذه القيادة.

أركان القيادة الجماعية

1- انتظام اجتماعات الهيئات القيادية:

فأن مبدأ القيادة الجماعية يتجلى في الانعقاد الدوري للأطر القيادية المركزية خاصة، سواءٍ التشريعية او التقريرية او التنفيذية، فالاجتماع هو المكان الذي تمارس فيه الجماعة مهماتها، اما خارج الاجتماع فهو المكان الذي يمارس فيه الافراد مسوؤلياتهم، لذلك فأن عدم انتظام اجتماعات هيئات القيادة والتباعد الزمني بين اجتماع وآخر يؤدي الى تضخم دور الافراد على حسابها ويؤدي الى حالة من تنازع الصلاحيات بين الافراد والى تمزق وحدة العمل.

من هنا لا يحق لاي فرد او مجموعة أفراد تعطيل اجتماعات الهيئات القيادية او ارباك انتظامها، الا بسبب ظروف قاهرة لا مجال لتجنبها وفي حدود ضيقة

ومحصورة، أن عدم انتظام الاجتماعات مؤقتاً او لفترات طويلة يؤدي الى تلاشي الروح الجماعية والى نمو النزعات والممارسات الفردية والمزاجية والى تفاهم الاخطاء والامراض في غياب الكوابح والمراقبة التي تأتي عن طريق الاجتماعات المنتظمة.

بل واكثر من ذلك فأنه يؤدي الى الغاء المبادرة والغاء المؤسسة التي يمكن أن تتلقف المبادرات لتضعها موقع التنفيذ بعد اعطائها افضل الحدود والملامح، كما يؤدي الى الجمود والخطأ والتعثر في المسيرة.

وباختصار فأن تعطيل الاجتماعات ينمي النزعة الذاتية والفردية، كما يجب الحرص على انتظام الاطر التشريعية كالمؤتمرات مثلاً حتى لا يؤدي غيابها الى الاخلال بمبدأ الجماعية والاخلال بمبدأ الديمقراطية في اطار المركزية الديمقراطية. ولا يجوز تأجيل عقد المؤتمرات دون مبررات قاهرة واستثنائية جداً لأن في المؤتمرات حياة التنظيم. كما أن عدم عقد المؤتمرات في مواعيدها يؤدي الى اغلاق طرق التطوير امام القواعد وامام مجموع الاعضاء والى اغلاق طرق محاسبة القيادات والرقابة عليها ضمن النظام، وذلك يعود بالضرر على كل التنظيم وعلى الاجهزة والمؤسسات المنبثقة عنه، ويساعد في نمو النزعات الخاطئة او الانحرافية، ويساعد في تراكم الاخطاء الى حد استقصاء معالجتها بالاساليب الديمقراطية او الرفاقية او دون قسر.

2- القيادة هيئة:

والمعنى من كون القيادة هيئة على أنها تضم مجموعة اعضاء أو أنها اطار مؤلف من عدة اعضاء، ويمارس هذا الاطار دوره على رأس العمل وعلى رأس الوظائف التي تتصل مباشرة باعمال القيادة، أذن يقف على رأس العمل هيئة وليس فرداً، ومركز القيادة هيئة وليس فرداً، وهذه الهيئة بمجموعها هي التي تأخذ القرار داخل الحدود التي يمنحها اياها النظام وليس لاي فرد من اعضائها

ان يحل محلها في ذلك، وليس لاي عضو فيها أن يحاول فرض آرائه على الاعضاء الآخرين أو أن يضع نفسه فوق الهيئة حتى وأن اقتضى نظام هذه الهيئة الاداري أن يترأس احد الاعضاء اجتماعاتها أو أن يكون أمين سرها.

ان مبدأ وجود هيئة او لجنة قيادة أو اطار قيادي ينفي تماماً أي حق او امكانية للتفرد باتخاذ القرار بمعزل عن هذه الهيئة إذا كان هذا القرار من حقها او اختصاصها.

وأي فرد يضع نفسه في هذا الموضع انما يحاول بذلك تدمير مبدأ ومنهج باكملهما، وبالتالي يعرض المؤسسة برمتها للانتقال الى مستوى متخلف ومتدني مما يعكس نفسه على مجمل الحياة السياسية للتنظيم او للامة.

3- توفر المناخ الملائم لتبادل حر في الآراء:

أن قاعدة القيادة الجماعية هي المساواة الكاملة بين اعضائها في حقوق وواجبات عضويتها.

ولكي يتسنى للهيئة أن تمارس دورها وأن يكون للجماعة مبرراتها لا بد من توفر مناخ ملائم ومريح لتبادل حر في الآراء بين اعضائها بما يعني حق كل عضو فيها أن يبدي وجهة نظره وارائه، وأن يأخذ ذات الفرصة المتاحة لأي عضو آخر في الدفاع عن آرائه او توضيحها او احقيتها في أن يجري التصويت عليها وأن يتم اقرارها ضمن الاصول.

أن الجماعية ليست غاية في حد ذاتها بل هي وسيلة لتقديم احسن صور القيادة مفعولاً، ومردوداً، لذلك فأنه بدون توفر المناخ لكي تعطي الجماعية نتائجها المطلوبة تصبح هذه الجماعية مجرد شكل، ولا يجوز تعطيل مفعول الجماعية او توقيته على مفعول الفرد؛ لأن ذلك يدل على وجود مراكز قوى يمسك بزمامها الفرد. ويدل على الاستعداد للمجازفة بوحدة وسلامة المسيرة المشتركة، وينم عن انعدام التربية بالروح التنظيمية السليمة، باختصار أن القيادة الجماعية تتنامى مع اية سطوة او هيمنة لاي فرد.

4- القرار يتخذ بالاغلبية المقررة اصولاً:

فالقرار نتاج لاعمال الهيئة، وهو حق لها تصل اليه عبر عملية منظمة يحددها نظام العمل الاساسي، حيث تعرض وجهات النظر المختلفة داخل اجتماعات الهيئة وتناقش، ومتى تم التصويت فأن وجهة النظر التي تؤيدها الاغلبية تصبح ملزمة لمن كان معها ومن كان ضدها على السواء، والاغلبية المطلوبة هي الاغلبية التي يحددها النظام والتي قد تتفاوت حسب الحالات.

بعد اتخاذ القرار لا يجوز لأي فرد أو مجموعة افراد أن يجنحوا لتنفيذ وجهات نظرهم المخالفة او أن يتقاعسوا في تنفيذ القرار، المتخذ حتى وأن كان تصويتهم في غير جانبه.

لا يجوز لأي عضو أن يظهر الحماس والسرعة في تنفيذ القرارات التي لم يكن معها محاولاً تمويتها او تجميدها، وكل تحايل بهذا الشأن انما يدل على ضعف التربية على روح القيادة الجماعية بل واستفحال المزاجية والذاتية وعدم وجود شجاعة وقدرة الالتزام، وبالتالي يعني عدم اهلية هذا العضو لتربية الاعضاء الذين هم دونه او اشاعة وتمتين المبادئ التنظيمية السليمة بينهم.

القيادة الجماعية والدكتاتورية والفردية

القيادة الدكتاتورية هي قيادة الفرد المطلقة بالصلاحيات المطلقة تشريعياً وتنفيذياً، وفي هذه القيادة لا تكون حتى المظاهر الشكلية للجماعية وهيئات اتخاذ القرار موجودة سواءٍ التشريعية او التنفيذية. اما في حالة الدكتاتورية غير المعلنة فتكون هذه الهيئات معطلة او شكلية الى حد عدم الوجود.

أن القيادة الجماعية هي النقيض التام للقيادة الدكتاتورية حيث تعود السلطتان التشريعية والتنفيذية الى هيئات هي بمجموعها المرجع الاخير للقرار، وتختلف عن ذلك القيادة الفردية من حيث أنها نظام للقيادة يتضمن هيئتين تشريعية وتنفيذية والمرجع الاخير للقرار في الهيئة التنفيذية هو الفرد الموجود على رأسها، ومن هذا القبيل مثلاً النظام الرئاسي في الدول.

لقد تطور نظام القيادة في التاريخ مع تطور الانسان والحضارة من الالوهية احياناً او الحق الالهي احياناً اخرى الى الدكتاتورية الى الفردية الى القيادة الجماعية.

وإذا كانت القيادة الجماعية حتى الآن لم تستقر تماماً على رأس الدول فهي اكثر نجاحاً على رأس التنظيمات السياسية، ذلك لأنها الاكثر انسجاماً مع الرفاقية والتعاضد المطلوبين ابان مراحل الكفاح السياسي ولان التنظيمات السياسية غالباً ما تأتي رداً حضارياً متطوراً اعلى عيوب نظام قائم.

ويلاحظ أنه تضعف مؤسسة الديمقراطية وتتخلف التربية التنظيمية السليمة سرعان ما يتم التقهقر الى القيادة الفردية بمجرد أن يحسم الامر لاحد افراد القيادة.

القيادة الجماعية ودور القادة المتفوقين

لا تتنافى القيادة الجماعية مع دور القادة المتفوقين عندما يعبر هذا التفوق عن نفسه بقدرة اقناع هذه القيادة والتأثير المنطقي والروحي فيها، وبابداء صور التفاني العالية وصور العمل المتقدم وعدم طغيان دور الفرد على دور الهيئة او دور التنظيم او دور الجماهير، وعدم الخروج على اصول ونظام اتخاذ القرار او عمل هيئة القيادة.

من الطبيعي أن يتفاوت الافراد في قدراتهم الفكرية والنفسية، ولكن من غير الطبيعي ضرب او انتهاك اصول وقواعد اتخاذ القرار، فالفرد المتفوق ضمن القيادة الجماعية لا يسمح لنفسه ابداً ومهما كان جديراً بالثقة أن يقرر وحده وبمعزل عن الهيئة، ومتى سمح لنفسه بذلك يكون اسلوب القيادة قد انتقل فوراً الى القيادة الفردية، مما يستدعي العمل السريع من قبل الهيئات لرد الامر وقبل حدوث أي تراكم.

ومما لا شك فيه أن النتيجة العملية لوجود قائد مميز يحافظ على الاصول التنظيمية، ويلتزم بمبدأ الجماعية هي التمسك بنمط ايجابي وراقي من القيادة ،

حتى وأن كانت مظاهر التفوق سبباً في أن يترائى الامر او يتشابه مع بعض مظاهر القيادة الفردية لأن الجماعية ليست كابح لتفوق الافراد وتقدمهم؛ وانما هي كابح للضعف والتخلف والخطأ والانشداد الى الوراء.

أن القائد المتميز فكرياً وثقافياً ونفسياً، هو الاكثر وعياً وشجاعة واخلاصاً وهو الذي يتمتع بالارادة القوية والقدرة على اتخاذ المواقف الصحيحة، وليس هو القائد الذي يجمع خيوط القوى بيديه او الذي يحتمي وراء قوة يحظى بولائها.

فالتميز الفكري والنفسي ظاهرة رقي في القيادة، بينما الاحتماء بالقوى او الالتزام ظاهرة انحطاط، واذا كان مبدأ القيادة الجماعية لا يتنافى مع دور القادة المتميزين فأنه على العكس من ذلك يتنافى مع تعظيم الفرد، وعبادة الشخصية، فالمبالغة في تعظيم الفرد تؤدي الى ابتعاده عن التنظيم وعن الجماهير وتؤدي الى امكانية التعسف في استخدام السلطات واساءة استعمالها.

أن التمجيد المبالغ فيه للفرد يخلق لديه روحاً مرضية من الفردية والتحكم بما يؤدي الى الغاء دور التنظيم ودور الجماهير ودور هيئات القيادة، وهذا التمجيد للقادة هو دفع لهم ببواعث منحرفة الى الانحراف، وهو من شان المقربين المستفيدين او المنتفعين، وتقبله من صفات الضعفاء غير الجديرين بالقيادة او بشرف المسؤولية.

أن مكانة القائد لا يصنعها المديح او النفاق ولا الشكليات او الالقاب او الرتب، وانما تأتي هذه المكانة نتيجة للوعي والمعرفة والعلم، ونتيجة للمواهب القيادية والاخلاص للجماهير والاهتمام بحاجات الناس وتطلعاتهم وتمثيل اكثر الوان طموحهم تقدماً.

أن مكانة القائد تتوقف على تساميه وشجاعته، وعلى ترفعه عن النقائص وحلمه وسعة صدره وقدرته على العدل ومعاملة جميع الاعضاء بمساواة واحترام كراماتهم وآرائهم. والتمجيد المبالغ فيه هو مطلب الذين لا يتمتعون بهذه الصفات وهو من صنع الذين لا يستفيدون منها.

القيادة الجماعية والمسؤولية الفردية

يتكامل مبدأ القيادة الجماعية بمبدأ المسؤولية الفردية، حيث أن القيادة الجماعية بدون المسؤولية الفردية او الشخصية تصبح سبباً في التواكل وعدم تنفيذ المهمات والقاء مسؤوليات الفشل على الآخرين.

ومعنى المسؤولية الفردية هو اختصاص كل عضو بموجب توزيع العمل بالجزء الموكل اليه ومسؤوليته عن حسن التنفيذ وعن تحقيق ما هو مطلوب وفقاً للخطط والبرامج والقرارات في هذا الجزء.

أنه مسؤول عن النجاح والفشل، مسؤول حيال ضرورة المحاسبة او ضرورة التقدير، ومن شأن ذلك أن يتحدد دور كل فرد في التنفيذ والعمل، وأن يعرف هذا الفرد حدوده وحدود ما هو مطلوب منه وبالتالي واجباته، وهو ما يؤدي الى أن يكون معيار فشله ونجاحه فيما يتحقق اولاً داخل هذه الحدود.

أن مبدأ المسؤولية الفردية يؤدي الى عدم ضياع الواجبات تحت ستار القيادة الجماعية، حيث يمكن أن تكون هذه الجماعية ستاراً للتهرب من المسؤولية ولالقاء تبعات الفشل على الآخرين او على القيادة ككل فيتساوى الانجاز مع التقصير.

وأضافة الى أن المسؤولية الفردية اساس لتحديد المهمات والنتائج فهي دافع مهم للافراد من اعضاء القيادة لينزلوا الى ميدان العمل بكل جهودهم ولخوض غمار تنفيذ البرامج بثبات وصبر ورغبة في النجاح.

أن القيادة الجماعية لا يمكن أن تصبح سليمة ومنطقية بدون مبدأ المسؤولية الفردية، فأنه وفقاً للمسؤولية الفردية يتم:

1- توزيع مهام العمل واسنادها الى الافراد.

2- يعرف كل فرد حدود مهماته وواجباته واختصاصاته، وما الذي يجب عليه أن يقوم به خلال مرحلة قادمة.

3- يصبح واضحاً ومحدداً لدى كافة الاطر من هو المسؤول عن كل واجب.

4- يصبح واضحاً ومحدداً من هو المعني بالمحاسبة حيال أي تقصير ومن هو المعني بأي نجاح.

واعمالاً لمبدأ المسؤولية الفردية فأنه عادة يتم توزيع الاختصاصات او مهام العمل على اعضاء لجنة القيادة في اول جلسة من جلساتها، ويصبح مطلوباً من كل مسؤول أن يقدم خطة العمل في دائرة مسؤوليته وأن يقدم التقارير الدورية عما وصلت آليه هذه الخطة في كل مرحلة.

مبدأ العمل التنظيمي/ التربية والتثقيف

مفهوم التربية وأهميتها

التربية التنظيمية هي اعداد العضو، بحيث يتأهل بأعلى مستوى ممكن من الوعي النظري والكفاءة العملية والقدرة والسلوك، وبحيث تتوفر فيه صفات محددة ليتمكن من اداء واجبات ومهام مطلوبة.

وعملية الاعداد هذه تسعى الى رفع مستوى الجماعة والفرد في آن واحد، رفع مستوى الجماعة عن طريق رفع مستوى القدرة على العمل الجماعي والممارسة المشتركة لدى الافراد، وعن طريق خلق نظام لعمل الجماعة وحياتها، ورفع مستوى الفرد عن طريق تزويده بقدرات ومعارف ومواصفات جديدة من شأنها أن تصل به الى درجة قد ارتفعت معها كافة جوانب شخصيته.

فالشخصية الانسانية او الذات الانسانية تتكون من اربعة عوامل هي:

1- العقل.

2- الروح.

3- النفس.

4- الجسد.

والتربية المتكاملة هي التي تسعى الى تزويد كل عامل من عوامل الذات الانسانية بأهليته الخلاقة والايجابية:

1- تزويد العقل بالوعي والمعارف والثقافة وسعة الافق والحكمة والقدرة على التحليل وعلى الفهم السليم.

2- تزويد الفرد روحياً ليكون صاحب ضمير حي ووجدان سليم يحب الخير والفضيلة ويتطبع بهما ويؤمن بالحق ومبادئ العدل.

3- تربية النفس على الشجاعة وقوة الارادة والمناقبية والسجايا الحميدة كالوفاء والاخلاص والايثار ونكران الذات والتضحية والكرم والصدق والصبر.. الخ.

4- تربية الجسد باللياقة البدنية والنشاط والقدرة على العمل والفعالية والانتاج، فوظيفة الجسد هي الحركة والعمل، وبذلك فأن محاور العملية التربوية التثقيفية الاربعة هي:

1- الوعي والمعرفة.

2- الضمير الحي وحب الخير.

3- الشجاعة وقوة الارادة.

4- العمل والنشاط.

أن بناء وتطوير هذه الضرورات الاولى الاربعة هو مفهوم التربية العام، واضافة الى هذا المفهوم العام فأن العملية التربوية تأخذ مفاهيم خاصة تتجسد في مبادئ التربية والتثقيف، والمثال على ذلك التربية النضالية التنظيمية في حركتنا حيث أن مبادئ هذه التربية تعبر عن الاتجاه الواقعي العملي للعمل التربوي على محاوره الاربعة.

اما أهمية التربية فتتمثل في بناء الفرد الصالح والمجتمع الصالح قياساً لمعايير ومفاهيم مستمدة من القيم والمثل والمبادئ والغايات الانسانية، ومن البديهي أن هذه المعايير نسبية حسب الزمان او المكان او الانسان، الا أنها تستمد مضامين تشترك في النزوع الى مبادئ الحق والخير والانصاف، أن الفرد الصالح والمجتمع الصالح وفقاً لمفاهيم ما، هو القصد من التربية والتثقيف وهنا بالذات تكمن أهمية التربية والتثقيف ودورهما الانساني الخلاق.

وسائل التربية

للتربية والتثقيف مصدران هما: النظرية والممارسة ضمن تعاقب متواصل واتحاد جدلي. ولتطبيق ذلك فأن لعملية التربية والتثقيف في حركتنا ثلاث وسائل هي:-

أولاً: التثقيف النظري: والذي يعني زيادة المعرفة والخبرة النظرية بما يؤدي الى زيادة الوعي ورفع السوية الروحية والنفسية للانسان وللتثقيف مصدران:

أ- التثقيف الذاتي: وهو الذي يمارسه الفرد على نفسه بما يتوفر له من وسائل وامكانيات كقراءة الكتب في البيت والاشتراك في المحاضرات او الندوات او الدروس والاستماع الى البرامج واجراء الحوار، ويعبر النشاط في عملية التثقيف الذاتي عن مدى اهتمام العضو بمعارفه ووعيه ومدى حماسه، وقوة دوافعه لزيادة هذه المعارف وهذا الوعي باستمرار.

ان التثقيف الذاتي مصدر هام وارضية اساسية لثقافة العضو وعملية التثقيف الذاتي يجب اخضاعها للمفاهيم العامة التي تحدد اطارها المبادئ والاهداف الحركية بحيث تأتي منسجمة معها.

ب- التثقيف الموجه (او الحركي): وهو الذي تمارسه الحركة على اعضائها عن طريقه تسعى الى زيادة معارفهم وخبراتهم وتوجيهها في نفس الوقت، بما يؤدي الى ايجاد مفاهيم موحدة لدى جميع الاعضاء حول كافة القضايا السياسية والنضالية، وتحقق الحركة هذا النوع من التثقيف عن طريق:

1- الاجتماعات التنظيمية.

2- الدورات المختلفة والمنوعة واهمها دورات الكوادر.

3- النشرات والدراسات الحركية واهمها النشرة المركزية (فتح).

اما أولويات التثقيف الحركي الموجه فهي:-

1- التثقيف الوطني.

2- التثقيف الفكري السياسي.

3- التثقيف السياسي الراهن او الحي.

4- التثقيف التنظيمي (المفاهيم النظرية والقواعد التنظيمية).

ثانياً: الممارسة: والتي تعني زيادة التجارب والخبرات وتعزيز الثقافة النظرية بالتطبيق والتجربة العملية، واذا كانت الثقافة النظرية زيادة المعرفة العقلية تصب في العملية التربوية على محاورها الاربعة السابقة الذكر، فأن الممارسة تصب ايضاً في ذات المحاور، بمعنى أن من شأنها ليس فقط تنمية الوعي العقلي وانما رفع السوية الروحية والنفسية للعضو ايضاً.

والممارسة تعني:-

أ- تنفيذ المهمات والواجبات عملياً، وتطبيق الافكار النظرية والبرامج والخطط الحركية والالتزام بها بما يؤدي الى انسجام كامل بين النظرية والممارسة.

ب- تحمل المسؤوليات والقيام بشؤون القيادة والادارة.

ج- التقيد بقواعد العمل التنظيمي في التعامل والعلاقات داخل الحركة وخارجها.

ثالثاً: التدريب: والتدريب أنواع، بدءاً من التدريب البسيط وصولاً الى تدريب القادة واعداد الكوادر.

مبادئ التربية

للتربية والتثقيف لها مبادئ اساسية، يجب أن تستلهمها كافة وسائل التربية، فهذه المبادئ تشكل المعاني الاساسية التي يجب غرسها وتنميتها لدى الاعضاء، وهي التي تعطي التربية والتثقيف الحركي خاصيتهما النضالية الثورية.

وهذه المبادئ هي:-

1- التربية على محبة الامة والشعب والوطن: ويقتضي هذا المبدأ أن يدرس كل عضو تاريخ بلده وان يحفظ كل مزايا وطنه وجغرافيته وأهميته وثرواته وجمال طبيعته، ليكون الوطن انشودة حية تصل شغاف القلب والروح، وتحرك اروع الاحاسيس والمشاعر.

2- التربية عدم قبول الظلم او الاستغلال .

3- التربية على روح الخدمة العامة: بحيث يدرك كل عضو ادراكاً واضحاً وعميقاً اهمية ومعنى أن يعيش الانسان للقضايا الكبيرة، للمجتمع كله، وللامة كلها بل وللانسان. أن الفرد يأخذ قيمته من دوره في الحياة العامة، ومما يتركه للمجتمع من آثار ايجابية، وما يقدمه من خدمات بناءة.

أن الفارق كبير بين أن يعيش الفرد من اجل حياته الخاصة ومن اجل نفسه وبين ان يكرس حياته للوطن والامة.

4- التربية على روح البطولة والتضحية: يجب أن يتربى كل عضو على روح العطاء لا روح الاخذ، وعلى أولوية المصالح العامة بالنسبة لكل ما هو خاص لتتعمق فيه المبررات الحقيقية للتضحية، والدوافع المؤثرة والقوية لتحمل المشاق والاضرار في سبيل المجتمع والوطن.

كما ينبغي أن يدرك كل عضو أن حياة وعمر الانسان لا يقاس بالايام، وانما بالفعالية والكرامة، وأن الايام والسنوات بدون الفعالية الخلاقة والكرامة هي تكرار سقيم لا جدوى منه.

من هنا عليه أن لا يحجم عن الفعالية او يتنازل عن الكرامة هرباً من المخاطر والتحديات وحتى هرباً من الموت، ينبغي على العضو أن يكون قوي الارادة مقداماً غير هياب لينتزع النصر مهما كان الامر صغيراً.

5- التربية على الاخلاق الفاضلة: فمن المهم أن يدرك كل عضو قيمة الفضيلة في حياة الانسان، وأن يعتاد على ممارستها لان الفضيلة تكتسب بالوعي والمراس والمواظبة وتهذيب النفس.

الاخلاق الفاضلة تحمي الحياة الاجتماعية وتصونها، وهي من شيم اصحاء العقل والنفس والروح. والتمسك باخلاق الجماهير الفاضلة والخلاقة ينم عن صدق الانتماء للجماهير.

أن اخلاق شعبنا هي نتاج تراث من الحكمة والخبرة التاريخية وهي نتاج نزعته للحرية والبناء والعدل والتمسك بهذه الاخلاق رمز كل ذلك.

مراجع الفصل السادس

1. Colin End and J. Harris, (1975). Management Dev elopment and Decision and Decision Analysis.

2. David Nachmias, (1979). Public Policy Evaluation.

3. الشريدة، هيام، (2004). الأنماط القيادية لمديري الإدارة في وزارة التربية والتعليم وتأثيراتها في التغير التربوي من منظور رؤساء الأقسام.

4. الشريدة، هيام وعبد الرحيم، زهير، (2000). أنماط السلوك القيادي لدى مديري المدارس الأساسية في محافظة اربد وعلاقتها بالرضا الوظيفي للمعلمين من وجهة نظر المعلمين.

5. حمادات، محمد حسن محمد، (2006). القيادة التربوية في القرن الجديد.

6. Wise Carol , مرجع سابق

7. schein , E,H,(1985). Organizational culture and leadership Jossey.

8. كورتوا، تعريب المقدم ميثم الايوبي، مرجع سابق.

9. حسن ، رواية ، مرجع سابق.

10. مريم ، حسين، (2003). إدارة المنظمات.

11. البدوي، طارق عبد الحميد، مرجع سابق.

12. http://www.minshawi.com/other/r.shareef.htm.

الفصل السابع

الفيادة وقت الأزمات

- تعريف الأزمة

- سمات الأزمة

- خصائص الأزمات الادارية

- أنواع الازمات

- التخطيط للازمة

- عوامل النجاح في إدارة الأزمة

- مراحل الازمة وادارتها

- تشخيص الأزمة وتحديد أسبابها

- أساليب حل الأزمات والتعامل معها

- فريق إدارة الأزمات

- المراحل الخمس لنظام إدارة الأزمات

- المواقف الساخنة(الأزمات)

- القائد عند الأزمات

- صفات القائد

- هل هناك قائد بالفطرة

- هل هناك نهي شرعي عن الرغبة في القيادة

- دور القائد في الأزمة

تعريف الأزمة

هي تهديداً خطراً متوقعاً أو غير متوقع لأهداف و قيم و معتقدات و ممتلكات الأفراد و المنظمات و الدول و التي تحد من عملية إتخاذ القرار، او هي توقف الأحداث في المنظمة و اضطراب العادات مما يستلزم التغيير السريع لإعادة التوازن.

سمات الأزمة

1. الإدراك بأنها نقطة تحول .

2. تتطلب قرارات سريعة.

3. تهدد أهداف و قيم الأطراف المشاركة بها.

4. فقدان السيطرة أو ضعف السيطرة على الأحداث.

5. تتميز بضغط عامل الوقت و الشعور بالضبابية و الاضطراب مما يولد القلق.

خصائص الازمات الإدارية

1. المفاجئة العنيفة والشديدة لدرجة أنها تكون قادرة على شد الانتباه لجميع الافراد والمنظمات.

2. التشابك والتداخل في عناصرها وعواملها واسبابها.

3. عدم التأكد وعدم توفر المعلومات مما يسبب الاخطاء في اتخاذ القرارات وبالتالي تفاقم وتدهور الاوضاع.

4. غالباً ما يصاحبها امراضاً سلوكية غير مستحبة كالقلق والتوتر وحالات عدم الانتباه واللامبالاة.

5. وجود مجموعة من الضغوط المادية والنفسية والاجتماعية تشكل في مجموعها ضغطاً لأزمة على الجهاز الاداري.

6. ظهور القوى المعارضة والمؤيدة (اصحاب المصالح) ما يفاقم، من شدة الازمة.

أنواع الازمات

1- الازمة الانفجارية السريعة: وتحدث عادة فجأة وبسرعة، كما تختفي أيضاً بسرعة، وتتوقف نتائج هذه الازمات على الكفاءة في ادارة الازمة، والتعلم منها مثال: اندلاع حريق ضخم في مصنع لانتاج المواد الكيماوية .

2- الازمة البطيئة الطويلة: تتطور هذه الازمة بالتدرج ، وتظهر على السطح رغم كثرة الاشارات التي صدرت عنها، لكن المسؤولين لم يتمكنوا من استيعاب دلالات هذه الاشارات والتعامل معها، ولا تختفي هذه الازمة سريعاً، بل قد تهدد المجتمع لعدة ايام.

من هنا لابد من تعديل الخطة الموجودة لمواجهة الازمة او وضع خطة جديدة، والتعامل مع الازمة في سرعة وحسم وبلا تردد، فكل دقيقة لها قيمة، وفي كل دقيقة ستواجه بتحديات وضغوط من رؤسائك، ومن الجمهور، بل ومن بعض وسائل الاعلام المحلية او الاجنبية، لكن كل هذه التحديات قد تكون فرصة لاختبار مدى قدرة فريق الازمة على التصرف، كما قد تكون فرصة امام العاملين لإثبات تماسكهم ووحدتهم.

التخطيط للازمة

تبني التخطيط كمتطلب أساسي مهم في عملية إدارة الأزمات، يقول الحملاوي، فعالناً ما هي إلا رد فعل و شتّان ما بين رد الفعل العشوائي و رد الفعل المُخطط له، فمعظم الأزمات تتأزم لأنه أخطاء بشرية و إدارية وقعت بسبب غياب القاعدة التنظيمية للتخطيط، و يستطرد الحملاوي قائلاً إن لم يكن لدينا خطط لمواجهة الأزمات فإن الأزمات سوف تنهي نفسها بالطريقة التي تريدها هي لا بالطريقة التي نريدها نحن، من خلال ما تقدم يتضح لنا أن التدريب على التخطيط للأزمات يُعد من المسلّمات الأساسية في المنظمات الناجحة فهو يساهم في منع حدوث الأزمة أو التخفيف من آثارها وتلافي عنصر المفاجآت المصاحب لها.

أيضاً يتبين لنا أن التخطيط يتيح لفريق عمل إدارة الأزمات القدرة على إجراء رد فعل منظم وفعّال لمواجهة الأزمة بكفاءة عالية، و الاستعداد لمواجهة المواقف الطارئة غير المخطط لها التي قد تصاحب الأزمة، وفي ذلك أوضحت دراسة جبر التجربة اليابانية في هذا الشأن، أشار جبر في دراسته إدارة الأزمات:

نظرة مقارنة بين النموذج الإسلامي والنموذج الياباني إلى كيفية معالجة الأزمات وفق نظام كانبان KANPAN الياباني، يوضح جبر ذلك بقوله "إن المفهوم الجوهري لنظام كانبان يقوم على أساس تحفيز الأزمة Stimulate the Crisis وخلقها لكي يبقى الإداريون و العمّال دائماً في حالة التأهب جاهزين لعمل ما بوسعهم سواء أكانت هناك أزمة حقيقية أم لا، أي أنهم مستعدون على قدم وساق مفعمين بالنشاط والحيوية لمواجهة الاحتمالات غير المرغوبة.

فقد تدرب المدراء على تخيل أسوأ أنواع الاحتمالات مثل تذبذب المبيعات، وانقطاع التجهيز بالمواد الأولية، إضراب العمال والحرائق "ويستطرد جبر قائلاً" وهذا النوع من الأزمات قد يرتبط أو لا يرتبط بتهديد حقيقي، حيث يُلاحظ أن رد الفعل المتولد عن تحفيز الأزمة، ما هو إلا رد فعل إيجابي ونادراً ما يؤدي إلى مخاوف تؤثر على الإنتاج أو تقلل الرغبة في العمل لدى العاملين".

أيضًا في دراسة لدقامسة والأعرجي إدارة الأزمات:

مثالاً دراسة ميدانية لمدى توافر عناصر نظام إدارة الأزمات من وجهة نظر العاملين في الوظائف الإشرافية في أمانة عمّان الكبرى كشفت الدراسة عن وجود خلل في نظام إدارة الأزمات في أمانة عمّان الكبرى، حيث وُجد هناك تبايناً في درجة توافر العناصر الأساسية التي تتصف بها الإدارة الناجحة للأزمات في مراحل النظام الخمس التي تمثل المنظور المتكامل لإدارة الأزمات.

وكانت توفر هذه العناصر بدرجة أعلى في المراحل التنفيذية و العلاجية (احتواء الأضرار و استعادة النشاط) منها في المراحل الوقائية و التخطيطية (الاستعداد و الوقاية و اكتشاف الإشارات)، مما يعني أن جهود إدارة الأزمات في

أمانة عمّان الكبرى هي جهود علاجية و رد فعل في معظم الأحيان لما يحدث من أزمات مختلفة و بدرجة أكبر من كونها جهوداً وقائية و استعدادية لما يمكن حدوثه من الأزمات"(798-799). وعزى دقامسة و الأعرجي وجود هذا الخلل في هذه المنظمة و معظم المنظمات العربية إلى الثقافة السائدة بأن إدارة الأزمات هي مجابهة الأزمة عند حدوثها و ليس الاستعداد لها قبل حدوثها، وبالتالي اندفاع الجميع للحل أثناء الأزمة على طريقة "نظام الفزعات" بحسب تعبير الباحثان.

بعد استعراض ما تقدم نجد الاستنتاج الذي توصلاً له دقامسة و الأعرجي بخصوص غياب التخطيط و الوقائية يجسد الواقع المقلق لدى معظم منظمات العالم العربي فلا وجود للفكر التنبؤي، كما في الشركات اليابانية الذي يصيغ منظومة وقائية معتمداً على الابتكار و الحلول الجذرية و مستخدماً الطرق العلمية كالسيناريو و المحاكاة ، و يكون هدفه تجاوز الأزمة أو التقليل من أخطارها على اقل تقدير.

عوامل النجاح في إدارة الأزمة

يتوسع بعض الباحثين في رصد وتحليل العوامل التي تضمن الادارة الفعالة والناجحة للازمات، حتى أنها تشمل كل العوامل والاجراءات اللازمة لنجاح أي نوع من الادارة في مجالات الحياة المختلفة، لكن الرصد العلمي الدقيق لعوامل النجاح في ادارة الازمة يجب أن يركز على أهم العوامل ذات الصلة المباشرة بموقف الازمة وبالمراحل المختلفة لتطورها، في هذا الاطار نركز على العوامل التالية:

1) أدراك اهمية الوقت: أن عنصر الوقت أحد أهم المتغيرات الحاكمة في ادارة الازمات، فالوقت هو العنصر الوحيد الذي تشكل ندرته خطراً بالغاً على ادراك الازمة، وعلى عملية التعامل معها، اذ ان عامل السرعة مطلوب لاستيعاب الازمة والتفكير في البدائل واتخاذ القرارات المناسبة، والسرعة في تحريك فريق ادارة الازمات والقيام بالعمليات الواجبة لاحتواء الاضرار او الحد منها واستعادة نشاط المنظمة.

2) انشاء قاعدة شاملة ودقيقة: من المعلومات والبيانات الخاصة بكافة انشطة المنظمة، وبكافة الازمات والمخاطر التي قد تتعرض لها، وآثار وتداعيات ذلك على مجمل انشطتها، ومواقف للاطراف المختلفة من كل ازمة او خطر محتمل.

والمؤكد أن المعلومات هي المدخل الطبيعي لعملية اتخاذ القرار في مراحل الازمة المختلفة، والاشكالية أن الازمة بحكم تعريفها تعني الغموض ونقص في المعلومات، من هنا فإن وجود قاعدة اساسية للبيانات والمعلومات تتسم بالدقة والتصنيف الدقيق وسهولة الاستدعاء قد يساعد كثيراً في وضع اسس قوية لطرح البدائل والاختيار بينها.

3) توافر نظم انذار مبكر تتسم بالكفاءة والدقة والقدرة: على رصد علامات الخطر وتفسيرها وتوصيل هذه الاشارات الى متخذي القرار، ويمكن تعريف نظم الانذار المبكر بأنها ادوات تعطي علامات مسبقة لاحتمالية حدوث خلل ما يمكن من خلالها التعرف على ابعاد موقف ما قبل تدهوره، وتحوله الى ازمة تمثل مصدراً للخطر على المنظمة.

ونظراً لأهمية نظام الانذار فأن هناك اجراءات لقياس فاعلية نظم الانذار المبكر وتقييم ادائها بشكل دوري.

4) الاستعداد الدائم لمواجهة الازمات: أن عملية الاستعداد لمواجهة الازمات تعني تطوير القدرات العملية لمنع او مواجهة الازمات، ومراجعة اجراءات الوقاية، ووضع الخطط وتدريب الافراد على الادوار المختلفة لهم اثناء مواجهة الازمات، وقد سبقت الاشارة الى عملية تدريب فريق ادارة الازمات، لكن عملية التدريب قد تشمل في بعض المنظمات ذات الطبيعة الخاصة كل الافراد المنتمين لهذه المنظمة، وتشير أدبيات إدارة الازمات الى وجود علاقة طردية بين استعداد المنظمة لمواجهة الكوارث وثلاثة متغيرات تنظيمية هي حجم المنظمة، والخبرة السابقة للمنظمة بالكوارث، والمستوى التنظيمي لمديري المنظمة.

5) القدرة على حشد وتعبئة الموارد المتاحة: مع تعظيم الشعور المشترك بين أعضاء المنظمة او المجتمع بالمخاطر التي تطرحها الازمة، وبالتالي شحذ واستنفار الطاقات من أجل مواجهة الازمة والحفاظ على الحياة، وتجدر الاشارة إلى أن التحديات الخارجية التي تواجه المنظمات أو المجتمعات قد تلعب دوراً كبيراً في توحيد فئات المجتمع وبلورة هوية واحدة له في مواجهة التهديد الخارجي.

6) نظام اتصال يقيم بالكفاءة والفاعلية: لقد اثبتت دراسات وبحوث الازمة والدروس المستفادة من ادارة ازمات وكوارث عديدة أن اتصالات الازمة تلعب دوراً بالغ الاهمية في سرعة وتدفق المعلومات والآراء داخل المنظمة، وبين المنظمة والعالم الخارجي، وبقدر سرعة ووفرة المعلومات بقدر نجاح الادارة في حشد وتعبئة الموارد وشحذ طاقات أفراد المنظمة، ومواجهة الشائعات، وكسب الجماهير الخارجية التي تتعامل مع المنظمة، علاوة على كسب الرأي العام أو على الأقل تحييده.

مراحل الازمة وأدارتها

تقسم مراحل الازمة ومن ثم أدارتها الى:

1- مرحلة الصدمة:

وهو ذلك الموقف الذي يتكون نتيجة الغموض، ويؤدي الى الارباك والشعور بالحيرة وعدم التصديق لما يجري وهي مرحلة تتناسب عكسياً مع مدى معرفة وادراك الانسان.

2- مرحلة التراجع:

تحدث هذه المرحلة بعد حدوث الصدمة، وتبدأ بوادر الاضطراب والحيرة بالظهور بشكل متزايد، ويصاحب ذلك اعراض منها زيادة حجم الاعمال التي لا جدوى منها (الاعمال الفوضوية).

3- مرحلة الاعتراف:

وهنا تتجلى عقلانية التفكير فيما بعد امتصاص الصدمة، حيث تبدء عملية ادراك واسعة ومراجعة للازمة بغية تفكيكها.

4- مرحلة التأقلم:

حيث يتم استخدام استراتيجيات معينة، بالاضافة الى استخدام الموارد البشرية والمادية في المنظمة للتعامل والتخفيف من آثار اللازمة.

تشخيص الأزمة وتحديد أسبابها

يجب تحديد الأزمة بدقة، وهنا يجب أن نفرق بين "الأزمة الظاهرية" و "الأزمة الحقيقية" ، فالأولى قد يفتعلها الخصم من أجل المناورة وكشف بعض الأوراق بل ربما من أجل استنزاف الموارد وإنهاك القوى .

تحديد الأهداف:

كثيرون أولئك الذين يفشلون ليس فقط في إدارة أزماتهم، وإنما في جوانب كثيرة من حياتهم بسبب عدم التحديد الدقيق لأهدافهم، إنهم لا يعرفون على وجه الدقة، ماذا يريدون عند أزماتهم مع أنهم يتوهمون بأنهم يعرفونها، وربما يغضبون إذا سئلوا عن أهدافهم .

وعملية تحديد الأهداف خاصة في الأزمات ليست عملية سهلة وهينة، بل صعبة وشاقة وخطيرة ، لذا يجب علينا أن نتعرف على آلية وتقنية تحديد الأهداف .

اما الاسباب المؤدية الى نشوء الازمات

أولاً: الاسباب الانسانية، وتشمل:

1- سوء التقدير والاحترام.

2- حب السيطرة والمركزية الشديدة.

3- تعارض الاهداف والمصالح.

ثانياً: الاسباب الادارية، و تشمل:

1- سياسات مالية مثل ارتفاع التكاليف وضعف قدرة الرقابة.

2- عدم التخطيط الفعال.

3- اتخاذ القرارات بشكل عشوائي.

4- عدم وجود أنظمة حوافز ناجحة.

5- عدم توفر الوصف الوظيفي الجيد للمهام والواجبات.

المسببات الخارجية

اما اذا كانت الأزمة ناتجة عن مسبب خارجي، فيمكن عندئذ استخدام الأساليب التالية:

أ- أسلوب الخيارات الضاغطة: مثل التشدد وعدم الإذعان والتهديد المباشر.

ب- الخيارات التوفيقية: حيث يقوم أحد الأطراف بإبداء الرغبة في تخفيف الأزمة ومحاولة إيجاد تسوية عادلة للأطراف.

ج- الخيارات التنسيقية: أي استخدام كلاً الأسلوبين الأخيرين، أي التفاوض مع استخدام القوة. ختاماً فأن ما قدمناه يمكن أن يصلح دليلاً يسلط الضوء إلى حد ما على مفاصل الأزمة بخاصة الإدارية أو السياسية منها ، الامر الذي يؤدي إذا ما تم التعاطي مع ابرز مفرداته ايجابياً من قبل صناع القرار إلى وضع تصور اولي لحل الأزمات التي تواجه الطاقم السياسي بين الحين والحين الآخر ، سيما وإن سلسلة الأزمات في البلاد يبدو أنها مرشحة للاتساع من حيث المدى والنوع مع الاخذ بنظر الاعتبار، ملفات لم تزل تنتظر الحسم السياسي وأخرى في طور التشكل او الاستفحال.

أساليب حل الأزمات والتعامل معها

أولاً: الطرق التقليدية:

وأهم هذه الطرق:

- انكار الأزمة: حيث تتم ممارسة تعتيم اعلامي على الأزمة وانكار حدوثها، واظهار صلابة الموقف وأن الاحوال على احسن ما يرام، وذلك لتدمير

الأزمة والسيطرة عليها، وتستخدم هذه الطريقة غالباً في ظل الانظمة الدكتاتورية، والتي ترفض الاعتراف بوجود أي خلل في كيانها الاداري، وافضل مثال لها انكار التعرض للوباء او أي مرض صحي وما إلى ذلك.

- كبت الأزمة: وتعني تأجيل ظهور الأزمة، وهو نوع من التعامل المباشر مع الأزمة بقصد تدميرها.

- اخماد الأزمة: وهي طريقة بالغة العنف تقوم على الصدام العلني العنيف مع قوى التيار بغض النظر عن المشاعر والقيم الانسانية.

- بخس الأزمة: أي التقليل من شأن الأزمة (من تأثيرها ونتائجها)، وهنا يتم الاعتراف بوجود الأزمة، ولكن باعتبارها أزمة غير هامة.

- تنفيس الأزمة: وتسمى طريقة تنفيس البركان، حيث يلجأ المدير إلى تنفيس الضغوط داخل البركان للتخفيف من حالة الغليان والغضب والحيلولة دون الانفجار.

- تفريغ الأزمة: وحسب هذه الطريقة يتم ايجاد مسارات بديلة ومتعددة امام قوة الدفع الرئيسية والفرعية المولدة لتيارالأزمة ليتحول إلى مسارات عديدة وبديلة تستوعب جهده وتقلل من خطورته. ويكون التفريغ على ثلاث مراحل:

1. مرحلة الصدام: أو مرحلة المواجهة العنيفة مع القوى الدافعة للأزمة لمعرفة مدى قوة الأزمة ومدى تماسك القوى التي انشأتها.

2. مرحلة وضع البدائل: وهنا يقوم المدير بوضع مجموعة من الأهداف البديلة لكل اتجاه أو فرقة انبثقت عن الصدام، وهذه العملية تشبه إلى حد ما لعبة البليارد.

3. مرحلة التفاوض مع اصحاب كل فرع او بديل: اي مرحلة استقطاب وامتصاص وتكييف اصحاب كل بديل عن طريق التفاوض مع اصحاب كل فرع من خلال رؤية علمية شاملة مبنية على عدة تساؤلات مثل ماذا تريد

من اصحاب الفرع الاخر، وما الذي يمكن تقديمه للحصول على ما تريد وما هي الضغوط التي يجب ممارستها لاجبارهم على قبول التفاوض ؟

- عزل قوى الأزمة: يقوم مدير الأزمات برصد وتحديد القوى الصانعة للأزمة وعزلها عن مسار الأزمة وعن مؤيديها، وذلك من اجل منع انتشارها وتوسعها وبالتالي سهولة التعامل معها ومن ثم حلها او القضاء عليها.

ثانياً: الطرق غير التقليدية:

وهي طرق مناسبة لروح العصر ومتوافقة مع متغيراته وأهم هذه الطرق ما يلي:-

1- طريقة فرق العمل: وهي من أكثر الطرق استخداماً في الوقت الحالي، حيث يتطلب الأمر وجود أكثر من خبير ومتخصص في مجالات مختلفة، حتى يتم حساب كل عامل من العوامل و تحديد التصرف المطلوب مع كل عامل، وهذه الطرق إما أن تكون طرق مؤقتة أو تكون طرق عمل دائمة من الكوادر المتخصصة التي يتم تشكيلها، وتهيئتها لمواجهة الأزمات وأوقات الطوارئ.

2- طريقة الاحتياطي التعبوي للتعامل مع الأزمات: حيث يتم تحديد مواطن الضعف ومصادر الأزمات فيتم تكوين احتياطي تعبوي وقائي يمكن استخدامه اذا حصلت الأزمة، وتستخدم هذه الطريقة غالباً في المنظمات الصناعية عند حدوث أزمة في المواد الخام او نقص في السيولة.

3- طريقة المشاركة الديمقراطية للتعامل مع الأزمات: وهي أكثر الطرق تأثيراً وتستخدم عندما تتعلق الأزمة بالأفراد أو يكون محورها عنصر بشري، وتعني هذه الطريقة الإفصاح عن الأزمة وعن خطورتها وكيفية التعامل معها بين الرئيس والمرؤوسين بشكل شفاف وديمقراطي.

4- طريقة الاحتواء: أي محاصرة الأزمة في نطاق ضيق ومحدود، ومن الأمثلة على ذلك الأزمات العمالية حيث يتم استخدام طريقة الحوار والتفاهم مع قيادات تلك الأزمات.

5- طريقة تصعيد الأزمة: وتستخدم عندما تكون الأزمة غير واضحة المعالم، وعندما يكون هناك تكتل عند مرحلة تكوين الأزمة فيعمد المتعامل مع الموقف، إلى تصعيد الأزمة لفك هذا التكتل و تقليل ضغط الأزمة.

6- طريقة تفريغ الأزمة من مضمونها: وهي من انجح الطرق المستخدمة، حيث يكون لكل أزمة مضمون معين قد يكون سياسياً اواجتماعياً او دينياً او اقتصادياً او ثقافياً او ادارياً وغيرها، ومهمة المدير هي افقاد الأزمة لهويتها ومضمونها، وبالتالي فقدان قوة الضغط لدى القوى ذاتها، ومن طرقها الشائعة هي:

- التحالفات المؤقتة.

- الاعتراف الجزئي بالأزمة ثم إنكارها.

- تزعم الضغط الأزموي ثم توجيهه بعيداً عن الهدف الأصلي.

7- طريقة تفتيت الأزمات: وهي الأفضل إذا كانت الأزمات شديدة وخطرة، وتعتمد هذه الطريقة على دراسة جميع جوانب الأزمة لمعرفة القوى المشكلة لتحالفات الأزمة وتحديد اطار المصالح المتضاربة والمنافع المحتملة لأعضاء هذه التحالفات، ومن ثم ضربها من خلال ايجاد زعامات مفتعلة وايجاد مكاسب لهذه الاتجاهات متعارضة مع استمرار التحالفات الأزموية. وهكذا تتحول الأزمة الكبرى إلى أزمات صغيرة مفتتة.

8- طريقة تدمير الأزمة ذاتياً وتفجيرها من الداخل: وهي من أصعب الطرق غير التقليدية للتعامل مع الأزمات ويطلق عليها طريقة (المواجهة العنيفة) أو الصدام المباشر، وغالباً ما تستخدم في حالة عدم توفر المعلومات، وهذا مكمن خطورتها وتستخدم في حالة التيقن من عدم وجود البديل ويتم التعامل مع هذه الأزمة على النحو التالي:

- ضرب الأزمة بشدة من جوانبها الضعيفة.

- استقطاب بعض عناصر التحريك والدفع للأزمة.

- تصفية العناصر القائدة للأزمة.

- ايجاد قادة جدد أكثر تفهما.

9- طريقة الوفرة الوهمية: وهي تستخدم الاسلوب النفسي للتغطية على الأزمة كما في حالات، فقدان المواد التموينية حيث يراعي متخذ القرار توفر هذه المواد للسيطرة على الأزمة ولو مؤقتاً.

10- احتواء وتحويل مسار الأزمة: وتستخدم مع الأزمات بالغة العنف والتي لا يمكن وقف تصاعدها، وهنا يتم تحويل الأزمة إلى مسارات بديلة، ويتم احتواء الأزمة عن طريق استيعاب نتائجها والرضوخ لها والاعتراف باسبابها ثم التغلب عليها ومعالجة افرازاتها ونتائجها، بالشكل الذي يؤدي إلى التقليل من اخطارها.

فريق إدارة الأزمات

تكوين فريق لإدارة الأزمات يكون تمثيلاً لأعلى سلطة لأن الأزمة، تتطلب ردود أفعال غير تقليدية مقيدة بضيق الوقت و ضغوط الموقف، هذا وتعتبر طريقة فرق العمل، كما أوضح الوكيل من أكثر الطرق شيوعاً واستخداماً للتعامل مع الأزمات، وتتطلب وجود أكثر من خبير ومختص وفني في مجالات مختلفة وحساب كل عامل بدقة وتحديد التصرف المطلوب بسرعة وتناسق وعدم ترك الأمور للصدفة.

والجدير بالذكر أنه في دراسة لجبر بعنوان إدارة الأزمات: نظرة مقارنة بين النموذج الإسلامي و النموذج الياباني أوضح جبر "إن المفهوم الياباني في معالجة الأزمة يقوم على أساس أن الأشخاص الأقربون للأزمة هم الأقدر على حلها أو توفير الحل المناسب لها، و عليه نرى معظم الشركات اليابانية تتجه نحو اللامركزية في عملية اتخاذ القرارات، كما أن الشركات اليابانية تفضّل دائماً استخدام الاجتماعات كوسيلة لحل الأزمات، ويطلق على هذا النوع من هذه الاجتماعات بحلقات الجودة اليابانية والتي تعتبر بدورها واحدة من المهام المستخدمة في تحديد الأزمات والمشاكل وكيفية تحليلها"، لذا نرى أهمية تبني المنظمات لعملية اللامركزية عند تكوينها لفرق إدارة الأزمات.

المراحل الخمس لنظام إدارة الأزمات

1. اكتشاف إشارات الإنذار و تعني تشخيص المؤشرات و الأعراض التي تنبئ بوقوع أزمة ما.

2. الاستعداد و الوقاية: و تعني التحضيرات المسبقة للتعامل مع الأزمة المتوقعة بقصد منع وقوعها أو إقلال آثارها.

3. احتواء الأضرار: و تعني تنفيذ ما خطط له في مرحلة الاستعداد و الوقاية و الحيلولة دون تفاقم الأزمة وانتشارها.

4. استعادة النشاط: وهي العمليات التي يقوم بها الجهاز الإداري لغرض استعادة توازنه ومقدرته على ممارسة أعماله الاعتيادية كما كان من قبل.

5. التعلم: و هو المرحلة الأخيرة وهي بلورة و وضع الضوابط لمنع تكرار الأزمة وبناء خبرات من الدروس السابقة لضمان مستوى عالي من الجاهزية في المستقبل.

المواقف الساخنة (الأزمات)

دائماً ما يكون المدير الذي له ملكة الحدس قادراً على اكتشاف أثر الاحتكاك بين الحركة والمقاومة، قبل أن تتولد الحرارة، وفي ساعات الإجهاد والكلل يتمثل بقول (أفين يو): "إن علامات النجاح والثقة تتجلى في القدرة على أن تبدو بارداً في المواقف الساخنة ".

ومن الأسطر السابقة يتضح مفهوم الإنذار المبكر، ورد الفعل الذكي المؤثر، وتتولد تلك المواقف الساخنة عند النقطة التي يجد فيها المدير نفسه محاطاًِ بشتى الضغوط، فمن الخارج تأتي مطالب العملاء، والبنوك، ثم التمويل والضرائب، ثم المنافسة...إلخ، ومن الداخل تنبثق قضايا الموظفين، فالتكنولوجيا الجديدة، فالمعلومات، ثم التوسعات، وإلى أسفل مطلوب إنتاج الكثير بأقل القليل، وإلى أعلى هناك خصائص القوى العاملة ووضع مصالحها أولاً، وهكذا. وبالرغم من هذه الضغوط جميعاً، فهو مضطر لمقابلة أي شخص برد الفعل الذي في مقولة (أفين يو).

القائد عند الأزمات

لا يظهر القائد قائداً إلا عند الأزمات، وفي الأزمات يتبين معدن القائد ومستوى إنجازه، وذلك للأسباب التالية:

1- أنه في الأزمة يبحث الناس عمن يقودهم ويحتاجون ذلك بشدة.

2- القيادة الرشيدة في الأزمات يكتبها التاريخ وتنقش على صفحاته.

3- في الأزمات يكون أكثر الناس قوة هم أكثرهم إيماناً.

صفات القائد

أولاً : ثقة بالله وإيمان به سبحانه:

فلا نجاح لقائد لعمل ما، إن لم يكن مؤمناً بالله سبحانه واثقاً به عز وجل .

ثانياً : مستوى أخلاقي عالي :

وذلك لاحتواء جميع طبقات العاملين واحتواء سلوكياتهم، ومن أهم ذلك كظم الغيظ وحسن الحديث والحكمة في السلوك .

ثالثاً : قدر كبير من الطاقة والنشاط :

فلكي تكون قدوة لابد لك أن تقدم ما يدل على ذلك، ولكي توجه أو تنصح بتعديل عمل ينبغي أن يكون عند الآخرين ثقة أنك تستطيع القيام به أصلاً .

رابعاً: البراعة في ترتيب الأعمال حسب الأولويات .

خامساً : القدرة على تحديد الهدف .

سادساً : القدرة على الابتكار .

سابعاً : الاحتفاظ بطريقة تفكير متزنة ومعتدلة وواقعية .

ثامناً : الاستضاءة بآراء الآخرين وأخذ أفضل ما عندها .

هل هناك قائد بالفطرة

لاشك أن العوامل الذاتية تؤثر في تكوين القائد، مثل بنيانه الجسدي ، ذكائه الشخصي ، وغيرها، ولكن كل هذا لا يصنع قائداً وحده .

هذه العوامل وغيرها قد تيسر للقائد أن ينجح في قيادته ولكنها لا تصنعه ، فلا بد من التعلم والرغبة في أن تكون قائداً وإماماً، قال الله سبحانه وتعالى على لسان إبراهيم عليه السلام: (واجعلنا للمتقين إماماً ..) .

هل هناك نهي شرعي عن الرغبة في القيادة

- فرق بين أمرين أن ترغب في إمارة الناس وقيادتهم لرغبة دنيوية بحتة ، وبين طلب العلا والإمامة في الدين؛ فأما الأولى فمذمومة إذا طلبت لذاتها، وأما الإمامة في الدين فمرغوب فيها وحسنة وهو قوله تعالى {وجعلنا منهم أئمة يهدون أمرنا لما صبروا..} الآيات .

زيف القيادة :

ليست القيادة مناورة ، لا يمكن تزييف اهتمامك بالناس ، قد تستطيع خداعهم لفترة ، فقط فترة، إن معنى المناورة أن تجعل الآخرين يتصرفون ضد رغباتهم أو مصالحهم مع تقديم بعض المميزات المؤقتة ، وهذه المهارات القيادية التكتيكية هي في الحقيقة إضعاف وليس تقدماً .

التعامل مع المشكلة :

من القادة من يتعامل مع المشكلة فيتأثر بها وتوقفه وتعوقه ويستسلم لها ومن القادة من يتعامل معها : يقول د. نورماث فينست بيل : "إن الإنسان يكون على قدر من المشكلات التي تستوقفه ، وإنني أهدي بالغ شكري وتقديري لأولئك الذين ارتفعوا فوق مشكلاتهم التي تدهمت غيرهم فأعجزتهم وأوقفتهم فبهم فقط يتقدم العالم"، وكما قال القائل :"إن الضربات التي لا تقسم الظهر تقويه" .

دور القائد في الأزمة

1- تحديد الأهداف : وينبغي في ذلك الاهتمام بأهداف من تقود ذلك لأنك لن تستطيع قيادة الناس بغير تحقيق آمالهم.

2- تكوين فريق عمل ناجح : وهناك مجموعة أسس ينبغي على أساسها

تكوين فريق العمل الناجح:

1- وحدة الهدف.

2- الحب والثقة والاحترام بين العاملين.

3- إحسان اختيار الأفراد.

4- معرفة كيف اختيار نقاط القوة ومعرفة نقاط الضعف في كل أحد.

5- لا تستخدم العنف.

3- التخطيط أثناء الأزمة: ومن أهم الأشياء في التخطيط هو تخطيط الوقت وكيفية ترتيب المطلوبات، ومن أجل

استغلال الأوقات احذر مما يلي:

1- احذر أن تقوم بأعمال الآخرين .

2- احذر أن تقضي وقتاً طويلاً فيما تحب من الأعمال .

3- أن تكرر ما تفعل أو تقول .

4- أن تتحمل مسؤوليات مرؤوسيك بدلاً منهم.

وها هي بعض النصائح لاستغلالك لوقتك:

1- سجل الوقت كتابة ولا تعتمد على الذاكرة.

2- حاول أن تقتصد ولا تسرف في الوقت.

3- رتب أعمالك من السهل إلى الصعب.

4- كن مرناً في تخطيط وقتك.

5- تعلم أن تقول لا.

6- توقف عن الأعمال غير المفيدة ولابد أن يكون لسلة المهملات نصيب.

7- تخلص من الذين يضيعون وقتك.

8- احترم أوقات الآخرين.

4- الارتفاع بالمعنويات وقت الأزمة: من الصعب جداً أن تجمع بين الأداء الجيد والمعنويات المنخفضة، لهذا كان من أهم مسؤوليات القائد الحقيقي مراقبة علامات تدهور أو حتى انخفاض الروح المعنوية بين العاملين. ومن أكبر هذه العلامات:

1- الاستهتار بالطاعات والإقبال على المعاصي.

2- ذهاب الحماس في العمل.

3- بحث كل فرد عن أخطاء الآخر.

4- تكرار التأخير عن المواعيد والارتباطات.

5- الإبداع والابتكار في وقت الأزمة: عندما تشتد المواقف، فالطرق القديمة تؤدي إلى المشكلات الحالية، ولذلك فلزم ابتكار طرق جديدة لا تؤدي لمشكلات.

والسؤال الآن كيف أستطيع أن أبتكر وسائل جديدة

1- خصص وقتاً للتفكير وحدك.

2- لا تتخل عن أفكارك الجديدة لمجرد رفضها من الآخرين.

3- تأن في إخراج فكرتك الجديدة حتى يكتمل نموها.

4- قيم فكرتك بموضوعية.

5- أعداء الإبداع أربعة: الاعتياد، والخوف، والتسرع، والجمود.

6- حل المشكلات: هذه مجموعة من التوجيهات لحل المشكلات تستضيء بها أيها القائد في مشاكلك:

1- استخدم أسلوب الإشراف وليس المراقبة ودع الأمور تسير كما خطط لها.

2- الدعابة والعبارات المناسبة قد تنقذك من مآزق كثيرة.

3- استعد وتهيأ عقلياً لحل المشكلة، وذلك بتصفية الذهن ثم النظام والترتيب ثم الالتزام بما تصل إليه.

4- حدد المشكلة تحديداً جيداً وفرق بين الأسباب والظواهر .

5- اجمع كل المعلومات عن المشكلة .

6- اختر أنت والفريق الحل المناسب .

7- تذكر القول القائل "أن أغير رأيي وأنجح خير من أن أتشبث به وأفشل".

مراجع الفصل السابع

1. فارس، علي احمد، (2008). إدارة الأزمات: الأسباب والحلول.

2. أبو قحف، عبد السلام، (1999). إدارة الأزمات.

3. الأعرجي، عاصم حسين، (1999). إدارة الأزمات بين (الوقائية و العلاجية).

4. الحملاوي، محمد رشاد، (1997). إدارة الأزمات.

5. Marrus Alexis، Organizational Decision Making (1967).

6. Brain W. Hogwood، Policy Analysis For Real Word (1984).

7. الشريف، رجاء يحيى، مرجع سابق.

8. جبر، محمد صدام، (1999). إدارة الأزمات.

9. حواش، جمال، (1999). سيناريو الأزمات و الكوارث بين النظرية و التطبيق.

10. دقامسة، مأمون وعاصم حسين الأعرجي، (2000). إدارة الأزمات: دراسة ميدانية لمدى توافر عناصر نظام إدارة الأزمات من وجهة نظر العاملين في الوظائف الإشرافية في أمانة عمّان الكبرى.

11. شريف، منى صلاح الدين، (1998). إدارة الأزمات الوسيلة للبقاء.

12. صادق، أمنية مصطفى، (2002). إدارة الأزمات و الكوارث في المكتبات.

13. مرجع سابق Lussier، Robert N .

الفصل الثامن

الادارة ودورها في تطوير مدارس الفكر
الاداري واتخاذ القرارات

- مفهوم الإدارة

- مجالات الإدارة

- تعريف العملية الإدارية وعناصرها

- مدارس الفكر الاقتصادي

مفهوم الإدارة

هي عملية تجميع عوامل الإنتاج المختلفة من راس مال ، قوى عاملة ، وموارد طبيعية، والتأليف بينها من اجل استغلالها بفعالية للحصول على الأهداف (اقل تكلفة ، اكبر قدر ممكن من الإنتاج ......الخ).

أو هي نشاط متميز يهدف إلى تحقيق نتائج محددة، وذلك من خلال استغلال الموارد المتوفرة بأعلى درجة من الكفاية الممكنة. ويقصد بالموارد عناصر الإنتاج وهي:

1) العنصر البشري.

2) المال.

3) السوق.

4) المواد.

5) الأدوات والوسائل.

6) الإدارة.

ويعتبر العامل الإنساني أهم عوامل الإنتاج السابقة، وبالتالي فأن الوظيفة الأساسية للإدارة يمكن تركيزها في هذا العامل.

ولذلك عرفت الإدارة بأنها توجيه نشاط مجموعة من الأفراد نحو هدف مشترك وتنظيم جهودهم وتنسيقها لتحقيق الهدف.

وتركز الإدارة على جعل الآخرين ينفذون الأعمال المؤدية إلى تحقيق الأهداف. وحيث أن الناس يتباينون في قدراتهم ومواهبهم وإمكانياتهم، وهذا يرجع إلى خصائص موهوبة فطر الله الناس عليها منذ مولدهم أو نتيجة ما اكتسبوه من خبرات في الحياة أو التعليم أو البيئة التي يعيشون فيها.

فمن هنا يظهر أناس على آخرين بسبب ما حصلوا عليه أو بسبب خبراتهم أو صفاتهم الموروثة، وآخرين لا يرقون إلى ذلك فينقادون لهم ويطيعون، وترتبط الإدارة بشكل مباشر باتخاذ القرارات، حيث أن عملية اتخاذ القرارات لازمة

خلال مراحل العملية الإدارية جميعها، بدءاً من التخطيط الذي يسبق عملية التنفيذ ومروراً بتنفيذ الأعمال وحتى بعد تنفيذها، والقدرة على الإدارة مرتبطة بشكل أو بآخر بالقدرة على اتخاذ القرارات من جهة وبالقدرة على التعامل مع الناس من جهة أخرى.

واتخاذ القرارات يحتاج إلى معلومات والى معرفة والى بعد النظر، وقدرة على التحليل والربط بين المتغيرات التي لها علاقة بموضوع اتخاذ القرار وأن النجاح في اتخاذ القرارات سيؤدي حتماً إلى نجاح الإدارة.

والإدارة عنصر ضروري في الحياة فكل فرد في المجتمع بحاجة إلى الإدارة، لأن كل فرد لديه هدف ولديه الموارد المادية والبشرية، فهو يحتاج إلى إدارة أعماله الخاصة، والى إدارة وقته والى إدارة تصرفاته وأسرته، وأن كان عنصراً فاعلاً في المجتمع تراه يشارك في إدارة مؤسسات اجتماعية واقتصادية وغيرها.

وقد ظهرت الإدارة منذ عهد آدم عليه السلام ولكنها بشكل غير متميز وغير منظم، كما هو عليه الحال في الوقت الحاضر فكانت لهم أهداف يخططون لها وبعد ذلك يتم التنفيذ من خلال تنظيم الجهود وتوجيهها وتدعيمها بالقرارات.

وتطورت الإدارة من خلال جهود وتجارب الآخرين ودراساتهم حتى أصبحت علماً مستقلاً يتم تعلمه والتطوير عليه فوصلت إلى ما وصلت إليه في الوقت الحاضر.

مجالات الإدارة

(1) الإدارة العامة: وهي التي تتعلق بإدارة شؤون الدولة ومشاريعها.

(2) الإدارة الخاصة: وهي المتعلقة بإدارة المؤسسات الخاصة والتي غالباً ما تهدف إلى تحقيق الربح كالمشاريع التجارية، والصناعية والخدماتية.

تعريف العملية الإدارية وعناصرها

هي النشاطات التي يقوم بها الاداري من اجل تحقيق هدف معين فتميزه عن غيره.

اما عناصر العملية الإدارية

1- التخطيط: إعداد مسبق لاتخاذ القرار بخصوص موضوع أو مشكلة معينة لتحديد ما سيتم إنجازه حتى لا يكون التدبير عشوائياً، ويختلف الإعداد في صعوبته وأهميته حسب الموضوع أو المشكلة.

2- التنظيم: تحديد كيفية إنجاز العمل واستعمال الموارد وتوزيع المهام لتنفيذ القرارات المتخذة بكيفية فعالة.

3- التوجيه: عملية مركبة تشمل استعمال القيادة والسلطة والتواصل والتنشيط والحفز لتوجيه العملية التربوية والعاملين بالمؤسسة في الاتجاه المطلوب.

4- التنسيق: إقامة الانسجام والتكامل بين مختلف العناصر والمكونات التي يشملها تدبير المؤسسة، فهناك مكونات التدبير التربوي والبيداغوجي، التدبير الإداري، التدبير المادي والمالي، وتدبير علاقات المؤسسة مع الشركاء والمحيط، وهو ما يتطلب تنسيق الجهود وتضافرها لتصب في تحيق أهداف العملية ا لتربوية.

5- المراقبة: عملية تقويم للموارد المستثمرة والنتائج المحصل عليها، وهي تهدف إلى إدخال التعديلات الضرورية حتى يتم التيقن من أن أهداف المؤسسة والخطط الموضوعة لتحقيقها وبذلك سيتم احترامها والشرح كما يلي:

أولا: التخطيط -:

ويقصد به التفكير المنظم الذي يسبق عملية التنفيذ من خلال استقراء الماضي ودراسة الحاضر والتنبؤ بالمستقبل لإعداد القرارات المطلوبة لتحقيق الهدف بالوسائل الفعالة.

عناصر الخطة

1-الهدف: وهو النتيجة المراد تحقيقها.

2- السياسات : وهي الأطر العامة التي تحكم العملية التنفيذية، بحيث لا يمكن الحياد عنها، وتوضع عادة من قبل الإدارة العليا لتوجيه وضبط العمل فيها.

3- الإجراءات وربطها بالزمن: وهي العمليات المراد القيام بها وتحديد زمن لتنفيذ كل عملية ، وكل إجراء "أي وقت البدء ووقت الانتهاء".

4- الوسائل والأدوات: يجب أن ينص في الخطة على الوسائل والأدوات المطلوبة لتنفيذ الأعمال.

5- الموازنة: اللازمة لتنفيذ الاجراءات السابقة.

وعادةً ما يتم رسم الخطة بناءً على الإمكانيات المتوفرة أو التي يمكن توفيرها سواءٍ كانت مادية أو بشرية، ونلاحظ أن عملية التخطيط تحتاج إلى اتخاذ القرار بالهدف المناسب والكامل، والذي يمكن قياسه وتحقيقه قبل وضعه ويكون ملائماً لرسالة المؤسسة، وتحديد السياسات يحتاج إلى إقرار، حيث يشارك في صنع القرار الإدارة العليا والإدارة الدنيا في كثير من الحالات، والبرامج الزمنية تحتاج إلى إقرار واختيار البرنامج الزمني الذي يحقق التكلفة الأقل والوقت الأسرع وتحقيق هدف المؤسسة، كذلك والميزانية تحتاج إلى اتخاذ القرار بشأنها وكيف سيتم الحصول عليها وكيف سيتم إنفاقها.

صفات الخطة الجيدة

1- البساطة والوضوح.

2- تحديد الهدف بشكل تام بحيث يكون قابلاً للقياس وممكن التنفيذ بزمن معين، وضمن قدرة المنفذين له وأن يكون محدداً بزمن معين.

3- يجب أن ينص فيها على الأجهزة والأدوات المطلوبة للتنفيذ.

4- دراسة ما يحدث حيالها من ردود فعل ووضع الحلول المثلى لتلك الردود.

5- المرونة.

6- الواقعية بحيث تكون في حدود طاقة العاملين فيها.

7- الشمول.

فوائد التخطيط

1- يساعد على التفكير المنظم.

2- يساعد على التفكير في المستقبل والأعداد له بما يناسبه.

3- تعتبر الخطة المعيار الأمثل للرقابة بعد التنفيذ.

4- يساعد على تخفيض التكاليف.

5- يقلل من النشاط العشوائي والجهود المتداخلة الغير ضرورية.

6- التقليل من وقت إنجاز العمل.

الإدارة بالأهداف

الهدف : هو بيان النتيجة المراد تحقيقها في تاريخ معين وبقياس معين.

تعدد الأهداف:

وجود هدف عام لكل إداري تتفرع عنه أهداف فرعية أو هدف عام لكل خطة ترتبط به أهداف فرعية.

صفات الهدف الجيد:

1. أن يكون قابلاً للقياس.

2. أن يكون ممكن التنفيذ.

3. أن يكون محدداً بزمن معين.

4. أن يكون ضمن قدرة المنفذين له.

وتستطيع المؤسسة تحقيق أهدافها :

1- بإشراك اكبر عدد من المدراء والموظفين في تحديد الأهداف.

2- بأن يتفهم كل مدير وكل موظف بوضوح أهداف المؤسسة.

3- بأن يفهم كل مدير ويوافق على الجزء الخاص به من هذه الأهداف.

4- بأن تحفز المؤسسة المدراء والموظفين على تحقيق الأهداف.

5- بأن تطلع كل مدير على مدى نجاح المؤسسة في تحقيق أهدافها.

اختبار الهدف الجيد

تتمثل كما في المثال التالي:

في هذه الصفحات عدة قرارات، ضع علامة صح على القرارات التي لها صفات الهدف الجيد:

1- زيادة عدد آلات الهاتف الجديدة التي تركب في الأسبوع من المعدل الحالي، وهو 5 آلات إلى 100 آلة في الأسبوع في موعد أقصاه 31 ديسمبر الحالي.

2- تحقيق رضا الجمهور المتعامل مع الوزارة.

3- أن لا تزيد تكلفة رحلة القدس التي تقرر القيام بها في نهاية الأسبوع القادم عن 10 جنيهات لكل مشترك.

4- عدم المغالاة في استهلاك الكهرباء في الجمعية حتى تبقى نفقات الاستهلاك أقل من 100 دينار.

5- الانتهاء من كتابة تقرير عن أسباب عدم دقة مواعيد طائرات شركة الطيران في موعد أقصاه 30 نوفمبر القادم.

6- الإسراع في إنهاء معاملات التأشيرة للقادمين إلى مطار عمان ابتداءً من يوليو القادم.

7- التأكد من تلقيح 100 % من سكان مدينة رام الله ضد وباء الكوليرا في موعد أقصاه 15 حزيران القادم.

8- المضاعفة عدد المدارس في مدينة نابلس خلال أربع سنوات.

9- التأكد من أن كل الموظفين الجدد في المصلحة يتلقون التدريبات الخاصة.

10- زيادة نسبة المدرسين إلى التلاميذ في المدارس الحكومية حتى يصبح هناك مدرس لكل10 تلاميذ في موعد أقصاه أول سبتمبر القادم.

ثانياً: التنظيم:

العنصر الثاني من عناصر العملية الإدارية هو التنظيم، والتنظيم عبارة عن "عملية حصر الواجبات والنشاطات المراد القيام بها وتقسيمها إلى اختصاصات الأفراد، وتحديد وتوزيع السلطة والمسؤولية وإنشاء العلاقات بين الأفراد، بغرض تمكين مجموعة من الأفراد من العمل بانسجام وتناسق لتحقيق الهدف".

خطوات عملية التنظيم

1- تحديد هدف المؤسسة.

2- تحديد الأنشطة الضرورية لتحقيق الأهداف والسياسات والخطط الموضوعة.

3- تجميع الأنشطة المتشابهة في وحدة وظيفية.

4- تجميع الوحدات الوظيفية المتشابهة في وحدة إدارية.

5- تجميع الوحدات الإدارية المرتبطة مع بعضها في وحدة رئاسية "وحدة إدارية عليا".

6- تفويض رئيس كل مجموعة السلطة الضرورية لأداء هذه الأنشطة.

7- ربط هذه الأنشطة والوظائف والإدارات مع بعضها أفقياً وراسياً من خلال علاقات السلطة والمسؤولية للوحدات المرتبطة راسياً ، وعلاقات التعاون للوحدات المرتبطة أفقياً.

8- رسم الهيكل التنظيمي الذي يوضح الوظائف والسلطات والعلاقات.

9- إعداد الوصف والتوصيف الوظيفي لكل وحدة وظيفية.

10- تحديد إجراءات القيام بكل وظيفة.

وصايا التنظيم الجيد

1- أن يسند إلى كل مدير أوامر واضحة ومحددة ليعرف تماماً طبيعة العمل المطلوب منه.

2- يجب اقتران السلطة بمسؤولية تناسبها "مبدأ تكافؤ السلطة والمسؤولية".

3- قبل إحداث أي تغيير في نطاق مسؤولية أي فرد يجب إعلام الشخص المعني بهذا التغيير وأن يمهد له حتى يتم تفهم التغيير المطلوب.

4- يجب أن لا يتلقى الفرد في التنظيم الأوامر من أكثر من شخص " مبدأ وحدة الأمر".

5- ينبغي أن لا يتم إصدار أوامر للمرؤوسين الآخرين دون علم رؤسائهم المباشرين بذلك، حتى ولا من المسؤول الذي يقع في مركز أعلى من المسؤول المباشر.

6- إذا أردت أن تنتقد موظفاً فعلى انفراد.

7- يجب أن لا يطلب من شخص أن يكون مساعداً لآخر وفي نفس الوقت ناقدا له.

8- وضع الرجل المناسب في المكان المناسب .

9- يجب أن يكون عدد الأفراد التابعين لمدير معين متناسباً مع قدرات المدير "مبدأ نطاق الإشراف".

10- يجب أن تحل وبعناية أي نزاعات بين الأفراد داخل التنظيم.

11- يجب أن يراعى مبدأ التنسيق، بمعنى أن تكون أهداف كل مدير متناسقة مع أهداف المدراء الآخرين.

المصطلحات الضرورية في التنظيم

1) مبدأ وحدة الهدف في التنظيم:

بحيث يكون لكل وحدة وظيفية أو إدارية هدف محدد مرتبط بشكل مباشر مع أهداف المنشأة، أي انه يجب أن تكون أهداف كل جزء في التنظيم متفقة مع هدف التنظيم ككل.

2) مبدأ تقسيم العمل:

أي يجب تقسيم أنشطة المؤسسة ووضعها في مجموعات لكي تساهم بأكبر فاعلية نحو تحقيق الأهداف، حيث أن تقسيم العمل يؤدي إلى سرعة تنفيذه وتحسين جودته.

3) مبدأ نطاق الإشراف :

نعني بنطاق الإشراف عدد الأفراد الذين يستطيع أن يشرف عليهم مدير معين بكفاءة وفاعلية، وبالتالي ينص هذا المبدأ بأن لا يزيد عدد الأفراد في أي

وحدة إدارية عن العدد الذي يمكن مدير الوحدة من إدارتهم والإشراف عليهم بكفاءة وفاعلية.

4) مبدأ وحدة الأمر والرئاسة:

وهو أن يكون لكل مرؤوس رئيس أو مدير واحد يتلقى منه أوامره بحيث لا يتلقى هذا المرؤوس الأوامر إلا من رئيس واحد.

5) مبدأ تكافؤ السلطة والمسؤولية :

أي أن يعطي كل مسؤول السلطات اللازمة التي تناسب المسؤوليات المطلوبة منه.

6) الوصف الوظيفي :

وهي تحديد المسؤوليات والسلطات والواجبات التي على أي موظف في المؤسسة القيام بها وتحديد مسؤولة المباشر.

7) التوصيف الوظيفي:

وهي المؤهلات المطلوبة لشغل وظيفة معينة كالدرجة العلمية والخبرات والمهارات اللازمة لإنجاز هذه الوظيفة بكفاءة.

8) الهيكل التنظيمي:

وهو التسلسل الاداري للمؤسسة أو هو الشكل الذي يوضح مواقع الوظائف وارتباطاتها الإدارية والعلاقات بين الأفراد، كما يوضح خطوط السلطة والمسؤولية داخل التنظيم.

9) السلطة :

هي قوة اتخاذ القرارات التي تحكم أعمال الآخرين أو هي الحق الذي بواسطته يتمكن الرؤساء من الحصول على امتثال للمرؤوسين للقرارات ، وتأتي السلطة أما من الناحية الرسمية " كونه رئيس يتمتع بهذا الحق نتيجة تنصيبه

مديرا لدائرة معينة في الهيكل التنظيمي. أو من قبول المرؤوسين للرئيس نتيجة علمه ومعرفته وثقتهم فيه.

10) النفوذ:

قوة اتخاذ القرارات الناتجة عن مركز اجتماعي أو منزلي أو عائلي.

11) تفويض السلطة:

منح السلطة من إداري لآخر أو من وحدة تنظيمية لأخرى تخفيفاً من الأعمال الروتينية التي يقوم بها، ولا يعني تفويض السلطة تفويضاً للمسؤولية ، بل يبقى المدير الذي فوض سلطات معينة مسؤولاً عن نتائج الأعمال المرتبطة بالسلطة التي قام بتفويضها.

12) مركزية التنظيم :

أي تكون القرارات متمركزة في الإدارة العليا وتكون درجة التفويض قليلة أو معدومة، بحيث لا يركن المدير إلى من هم أدنى منه مستوى في اتخاذ القرارات ومتابعتها.

13) التنظيم الرسمي:

التنظيم المحدد حسب الأنظمة واللوائح والقواعد والقرارات الرسمية، ويتمثل بدرجة اساسية في هيكل المؤسسة التنظيمي.

14) التنظيم غير الرسمي:

وهو الذي ينظر إلى المؤسسة كوحدة اجتماعية ، ويعبر عن العلاقات والتجمعات التي تحدث داخل المنظمة شخصية ، وينظر إلى الإنسان كأنسان له أهداف وميول ونزعات لابد من تحقيقها.

بناء الهيكل التنظيمي للمؤسسة

يشكل الهيكل التنظيمي أو الخريطة التنظيمية الإطار العام للتسلسل الإداري للمؤسسة، فهو الشكل الذي يوضح مواقع الوظائف وارتباطاتها الإدارية والعلاقات بين الأفراد، كما يوضح خطوط السلطة والمسؤولية داخل التنظيم.

ويبدأ الهيكل التنظيمي من أعلى مستوى (الوزير مثلاً) وينتهي بأقل مستوى إداري من العاملين، وقبل إعداد الهيكل التنظيمي لا بد من تحديد أهداف المؤسسة مع الأخذ بالاعتبار المرونة في هذا الهيكل بحيث لو تغيرت الأهداف يبقى متناسباً، وهذا له علاقة مع ما يسمى بديناميكية التنظيم، وبعد تحديد الهدف تبدأ عملية إعداد الهيكل التنظيمي من خلال تقسيم العمل وإنشاء الوظائف والوحدات الإدارية بالخطوات التالية:-

(1) تحويل الأهداف إلى أنشطة، ويتم البدء بالأنشطة الرئيسية وتقسيمها إلى أنشطة فرعية وثانوية.

(2) يتم تجميع الأنشطة في صورة وظائف، بحيث تشكل كل مجموعة أنشطة ذات طبيعة متجانسة وظيفة معينة.

(3) تجميع الوظائف المتشابهة في وحدات إدارية تعطي مسمى معين.

(4) تحديد مهمات واختصاصات الوحدات الإدارية التي يتكون منها الهيكل التنظيمي.

أما عملية التجميع للأنشطة والوظائف أو أسس تقسيم العمل وتوزيع الوظائف فيتم على عدة أسس هي:

(1) التوزيع على أساس نوع الوظيفة: كوظيفة الشؤون الإدارية، الشؤون المالية، العلاقات العامة، الدائرة الهندسية، الصيانة..الخ.

(2) التوزيع على أساس جغرافي، وهذا مناسب للمؤسسات التي لها فروع في مناطق مختلفة.

(3) التوزيع على أساس السلعة.

(4) التوزيع على أساس العملاء.

(5) التوزيع على أساس مركب: الذي يجمع بين أكثر من طريقة من الطرق السابقة.

ثالثاً: التوجيه:-

العنصر الثالث من عناصر العملية الإدارية هو التوجيه، ويعني" إصدار التعليمات والتوجيهات من الرؤساء إلى المرؤوسين لبدء العمل ولكيفية إنجازه".

وحيث إن عملية التوجيه تتعلق بتفاعل الرئيس مع المرؤوسين، فإن على الرئيس أن يتعرف على شخصية العاملين معه، ويعرف كيف يعاملهم بالطريقة المناسبة. ويأتي ذلك عن طريق عملية الاتصال التي يجب تنميتها عند المدراء حتى يستطيعوا جعل الأفراد يحققون أهداف المؤسسة.

الشروط الواجب توفرها في عملية التوجيه الصحيحة

(1) الوضوح: بالنسبة للتعليمات الصادرة، بحيث يتأكد الرئيس من فهم التعليمات من قبل المرؤوسين.

(2) الكمال: بحيث تكون التعليمات كاملة.

(3) أن تكون التعليمات ممكنة التنفيذ وحسب طاقة المرؤوسين.

(4) أن تكون التعليمات والتوجيهات مكتوبة ما أمكن.

التحفيز:

ويقترن بالتوجيه عنصر التحفيز سواءٍ أكان مادياً أو معنوياً.

العوامل الأساسية للتحفيز:-

هناك اتفاق على مجموعة من العوامل الأساسية للتحفيز يستجيب لها معظم الأفراد في مجال الدافعية بدرجات متفاوتة حسب طبيعة الفرد وطبيعة الموقف، وهذه العوامل هي:-

1- زيادة الدخل.

2- المكانة الاجتماعية وكسب الاحترام.

3- الأمان الوظيفي.

4- الفرص المتاحة للتقدم في العمل.

5- القيمة المستفادة من العمل، مثل تحقيق مكانة اجتماعية أو دخل محترم.

6- السطوة والنفوذ الشخصي.

7- المعاملة الإنسانية.

8- اشتراك الفرد بالرأي في دائرة نشاطه.

9- عدالة الإشراف ونزاهته بين الموظفين.

رابعاً: الرقابة والتقويم:-

تعتبر الرقابة والتقويم المرحلة الأخيرة من مراحل العملية الإدارية، و تعني التأكد من أن التنفيذ تم طبقاً لما خطط له.

اما التقويم: عبارة عن عملية اكتشاف الأسباب الحقيقية للانحراف وتصحيحها بما يتناسب مع هذه الأهداف ومتابعة الإجراءات التصحيحية، بحيث لا تتكرر الانحرافات والأخطاء.

عناصر الرقابة والتقويم

1- تحديد المعيار الذي نقيس عليه والذي غالباً ما تكون الخطة الموضوعة وحسب الهدف المراد تحقيقه.

2- قياس النتائج التي تم الحصول عليها.

3- مقارنة النتائج بالمعايير.

4- الكشف عن الأخطاء والانحرافات.

5- البحث عن أسباب الخطأ أو اكتشافها.

هل هو في الخطة، أو المعيار، أو الشخص المنفذ، الظروف ...الخ.

6- اتخاذ الإجراءات التصحيحية المناسبة.

7- المتابعة بحيث لا يتكرر الخطأ.

مدارس الفكر الإداري

(1) مدرسة الإدارة العلمية:

وتنادي هذه المدرسة بالمبادئ التالية كأساس للإدارة:

أ- دراسة مختلف العمليات التي يؤديها العاملون دراسة منهجية وتحليلية.

ب- تعيين كل عامل لنوع العمل الذي يناسبه تماماً.

ج- التعاون التام بين الإدارة والعاملين.

د- حساب مكافأة العمل على أساس الأداء.

ومن خلال هذه المبادئ فقد ركزت هذه المدرسة على المفاهيم التالية:

1. التحديد الواضح للسلطات والصلاحيات.

2. التخصص وتقسيم العمل.

3. تطبيق القوانين بحزم.

4. الفصل بين مهارة الإدارة وواجبات العمل.

وتزعم هذه المدرسة فريدريك تايلور الذي يدعي بأن الإدارة العلمية لم تركز على العاملين وحاجاتهم الاجتماعية، بل ركزت على العمل فقط.

(2) مدرسة العلاقات الإنسانية:

- اهتمت ببيئة العمل الاجتماعية والعاملين ومشاعرهم الإنسانية.

- على المدير للاهتمام بحاجات العاملين ومقابلتها، مثل المشاركة في اتخاذ القرارات.

- إن رفع الكفاءة الإنتاجية يتم من خلال الاهتمام بتنمية العلاقات الاجتماعية والإنسانية داخل العمل.

من الذين تبنو هذه المدرسة ويعتبروا ركائز لها هم:

(1) ماك روجرز.   - نظرية (X) و (Y) .

(2) ماسلو.   - سلم الحاجات .

(1) روجرز ونظرية (X) و (Y):

تقول نظرية (X) بأن الإنسان العادي يتجنب العمل إذا استطاع ذلك. ويفضل الابتعاد عن المسؤولية، ولذلك فإن الإنسان لا يعمل إلا في وجود نظام للرقابة المباشرة والثواب والعقاب.

أما نظرية (Y) فتقول: أن الجهد الجسدي والعقلي أمران طبيعيان في الإنسان، وأن القناعة الذاتية عامل مهم، وأن الإنسان يستطيع تحمل المسؤولية، وأن القدرة على الإبداع صفة لدى كثير من البشر، وأن الطاقات المتوفرة في الحياة الصناعية حالياً لا يستفاد منها إلا بصورة محددة.

وبالتالي فإن الرقابة والعقاب غير ضروريان لحمل الإنسان على العمل، ولا بد من إيجاد طريقة من الرقابة حتى تتاح الفرصة لإطلاق طاقات الفرد الكامنة.

(2) ماسلو وسلم الحاجات:

يتطلب فهم السلوك الإنساني معرفة الدوافع الأساسية للسلوك، فالإنسان لا يتحرك ولا يسكن إلا بدافع، وتختلف الدوافع باختلاف الحاجة وتأثيرها، وقد رتب ماسلو حاجات الإنسان حسب الأهمية والأولوية كما يلي:

1) الحاجات الفيزيولوجية للإنسان: الماء، الطعام، الجنس، الهواء.

2) حاجات الأمن والأمان: الاستقرار والأمن، توفير المسكن والملبس.

3) الحاجات الاجتماعية: الوجود والتعامل مع الآخرين، القبول في المجتمع، والحب والانتماء.

4) الحاجة إلى التقدير الشخصي: احترام، وضع اجتماعي جيد، مركز الإحساس بالأهمية، السلطة على الآخرين.

5) تحقيق الذات : تحقيق الأهداف، استغلال الطاقات الخلاقة.

الحاجات الاساسية

(3) الإدارة اليابانية

أهم مميزات الأسلوب الياباني في الإدارة هو:-

- التوظيف مدى الحياة.
- يؤدي إلى الولاء والانتماء.
- الأمن الوظيفي.
- اتخاذ القرارات بالإجماع.
- مما يحسن القرار من جهة، ويشعر الموظفين بأهميتهم من جهة أخرى، ويرفع الروح المعنوية لديهم ويحفزهم على العمل، وهذه تحتاج إلى فترة طويلة لاتخاذ القرار لكن التنفيذ يكون سريعاً.

ولا يقتصر الأسلوب الياباني في الإدارة على هاتين الميزتين؛ بل يشمل جميع وظائف الإدارة الأخرى، كما هو موضح أدناه:

(1) وظيفة التخطيط :-

الإدارة اليابانية	الأمريكية
- **طويل المدى.**	- **قصير المدى.**
- **اتخاذ القرارات بالإجماع.**	- **القرار فردي غالباً.**
- **مشاركة واسعة للأفراد في اتخاذ القرار.**	- **مشاركة قليلة.**
- **اتخاذ القرار من القاعدة إلى القمة.**	- **من القمة إلى القاعدة .**
- **بطيء في اتخاذ القرارات وسرعة التنفيذ.**	- **سرعة في اتخاذ القرارات وبطيء في التنفيذ**

(2) التنظيم:-

- المسؤولية والمحاسبة الفردية .	- المسؤولية والمحاسبة جماعية .
- مسؤولية اتخاذ القرار محددة .	- مسؤولية اتخاذ القرارغير محددة .
- التنظيم رسمي بيروقراطي في الغالب .	- أقرب إلى التنظيم غير الرسمي .
- لا توجد فلسفة وثقافة مشتركة .	- فلفة واسعة ومشتركة .

(3) التوظيف:

- من خريجي المدارس والجامعات .	- من خريجي وموظفي الشركات الأخرى .
- الانتقال بين الشركات ضعيف.	- الانتقال بين الشركات نشط
- الولاء للشركة .	- الولاء للمهنة .
- تقييم الأداء بصورة غير منتظمة .	- بصورة منتظمة .
- تقييم الأداء لفترات طويلة .	- لفترة قصيرة .
- أسس متعددة للترقية .	- الترقية على أساس الأداء .
إيمان بالتدريب والتطوير واعتبارها استثمار طويل الأجل .	- لا حماس بالتدريب والتطوير لأن الفرد يمكن أن يترك الشركة .
- التوظيف مدى الحياة في معظم الشركات .	- الأمن الوظيفي هو الهاجس الرئيسي .

4) القيادة:

- القائد متخذ القرار ورئيس المجموعة .	- القائد وسيط اجتماعي واحد لأفراد المجموعة .
- أسلوب التوجيه الحازم .	- استخدام الأسلوب الأبوي .
- القيم المختلفة تقف في وجه التعاون .	- القيم المشتركة تساعد على التعاون .
- أسلوب المواجهة عند الصراع .	- تفادي المواجهة عند الصراع .
- الاتصال من القاعدة إلى القمة .	- الاتصال من القمة إلى القاعدة .

(5) الرقابة:-

- التركيز بواسطة الرئيس .	- الرقابة بواسطة الزملاء .
- التركيز على أداء الفرد .	- التركيز على أداء المجموعة .
- اللوم بشدة	- حفظ ماء الوجه .
- استخدام محدد لطريقة المجموعة في تحديد وحل مشاكل الإنتاج والجودة .	- استخدام مكثف لطريقة المجموعة في تحديد وحل مشاكل الإنتاج والجودة .

(4) مدرسة أتخاذ القرار:

في الوقت الذي كان فيه تيار العلاقات الإنسانية، والنظريات السلوكية للتنظيم سائداً ومنتشراً، كان هناك تيار آخر من الفكر الإداري أكثر عمقاً وأصالة يتطور ببطئ ولكن بشكل ترك أثراً عميقا في نظرية التنظيم، ففي عام 1938م ظهر كتاب "وظائف المديرين" ((The Function of the executives لتشستر بارنارد، وتلاه كتاب "السلوك الإداري" ((Administrative behavior لهربرت سيمون، وقد طبعت منه العديد من الطبعات في الفترة من عام 1947م وحتى عام 1976م، فأحدث تطوراً هائلاً في فكرة الإدارة العامة.

لقد أثار هذان الكاتبان تأثيراً عنيفاً في طبيعة الفكر التنظيمي، وأحدثاً تحولاً أساسياً في نظريات التنظيم، فبعد أن كانت النظريات الكلاسيكية تركز على العمل والهيكل التنظيمي، وبعد أن بالغت حركة العلاقات الإنسانية في وصف أهمية العنصر البشري وخصائصه وتحديد الشروط التنظيمية المناسبة لحفز الأفراد على الإسهام في العمل التنظيمي، جاء "برنارد" وتلاه " سيمون":

فوضعا أساساً جديداً في النظر إلى التنظيم باعتباره نظاماً اجتماعياً يقوم على اتخاذ القرارات، وبالتالي أصبحت دراسة التنظيم منصبة أساساً على تتبع عملية اتخاذ القرارات وتحديد المؤثرات التي تتفاعل لتوجيه الوصول إلى قرار، كذلك ركز "بارنارد" على اعتبار التنظيم نشاط تعاوني، وبالتالي لابد من توافر عنصر الرغبة في المشاركة لكي يتم تحقيق الهدف" وبذلك وضع دور الفرد في موضعه الصحيح.

وتهتم مدرسة اتخاذ القرارات(Decision Making school)) بالعوامل السلوكية المؤثرة في اتخاذ القرارات، وكيف يتم اتخاذ القرار وكيف يتم نقل القرار عبر المستويات التنظيمية المختلفة، وهو يؤدي إلى الاهتمام بدراسة طرق الاتصال والتنظيمات الرسمية وغير الرسمية وسائر الجوانب التي يمكن أن تؤثر على تنفيذ القرار.

أهم النظريات اتخاذ القرارات

1) تشستر بارنارد والنظام التعاوني :

يرى تشستر بارنارد أن التنظيم عبارة عن نظام تعاوني يقوم على أساس تعاون شخصين أو أكثر من أجل تحقيق هدف محدد، وتقوم نظرية النظام التعاوني عند بارنارد على أساس توافر ثلاثة عناصر رئيسية في التنظيم الرسمي هي :

1- هدف مشترك يجمع أعضاء التنظيم .

2- إمكانية الاتصال بين الأعضاء.

3- الرغبة في العمل والمساهمة من جانب الأعضاء.

وهكذا يجعل بارنارد للعنصر الإنساني والدوافع الإنسانية مركزاً حيوياً في نظريته، وهو بذلك يمثل تياراً فكرياً مختلفاً تماماً عما كان سائد من فكر في عصره.

ويعتبر بارنارد التنظيم، نظاماً تعاونياً يعتمد على فعالية تعاون أعضائه، كما أن استمرار وجوده يتوقف على قدرته في تحقيق أهداف التنظيم من ناحية وأهداف أعضائه من ناحية أخرى.

ولقد اهتمت نظرية بارنارد بالتنظيم غير الرسمي وطرحت أفكاراً واضحة حول علاقته بالتنظيم الرسمي، فكل تنظيم رسمي في رأي بارنارد ينشأ بالضرورة عن تنظيم غير رسمي، ثم عندما يشرع التنظيم الرسمي في العمل، فإن تنظيماً غير رسمي ينبع من داخله، أي أن العلاقة بين التنظيمين هي علاقة دائرية، الأصل فيها هو التنظيم غير الرسمي.

والتنظيم غير الرسمي

كما يراه بارنارد هو مجموعة التفاعلات والاتصالات بين أعضاء التنظيم، وتبدو أهمية التنظيم غير الرسمي في أنه يخلق لدى الأعضاء اتجاهات ومفاهيم وعادات ويشكل أنماط سلوكهم بدرجة كبيرة، كما أنه يسهم في تهيئة الظروف التي يمكن للتنظيم الرسمي أن يمارس في ظلها أعماله المحددة.

ومن أهم الوظائف التي يرى بارنارد أن التنظيم غير الرسمي يقوم بها داخل التنظيم الرسمي ما يلي :

1- تنمية وتدعيم الاتصالات بين أعضاء التنظيم وأجزائه.

2- تحقيق التماسك والترابط بين أجزاء التنظيم الرسمي.

3- تحقيق الشعور بالتكامل الشخصي واحترام الذات وحرية الاختيار بالنسبة لأعضاء التنظيم الرسمي.

وتخص نظرية بارنارد العنصر الإنساني في التنظيم باهتمام كبير، فهي تعتبر الأفراد الراغبين في العمل عنصراً من عناصر التنظيم الرئيسية، كما أن

اتصالات هؤلاء الأفراد وتفاعلاتهم في إطار التنظيم غير الرسمي تحتل مكاناً بارزاً في حركة التنظيم.

ولكي يتعاون الفرد على تحقيق أهداف التنظيم، لابد من وجود حوافز (Incentives) تدفعه للعطاء والعمل، ويحدد بارنارد أنه في كل أنواع التنظيمات يصبح تقديم الحوافز الكافية أدق وأخطر مهمة للإدارة للحفاظ على تماسك التنظيم واستمراريته.

أن بارنارد قد أسهم بشكل مباشر في إثراء الفكر الإداري من ثلاثة أبعاد:

أولها : العلاقات الإنسانية.

وثانيها : اتخاذ القرارات .

وثالثها : نظرية التنظيم.

كما أن برنارد هو أول من قدم مفهوم قبول السلطة، أي أن السلطة لا يكفي أن يصدر بها قرار بل يجب أن يقبلها المرؤوسون، ويرى كذلك أن اتخاذ القرارات في المنظمة تعتمد على المنطق، وقد قدم مفهوم الحافز والعطاء الذي يساعد على منطقية القرارات لتحقيق الأهداف، فهو يرى أن فعالية القرارات ترتبط بالعلاقة بين أداء الموظف وأسلوب تحفيزه.

2) هربرت سيمون واتخاذ القرارات:

لقد كان اهتمام هربرت سيمون بموضوع اتخاذ القرارات الإدارية واضحاً من خلال كتاباته في هذا المجال، والتي كان بدايتها كتابه "السلوك الإداري" (Administrative behavior) الذي ظهر في عام 1947م، والذي اختار له عنواناً فرعياً هو: "دراسة لعملية اتخاذ القرارات في التنظيم الإداري" (A study of Decision Making processes in administrative organization) فقد أوضح سيمون في كتابه هذا أهمية القرارات في الإدارة، واتخذ من عملية اتخاذ القرارات مدخلاً لدراسة الإدارة، لكون هذه العملية في نظرة مظهراً للسلوك الإنساني في الإدارة.

وفي تحليله للقرار الإداري يرى سيمون أنه يتحلل إلى عنصرين أساسيين هما:

أولاً : عنصر التكلفة:

ويتمثل فيما يتطلبه اتخاذ القرار وتنفيذه من المال والوقت والجهد خلال مرحلة الإعداد، وتجميع البيانات والمعلومات وتصنيفها واقتراح البدائل وتقويمها.

ثانياً : نتائج القرار:

وهذا العنصر يتسم بالتعقيد نظراً لارتباطه بالأهداف التي يتوخاها القرار، سواءٍ اتخذت هذه الأهداف صورة تحقيق الربح أو صورة خدمات عامة ، وانسجام القرار مع السياسة العامة والخطوط العريضة للمنظمة.

وتناول سيمون بالتحليل صفة الرشد في القرارات، فأوضح أن القرار الإداري لايكون رشيداً 100%، لأنه ليس من الممكن أن تتوافر لدى متخذ القرار كل مقومات الرشد التي تتطلب توافر معرفته بكل الحلول الممكنة ونتائج كل حل والتقويم السليم لكل البدائل والحلول، ومن هنا يرى سيمون أن على المدير أن يكتفي بالحلول المقبولة بدلاً من الحلول المثالية، لأن قدرة الإنسان ليست قدرة نهائية، وإنما هي قدرة محدودة لا تستطيع إلا أداء أشياء قليلة في وقت واحد، فالإنسان لا يستطيع التعامل إلا مع جزء قليل من المعلومات المختزنة في ذاكرته أو الموجودة في بيئته.

ويفرق سيمون بين القرار الهادف وغير الهادف، والقرار الرشيد وغير الرشيد، والقرار المبرمج وغير المبرمج، فالقرار الهادف هو الذي يرتبط بالهدف النهائي، والقرار غير الهادف هو الذي لا يؤدي لتحقيق الهدف النهائي أو يرتبط به. والقرار الرشيد هو القرار الذي يعود لاختيار بدائل تؤدي لتحيق الهدف النهائي، والقرار غير الرشيد هو القرار العفوي الذي لا يساعد على الوصول للغاية المرجوة، والقرار المبرمج هو القرار الذي يخضع لحسابات وخطط دقيقة، ويتبع جداول زمنية محددة ومقننة، أما القرار غير المبرمج فهو يتطلب قدراً كبيراً من الابتكار، وتختلف أساليب معالجة القرار غير المبرمج عن القرار المبرمج.

3) نظرية العقلانية المحدودة A.SIMON و HERBERT.:

مشاركة A.SIMON في نظرية اتخاذ القرار توجت بجائزة نوبل سنة 1978 نقطة انطلاق سيمون هي إثباته لفكرة أنه إذا أردنا تهيئة نظرية واقعية في التدبير مسألة القرار يجب أن نتركها جانباً نمط العقلانية اللامحدودة، وتعويضه بالعقلانية المحدودة والموزعة بين أفراد التنظيم العقلانية محدودة مادام الأفراد لهم معارف وأهليات هي نفسها محدودة، وأن لهم قيم شخصية تجعلهم يبحثون عن اتجاهات معينة دون غيرها، والعقلانية موزعة لأنها ليست فقط في ملك المقاول والمدير أو الموجه للمقاولة ولن توجه اختيار أفراد التنظيم كيفما كان المستوى الذي يوجدون فيه، وقد اهتم سيمون أيضاً بالسلوك السيكولوجي للمقرر الفردي الذي اعتبره رهينا بعقلانية محدودة وموجه من طرف المحيط البسيكولوجي.

وبما أن العقلانية محدودة وتتغير حسب أفراد التنظيم، فيستحيل الوصول إلى حد أقصى من اتخاذ القرار كما تدعي المدرسة الكلاسيكية.

وعلى مستوى التنظيم أن يلاحظ هذا الأخير ببذل مجهوداً لإدماج السلوكات الفردية، وذلك بتحديده للمحيط السيكولوجي لأفراد التنظيم، ومقابل ذلك يجب على الأفراد أن يقبلوا المشاركة في حياة التنظيم والخضوع لتأثيرها يعملون كمقررين. وهي كما يلي:-

1- الإنسان عقلاني، ولكن عقلانيته محدودة لأنه تنقصه معارف وأهليات وهي نفسها محدودة لكونه لا يتذكر إلا بعض الاختيارات السابقة جزئياً، ويصعب عليه التنبؤ بالأحداث المقبلة، فلمواجهة مشكل ما فالمقرر لا يبحث عن محل مناسب بل يرجع للبحث عن الحل السابق الذي يبدو مرضياً، هذا الحل سيكون جديداً إذا لم تكن الحلول السابقة ملائمة.

2- الإنسان له اتجاهات موجهة ومحدودة بمحيطه السيكولوجي ومكونات السيرورات السيكولوجية لاتخاذ القرار هي:

أ- التعلم: الكائن الإنساني يلاحظ نتائج أفعاله ويصححها للوصول إلى غاياته التكيف والملائمة.

ب- الذاكرة: تمكن من الاستجابة لمؤثرات سابقة.

ج- المثيرات: توجه الانتباه في اتجاه معين.

د- محددات المحيط السيكولوجي: يتعلق الأمر بفهم طبيعة المؤثرات التي تحرك السيرورات التقريرية.

3- التنظيم يحدد المحيط السيكولوجي لأفراده، ويحتوي على مثيرات واتجاهات توجه سلوك أفراده، ويؤثر فيهم بأشكال مختلفة: بتقسيم العمل، بالإجراءات بالسلطة، بالتواصل بالهوية (الأمانة والصدق والإخلاص).

فالتنظيم بعبارة أخرى يكون أفراده متأثرين بالمعايير التي يريد التنظيم تطبيقها، فالفرد إذا أراد المشاركة في التنظيم فعليه الارتباط به والإخلاص له واتخاذ قراره في انسجام مع أهداف التنظيم.

4- الأفراد يقبلون بأن يصبحوا من عناصر التنظيم، يشاركونه ويخضعون لتأثيره إذا كان هذا الأخير يشاركهم مباشرة أو بطريقة غير مباشرة في إشباع رغباتهم وأهدافهم الخاصة. (القانون الاجتماعي).

في إطار نظرية سيمون فالقرار يبدو تنظيما وثنائي التحديد:

من جهة الفرد يرى عقلانيته محدودة ومتأثرة بالتنظيم، ومن جهة أخرى القرار يندرج في سياق تنظيمي حيث القرارات مستقلة : هرمية القرارات، قرارات حالية هي نتيجة لقرارات سابقة ويحد من آفاق القرارات المستقبلية.

باختصار إنه بحكم محدودية العقلانية الإنسانية فإن طريقة اتخاذ القرار عند سيمون يمكن حصرها في ثلاث عناصر:

1- اكتشاف القرارات فالقرار نشاط ذهني.

2- بناء وتحليل الأحداث المحدثة أو الجديدة الناتجة عن عملية ما: نشاط فالتصورات والرؤية أو النموذج.

3- انتقاء نشاط أو فعل أو عملية من بين العمليات الممكنة.

4) نظرية السوسيولوجيا الصناعية 1974 -1980) KURT. LEWIN): هذا العلم سيعرف أوجه في الستينات حيث طور KELWIN نظرية الشخصية والتحفيزات، ومقارنة هذا الأخير، فقال عنها بنيوية وتقابل البنية بالمنطق إذ انطلاقا من البنية يمكن دراسة داخل المقاولة: حرمان أو رضى المنفدين وظهور وانتشار الضجيج أو الضجة ابن KEWIN يجب إرجاع الفضل في ظهور دينامية الجماعة لأول مرة سنة 1944 وبموازاة في قلة عدة دراسات تجريبية:

- طريقة التذكر، طريقة الإشباع في العمل، طريقة الحرمان والتراجع في العمل.

- مستوى طموح العمال، السلطة والتأثير الاجتماعي.

هذه الدراسة الأخيرة هي الأكثر شهرة وانسجام ويمكن من خلالها استنتج أن طريقة التحكم تؤثر مباشرة على إنتاجية العمال، وهنا يجب أن نأخذ بعين الاعتبار بأن LEWIN يشتغل على جماعة صغيرة عكس التون مايو الدي يشتغل على جماعة كبيرة، ويجب التدقيق أيضاً على أن الاختلافات الأساسية التي تميز فكرة السلوك الإنساني لدى المدارس الكلاسيكية تقوم على الأسس التالية :

- لامركزية القرارات.

- الدراسة أقيمت على جماعات وليس على أفراد.

- قوة الاندماج أو الإدماج تقوم على الثقة قبل السلطة.

- المشرف هو رجل تواصل بين ووسط الجماعات قبل أن يكون ممثل سلطة.

- الإشارة تقوم على المسؤولية وليس على المراقبة الخارجية.

هذه المدرسة تمثل من طرف HERBERT ALEXANDER SIMON

RICHARD MCYERT et JAMES G. MARCH

بعد ذلك إنه لبارنار CHESTER BARNARD في كتابه The fonctions of the executif الذي نشر سنة 1938 يجب إرجاع تأسيس تصور التنظيم الذي يحتل فيه اتخاذ القرار مكانة هامة.

فقرر هي إرادة فعل، إنه عنصر وسيط بين الفكر والفعل ولخطة المرور إلى الفعل الحقيقي، في حين أن المقرر يعني الفرد مادياً أو أخلاقياً الذي له القدرة على القرار، أما القرار فهو الطريقة التي من خلالها نصل إلى اختيار ما نفرض أنه واضح وثابث ونحفز من أجل الوصول إلى هدف.

بالنظر إلى النماذج التنظيمية لاتخاذ القرار، فالتنظيم يتكون من وحدات متعددة وخاصة تتحكم في رؤيته وتقود سلوكه، هذه الوحدات تكون تحت إشراف إدارة وينظر إليها مجتمعة أو مشتركة بإدارة الأهداف، وتعالج أهدافها كإكراهات لطلبات الإدارة التي يجب أن تنجز، ولكن دون أن تتخلى عن أهدافها الخاصة.

هذه المقاربة للتحليل التنظيمي لاتخاذ القرار يعتبرها سيمون وسيلة للتوفيق بين العواطف التي أعطتها مدرسة العلاقات الإنسانية كل الاهتمام ونمط العقلانية المقدم من طرف الإدارة العلمية والإدارة العلمية والإدارة العامة للعمل، في حين أن CYERT وMARCH كامتداد لفكرة سيمون اعتبراً أن المقاولة الصناعية أو التنظيم كمجموعات أو تحالفات وأن الأهداف المختارة من طرف هذه الأخيرة هي نتاج تفاوض معقد بين هذه المجموعات قبل أن يكون نتاج طريقة اختيار عاطفي أو عقلاني، وعلى هذا الأساس يجب التمييز بين نظريتين: نظرية العقلانية المحدودة و النظرية السلوكية للمقاولة.

(5) نظرية التحليل الكمي:

الأساليب التي يمكن استخدامها في التحليل الكمي:

فيما يلي سيتم تناول مجموعة من الأساليب الكمية التي تصلح لمعالجة كافة أنواع المشكلات في مجال الإنتاج والعمليات:

1- البرمجة الخطية :

- البرمجة الخطية عبارة عن أسلوب رياضي يستخدم في إيجاد الحل الأمثل لكيفية استخدام المشروع لموارده المحدودة ، وكلمة خطية تعني هنا أن العلاقات التي تربط بين موارد المشروع هي علاقات خطية أي من الدرجة الأولى وليست علاقة منحنى أو علاقة لوغاريتمية مثلاً، أما كلمة برمجة فتعني مجموعة الخطوات الرياضية المستخدمة في حل هذة المشكلة.

- وتستخدم البرمجة الخطية في حل العديد من المشكلات الإدارية ، ومن أمثلتها:

أ- تحديد الخليط الأمثل من المنتجات.

ب- تخطيط الحملات الإعلانية والمفاضلة بين وسائل الإعلان.

ج- تخطيط القوى العاملة.

د- مشكلات النقل والتوزيع.

و- جدولة المخزون.

ل- مشكلات تخطيط ومراقبة الإنتاج.

2- نموذج المحاكاة :

- يستخدم رجال الإدارة نظم المحاكاة لاتخاذ القرارات المتعلقة بما يلي:

أ- تقدير حجم المبيعات لفترة زمنية قادمة.

ب- التحليل المالي.

ج- الرقابة على المخزون.

3- تحليل سلاسل ماركوف:

- هي إحدى أدوات بحوث العمليات تبحث في تحليل الاتجاهات الحالية لبعض المتغيرات للتنبؤ باتجاهاتها في المستقبل.

4- نظرية المباريات:

- تعد من الأدوات الرياضية الهامة التي ساهمت بشكل كبير في حل المشاكل

التي تواجه متخذي القرار عند البحث عن الاستراتيجيات المثلى سواءٍ أكانت استراتيجيات الخصم (أو الخصوم) معروفة لديه مقدماً أو غير معروفة.

5- نظرية القرارات:

- إن حل المشاكل التي تعترض الإدارة في أي مشروع تتطلب اتخاذ قرارات صحيحة تعتمد على الأساليب العلمية.

- هناك بعض أساليب اتخاذ القرار الأمثل في حالتي التأكد وعدم التأكد:

أ- اتخاذ القرار في ظروف التأكد: هناك بعض الطرق المستخدمة هي:

1- طريقة التفاؤل.

2- طريقة التشاؤم.

3- طريقة درجة الأمثلية.

4- طريقة الأسف (أقل الأكبر).

5- طريقة تساوي الاحتمالات.

ب- اتخاذ القرار في ظروف المخاطرة: هناك بعض الطرق المستخدمة:

1- طريقة القيمة المتوقعة.

2- طريقة الأسف (تقدير الفرصة الضائعة).

6- تحليل شبكات الأعمال:

من بينها اسلوب تقييم ومراجعة البرامج المعروف اختصاراً باسم PERT، والذي يستخدم في حل مشكلة الإدارة في المشروعات الكبيرة لمواجهة وتقييم الأنشطة الفرعية بهدف انجاز المشروع بأحد أمرين (أو هما معاً) الانجاز في أقل وقت ممكن والانجاز بأقل تكلفة ممكنة.

7- البرمجة الغير خطية.

8- البرمجة بالأهداف.

9- تحليل التمايز.

10- الانحدار.

11- الارتباط .

12- اختبار مان ويتنى .

13- اختبار كولموجروف سميرنوف .

(6) مدرسة مدخل النظم:

المنظمة مجموعة من الأنظمة الفرعية (تسويق - إنتاج - تمويل) هذه الأنظمة يقوم كل نظام منها بمجموعة من الوظائف المتخصصة، ولكنها جميعاً تهدف في النهاية لخدمة المنظمة كنظام كامل متكامل.

أنواع النظم:

1. النظام المغلق:

وسُميَ بالنظام المغلق لأنه لا يتأثر بالبيئة الخارجية (مثل نظام الصيانة الدورية، فسواءٍ كانت المؤسسة ناجحة أم فاشلة تظل أعمال الصيانة).

2. النظام المفتوح:

- مدخل الموقف: (Contingency): هو عملية اختيار المدير للمدرسة (النظرية) الخاصة المتناسبة مع الموقف الذي يمر به ومع الأفراد على حسب شخصياتهم.

1. تحديات المشاكل الإدارية مختلفة ومتنوعة ولا يوجد مدخل واحد يساعد في حلها جميعاً.

2. ضرورة استخدام أساليب وحلول إدارية تبعاً للموقف.

أهم المتغيرات الموقفيه:

1. البيئة الخارجية.

2. التكنولوجيا المستخدمة (أسلوب العمل).

3. العاملين.

الأهمية النسبية لكل متغير تتغير بتغير طبيعة المشكلة.

(7) حركة العلاقات الإنسانية الجديدة:

1. مزجت هذه الحركة بين النظرة الإيجابية بالطبيعة الإنسانية والدراسة العلمية للمنظمات الحديثة.

2. اعتمدت الحركة على كل من: بحوث علم الاجتماع، تفاعل الأفراد والجماعات داخل المنظمة.

3. اهتمت الحركة بالجودة/ الخدمة/ سرعة الاستجابة للعميل/ أهمية الأفراد لنجاح الشركة.

مراجع الفصل الثامن

1. Rolf Bronner، Decision Making Under Time Pressure .(1982).
2. John W. Sutherland، Administrative، Decision Making .(1977(.
3. ياغي، محمد عبد الفتاح ، (1988). اتخاذ القرارات التنظيمية.
4. العلاق، بشير، مرجع سابق.
5. عفيفي، صادق محمد ، (1981). الإدارة في مشروعات الأعمال.
6. James Anderson، Public Policy Making .(1984)، Winston Inc.
7. Richarad، Dafat، Desisign organization Theory . (2004).
8. علافي، مدني عبد القادر، مرجع سابق.
9. كبيه، محمد ، (1990). نظريات القرارات الإدارية.
10. www.siironline.org/alabwab/edare- %20eqtesad.
11. الفريجات، غالب، (2000). الإدارة والتخطيط التربوي: تجارب عربية متنوعة.
12. الابراهيم، عدنان بدري، (2002). الإشراف التربوي.
13. الخطيب، رداح الخطيب، احمد الفرح، وجيه، (2000). الإدارة و الإشراف التربوي: (اتجاهات حديثة).

الفصل التاسع

اتخاذ القرارات الادارية

- تمهيد
- تعريف اتخاذ القرار
- مهمة اتخاذ القرار
- أهمية اتخاذ القرار
- العوامل المؤثرة في اتخاذ القرار
- أنواع القرارات الإدارية
- عناصر القرار الإداري
- خصائص القرار الغداري
- صنع القرارات التعليمية
- مراحل اتخاذ القرارات التعليمية
- خطوات أتخاذ القرار
- أسباب الفشل في اتخاذ القرارات
- بيئات اتخاذ القرار
- المشاركة في اتخاذ القرارات
- سلوك متخذي القرارات
- متخذ القرار الصائب
- كيف تتخذ قرارا صائباٍ
- قواعد إعداد القرار الإداري
- تنفيذ القرار الإداري
- القرار الرشيد

تمهيد

اتخاذ القرار هو أحد أسس عمل الإدارة، لكنه كذلك مجال يتسبب بكثير من المتاعب، وليس السبب أنه قد يكون قراراً خاطئاً؛ بل أن هناك الكثير من المشاكل قد تتسببها القرارات الصحيحة، فالمدير قد يصل بسهولة إلى قرار، في خلوة مكتبة وقد لا يكون الشخص المناسب لاتخاذه، حتى القرار باتخاذ القرار قد يكون خاطئاً، فالمشكلة لا تكمن في اتخاذ القرار، بل إيصاله لمن سيتأثر به في الواقع كل القرارات تؤثر بالآخرين، وإذا أسيء معالجة القرار دون تفكير مسبق يكفي، أو المتابعة فالنتائج قد تكون وخيمة.

صانع القرار، من وجهة نظر الإدارة الكلاسيكية، يتبع ترتيباً متسلسلاً خطوة فخطوة، وبهذا يكون عمله منطقياً، يضع أمامه أهدافاً ليست متعارضة، ومعرفة مكتملة للمشكلة، وبجمع كل المعلومات وكل الحلول الممكنة، ويدرس كل الطرق.

في النظرية الإدارية، أساس الإدارة المنطقية هي اتخاذ القرار ما بين خيارات حسب النتائج التي قد تعقبها. حين يتحدث الناس عن المنطق في هذا السياق، هذا ما يعنونه عادة، إذا كان الهدف مادياً بحتاً، لزيادة الأرباح، فالنتائج يمكن تقييمها عددياً، واتخاذ قرار بسيط. وإذا استطاع المدير الاستثمار بأمان، كمية ضخمة من المال بربح عشرة في المائة في عملية ما، واثني عشر في المائة في أخرى، فالخيار واضح على الأقل على أساس منطقي. لكن، قد يكون من الخطأ صرف النظر عن المميزات القيادية، ولقد اعتاد علماء الاجتماع الأكاديميين صرف النظر عن هذا، ولسببين هامين:

أولاً: لم يستطيعوا ابتداع الوسيلة الضرورية للتعريف العلمي عن أشياء غير ملموسة مثل النوعيات والشخصيات، وليس من المحتمل أن يتوصلوا لهذا، لذلك يبقي لدى عالم التاريخ ما يعلمنا إياه عن القيادة أكثر من عالم الاجتماع.

ثانياً: قيمة الحكم، أو التقديرات المخبئة، تدخل في هذه المسألة، فعلماء الاجتماع يميلون بشدة إلى المساواة بين البشر، ويكرهون أية فكرة تقول أن

أحداً لديه ((تفوق مولود)) على الآخرين، لذلك يرفضون الاعتراف بالقيادة لزعيم واحد.

النوعية، الصفات، والمهارات المطلوبة في شخص القيادي، تقرر إلى حد بعيد عن طريق مطالب المواقف التي ينجح فيها أن يكون قائداً. وبالرغم من الدلائل على العكس، إلا أن نتائج الأبحاث العامة تدل على انخفاض العلاقة ما بين القيادي، مثل : العمر، الطول، الوزن، الطاقة، المظهر، والقدرة على السيطرة. بل تتجه الدراسة إلى عدم الأنانية، الاكتفاء الذاتي، والسيطرة على المشاعر.

مع ذلك، يوافق الجميع على أن القائد يحتاج إلى الشخصية بكل ما تعنيه الكلمة، وقد لا يكون القائد، شخصاً جميل الشكل، لكن هل التقيت يوماً قائداً تنقصه الحماسة أو الدفء أو الشخصية، شخص ما حدد يوماً الشخصية بما يفعله المرء بشخصيته وتصرفاته، وتلك النزعة الموروثة من القوة أو الضعف طريقة أفضل للنظر إلى المسألة هي القول أن الشخصية هي جزء لا يتجزأ من نفس الإنسان، التي تبدو لنا قيمة أخلاقية، إنها الكمية من المزايا الأخلاقية التي يحكم على أي شخص بها، عدا عن عوامل الذكاء والقدرة، والمواهب الخاصة.

على المدراء الآن، الأخذ بعين الاعتبار مجموعة أوسع من العواقب المنطقية لأعمال متوقعة أكثر مما يتطرق إليه علم الإدارة النظري. فعدا عن اتخاذ القرارات على أساس منطقي؛ وجد أن مزيجاً من المشاعر، السلطة السياسية، تأثير الآخرين ونفوذهم، والقيم لكل متخذ قرار على حدة، له تأثيره القوي، خاصة في القطاع العام.

هكذا استقر صانعوا القرار بأفضل خيار، كما تمليه الظروف، مع محاولة إيجاد توافق مضي ما بين خيارين أو أكثر، هناك عامل يتناقض بشكل خاص مع التقدم الحذر، خطوة فخطوة نحو القرار، ليس هناك ما يكفي من وقت، لذا لا يمكن للإداري القائد جمع ما يكفي من معلومات لها صلة بالموضوع، ولا أن يقيّم تماماً كل الخيارات ويتوافق الإداريون على أن ليس هناك دائماً ما يكفي من وقت للتفكير.

عبارات مثل : تأثير الآخرين، أو سلطة السياسة، تدل على عامل أساسي أكثر من النظرة الكلاسيكية للقرار الإداري، وهو أهمية الناس، ولسوف نبحث هذا فيما بعد، لكن من المهم الإشارة إلى أن أخذ العامل الإنساني في عين الاعتبار لا يعني بالضرورة أن الإداري يقف في وجه المنطق.

يمكن للتفكير المنطقي كذلك أن يختلف مع نوعية القرار بحث يبدو أنه اتخذ دون تفكير منطقي. وبالطبع، المدير العادي، يمكنه احتضان مجموعة مختلفة من الدراسات حول الإدارة، وبعض المدراء يقضون أكثر وقتهم بعيداً عن شركاتهم، يزورون الزبائن أو يحضرون المؤتمرات والمعارض، مديروا المبيعات يقفون دائماً ضمن المجموعة. بينما آخرون يجلسون وراء طاولاتهم يتعاملون مع الأعمال المكتبية، أما المختصين بحل المشاكل أمثال مدراء العمل، ومدراء الإنتاج فهم يمرون بأيام مجزئة، الكثير من وقتهم يضعونه في حل الأزمات، وإيجاد الحلول السريعة.

بهذا نلاحظ أن كل المدراء، يمضون وقتاً كبيراً في المخالطة مع الآخرين، وعادةً يكون في حديث مختصر غير رسمي كل الدراسات تظهر أن القرارات غير المبرمجة هي نتيجة لهذا التصرف، ورجال الأعمال يقومون بالكثير من المهمات بخطوات متسرعة دون وقت راحة، لكن التسرع والسطحية مخاطرة مهنية في العمل الإداري. فشبكات الاتصالات لها أهمية كبرى، أكانت عبر الهاتف أم وجهاً لوجه، مبرمجة أم غير مبرمجة، وهي مفضلة على الأعمال المكتبية، فمن طبيعة العمل أن ينزعج المتنفذون دائماً من الأعمال المبرمجة، مع ذلك فهم يحبونها ويفضلونها، وهم بهذا ليسوا من المخططين على أساس ردات الفعل، بل هم من المتكيفين في التعامل مع المعلومات، يهتمون فقط بما هو صعب وحي.

لكن، هل يجب لهذا الالتزام المكتمل فكراً في العمل أن ينسب فقط للمدراء؟ هنا نلفت النظر إلى التمييز التقليدي ما بين المدراء والعمال بشكل عام، غني عن القول أن المدراء، أو القادة، يشعرون بتورط والتزام بالعمل لأنهم يجب أن يوظفوا عقولهم لاتخاذ قرار أو حل مشكلة. ومن المفترض أن العمال، كما هو

معروف لا يشعرون بالتورط، فالصناعة مثلاً لا تستخدم سوى قوتهم الجسدية، أو براعتهم اليدوية. وهم بهذا أدوات لا عقول، هذا التمييز العتيق الطراز، يحتاج إلى مراجعة. فهناك الكثير مما يقال حول ما تمارسه الشركات، يجب أن يشار إلى الجميع، مدراء وموظفين وعمال كفريق عمل واحد، يرمز إلى المشاركة الإيجابية، وسنعود إلى موضوع بناء مثل هذا الفريق لاحقاً.

أمامنا الآن خمسة مراحل أساسية، يجب أن تكون جزءٍ لا يتجزأ من عملية اتخاذ القرار:

1) جمع الوقائع.

2) الاستشارات.

3) اتخاذ القرار.

4) إيصال القرار.

5) المتابعة.

فهل يتبع كل المدراء والقادة هذه المبادئ، ما من مدير يتخذ قراراً دون التفكير جيداً بكيفية متابعته، ولن يتخذه دون أن يعرف أنه قرار ضمن صلاحيته دون معرفة الوقائع التي يجب أن ينبني عليها القرار، ويجب كذلك معرفة السبيل للحصول على هذه الوقائع . هناك دائماً شخص ما من الداخل أو من الخارج، له خبرة مباشرة بقرارات مماثلة، لذا لا يجب أن يخشى المدير من أخذ مثال خبرة الآخرين، ولا أحد يجب أن يحمل نفسه معلومات لا جدوى منها. لكن ما أن يعرف المرء ماذا يريد أن يتخذه، لا يمكن أن يكون عارفاً بكل الوقائع، إذن متى تجهّزت تماماً، ماذا بعد؟

نصل إلى نقص التشاور (الاستشارات) والتي تقود عادة المواجهات مع الآخرين ممن يطالهم القرار بعرض وجهات النظر يضمن المدير (القائد) أن لا تقف في وجه قراره أية معارضة، وفي قفزة فوق اعتبارات زملاءه يكون قد سار إلى حفرة من صنع يديه. لذا لا يجب الرمي بمفاجأة، وأنت لست مضطراً لها،

فحتى لو لم ترَ فيها أية مشكلة، فقد يراها الآخرون، إذن الاستشارات هي عملية واقعية ونفسية في آن.

هناك سببان هامان جداً لاستشارة الآخرين: أولهما معرفة ما إذا كان هناك أية وقائع لم تتوفر أو فهمت خطأً، فالمرء دائماً يجد أن هناك شيئاً لم يدركه، أما السبب الثاني فهو نفسي، حين يتخذ المدير القائد القرار، هناك أشخاص قد لا يعجبهم، لكن القائد يريد منهم تنفيذه بحماس معقول ودون اعتراضات، لكن قبل اتخاذ القرار فإن عليه أخذ رأيهم والإصغاء إليه.

التشاور يعني سعي إلى معلومات، ونصيحة، والأخذ بعين الاعتبار مشاعر ومصالح الآخرين، لنفترض أن مديراً يريد اتخاذ قرار يؤثر على فريق عمله.

فمن المنطقي أن يتشاور معهم قبل اتخاذه، وقبل وذلك فهي جوهرية، فالمسألة هنا ليست مسألة طلب المباركة للقرار الذي سبق واتخذه. ولا يمكن لأي كان أي يمتلك كل الوقائع بمفرده، أو أن يكون لديه كل الأفكار عما يجب فعله، ومن غير ان يتخذ أحد القرار على الفور، لذلك بإمكانه التفكير ملياً بالأفكار والمعلومات التي تصله عبر المشاورات وقبل أي شيء آخر، يكون بهذا يعطي نفسه فرصة لإعادة النظر بخياراته.

تعريف اتخاذ القرار

القرار اصطلاحاً:

هو عبارة عن اختيار من بين بدائل معينة، وقد يكون الاختيار دائماً بين الخطأ والصواب أو بين الأبيض والأسود، وإذا لزم الترجيح وتغليب الاصوب والأفضل أو الأقل ضرراً.

أو هي سلسلة الاستجابات الفردية أو الجماعية التي تنتهي باختيار البديل الأنسب في مواجهة موقف معين، أو هو مسار فعل يختاره المقرر باعتباره أنسب وسيلة متاحة أمامه لانجاز الهدف أو الأهداف التي يبتغيها أي لحل المشكلة التي تشغله.

مهمة اتخاذ القرار

هي عملية أو أسلوب الاختيار الرشيد بين البدائل المتاحة لتحقيق هدف معين، ومن ذلك التعريف يمكن

استنتاج النقاط التالية:

1. أن اتخاذ القرار يتم من خلال اتباع عدة خطوات متتابعة تشكل أسلوباً منطقياً في الوصول الى حل أمثل.

2. أن لأي موقف أو مشكلة عامة حلولاً بديلة يجب تحديدها و تحليلها ومقارنتها على هدى قواعد أو مقاييس محددة.

3. أن طريقة اكتشاف البدائل و تحديد قواعد الاختيار و اختيار الحل الأمثل، تعتمد كلية على هدف أو مجموعة أهداف يمكن تحقيقها، والمعيار الرئيسي لقياس مدى فعالية القرار.

أهمية اتخاذ القرارات

اتخاذ القرارات هي محور العملية الإدارية، كما ذكرنا، ذلك أنها عملية متداخلة في جميع وظائف الإدارة ونشاطاتها، فعندما تمارس الإدارة وظيفة التخطيط فإنها تتخذ قرارات معينة في كل مرحلة من مراحل وضع الخطة سواءٍ عند وضع الهدف أو رسم السياسات أو إعداد البرامج أو تحديد الموارد الملائمة أو اختيار أفضل الطرق والأساليب لتشغيلها، وعندما تضع الإدارة التنظيم الملائم لمهامها المختلفة وأنشطتها المتعددة فإنها تتخذ قرارات بشأن الهيكل التنظيمي ونوعه وحجمه وأسس تقسيم الإدارات والأقسام، والأفراد الذين تحتاج لهم للقيام بالأعمال المختلفة ونطاق الإشراف المناسب وخطوط السلطة والمسؤولية والاتصال .

وعندما يتخذ المدير وظيفته القيادية فإنه يتخذ مجموعة من القرارات سواءٍ عند توجيه مرؤوسيه وتنسيق مجهوداتهم أو استشارة دوافعهم وتحفيزهم على الأداء الجيد أو حل مشكلاتهم، وعندما تؤدي الإدارة وظيفة الرقابة فإنها أيضاً تتخذ قرارات بشأن تحديد المعايير الملائمة لقياس نتائج الأعمال، والتعديلات

التي سوف تجريها على الخطة، والعمل على تصحيح الأخطاء إن وجدت، وهكذا تجري عملة اتخاذ القرارات في دورة مستمرة مع استمرار العملية الإدارية نفسها.

العوامل المؤثرة في اتخاذ القرار

هناك عدة عوامل تؤثر في اتخاذ القرار نذكر منها ما يلي:

1. أهداف المنظمة:

مما لا شك فيه أن أي قرار يتخذ و ينفذ لابد و أن يؤدي في النهاية الى تحقيق أهداف المنظمة أو الهيئة أو المجتمع المتخذ فيه القرار، فأهداف المنظمة أو الهيئة مثلاً هو محور التوجيه الأساسي لكل العمليات بها، لذلك فأن بؤرة الاهتمام في اتخاذ القرار هي اختيار أنسب الوسائل التي يبدو أنها سوف تحقق أهداف المنظمة التكتيكية أو الاستراتيجية.

2. الثقافة السائدة في المجتمع:

تعتبر ثقافة المجتمع و على الأخص نسق القيم من الأمور الهامة التي تتصل بعملية اتخاذ القرار، فالمنظمة لا تقوم في فراغ وانما تباشر نشاطها في المجتمع وللمجتمع، ومن ثم فلا بد من مراعاة الأطر الاجتماعية والثقافية للمجتمع عند اتخاذ القرار.

3. الواقع ومكنوناته من الحقائق والمعلومات المتاحة:

لا يكفي المحتوى القيمي أو المحتوى الأخلاقي كما يسميه البعض بل يجب أن يؤخذ في الاعتبار الحقيقة والواقع وما ترجحه من وسيلة أو بديل على بديل.

وفي رأي "سيمون" أن القرارات هي شيء أكبر من مجرد افتراضات تصف الواقع؛ لأنها بكل تأكيد تصف حالة مستقبله هناك تفضيل لها على حالة أخرى وتوجه السلوك نحو البديل المختار، ومعنى هذا باختصار أن لها محتوى أخلاقي بالاضافة الى محتواها الواقعي.

4. العوامل السلوكية:

يمكن تحديد الاطار السلوكي لمتخذ القرار في ثلاثة جوانب هي:

الجانب الأول: ويتعلق بالبواعث النفسية لدى الفرد ومدى معقوليتها، والتي يمكن من خلالها تفسير السلوك النفسي للفرد في اتخاذ قراره.

الجانب الثاني: ويتصل بالبيئة النفسية للفرد، حيث تعتبر المصدر الأساسي الذي يوجه الشخص الى اختيار القرار من بين البدائل التي أمامه، ومن ثم كان اتخاذه له.

الجانب الثالث: دور التنظيم ذاته في خلق البيئة التفسية للفرد من خلال:

- تحديد الأهداف له.

- اتاحة الفرص للممارسة الادارية واكتساب الخبرة داخل التنظيم.

- مده بالمعلومات والبيانات والتدائل.

- اسناد المسؤوليات له مع منحه القدر اللازم من السلطة.

أنواع القرارات الإدارية

تصنف القرارات الإدارية بموجب عدد من المؤشرات في مجموعات مختلفة، وقد صنفناها فيما يلي بموجب عدة مؤشرات كما يلي :

((1 بموجب مؤشرات الزمن، من حيث المدة التي يغطيها القرار:

أ- قصيرة المدى (تكتيكية): وهي القرارات التي تغطي فترة زمنية قصيرة تتراوح بين أصغر وحدة زمنية عملية وعام.

ب- متوسطة المدى : وهي القرارات التي تغطي فترة زمنية طويلة نسبياً تتراوح بين عام وخمسة أعوام.

ج- طويلة المدى استراتيجية: وهي القرارات التي تغطي فترة زمنية طويلة تزيد عن خمسة أعوام لتصل إلى خمسة عشر عاما.

(2) بموجب مؤشرات المكان، من حيث شمولية القرار المكانية:

أ- موضعية أو فرعية، تتناول حيزاً جغرافياً محدوداً.

ب- شمولية، تتناول حيزاً مكانياً واسعاً.

(3) بموجب مؤشر الحرآة من حيث حرآة النظام في السياق الزمني:

أ- آنية ستاتيكية: وهي القرارات التي تتخذ بشأن مشكلة ما في فترة أو لحظة زمنية معينة، ثابتة لا تتغير مؤشراتها بتغيير الزمن.

ب- حرآية (ديناميكية) : وهي القرارات التي تتغير مؤشراتها مع تغيير الزمن.

(4) من حيث دقة المعلومات:

أ- مؤآدة: وهي القرارات التي تقوم على معلومات مؤآدة عن سلوك النظام في الفترة المستقبلية التي يغطيها القرار.

ب- احتمالية: وهي القرارات التي تقوم على معلومات احتمالية عن سلوك النظام في الفترة المستقبلية التي يغطيها القرار وتنطوي على درجة ما من المخاطرة.

(5) من حيث تأثير العامل الذاتي: وهي القرارات التي تتخذ في حالات عدم التأكد وتتوقف على الحالة النفسية أو التقديرات الشخصية لمتخذ القرار، وتكون:

أ- متفائلة : وهي القرارات التي تجنح فيها دالة الهدف نحو قيمة عظمى.

ب- متشائمة : وهي القرارات التي تجنح فيها دالة الهدف نحو قيمة دنيا.

ج- معتدلة: وهي القرارات التي تنزع فيها دالة الهدف نحو الاعتدال حول قيمة وسطى.

(6) من حيث تنفيذ القرار:

أ- القرارات القطعية: وهي القرارات غير القابلة للالغاء أو التعويض.

ب- القرارات غير القطعية: وهي القرارات القابلة للالغاء أو التعويض.

(7) من حيث أثر القرار على الأفراد:

أ- القرارات الالزامية : وهي القرارات الملزمة للافراد بالتنفيذ.

ب- القرارات غير الالزامية : وهي القرارات ذات الصبغة التوجيهية لا تلزم الأفراد بالتنفيذ.

(8) من حيث تطبيق القرار:

أ- قرارات تنظيمية : وهي القرارات التي تطبق على عدد غير محدود من الأفراد.

ب- شخصية : وهي القرارات التي تطبق على فرد واحد معين من الأفراد.

(9) من حيث مصدر القرار:

أ- قرارات فردية : وهي القرارات التي يتخذها فرد واحد مسؤول.

ب- قرارات جماعية: وهي القرارات التي تتخذها مجموعة معينة من الأفراد ذات صفة اعتبارية.

(10) من حيث أثر القرار على التنظيم:

أ- قرارات أساسية : وهي القرارات التي يغلب عليها الصفة الدائمة.

ب- قرارات روتينية : وهي القرارات التي تتكرر بصورة مستمرة.

(11) من حيث وضوح القرار:

أ- قرارات صريحة: وهي القرارات التي تتناول النشاط المؤسسي بشكل مباشر وصريح ولها صفة الخصوصية.

ب- قرارات غير صريحة: وهي القرارات التي تتناول النشاط المؤسسي بشكل غير مباشر ولها صفة العمومية.

(12) من حيث ارتباطها بالزمن:

أ- قرارات مبرمجة مهيكلة : وهي القرارات المرتبط تنفيذها بزمن ببرنامج معين آقرارات التشغيل وغيرها.

ب- قرارات غير مبرمجة غير مهيكلة : وهي القرارات الاستراتيجية التي

تعالج حالات جديدة ذات آثار بعيدة على التنظيم القرارات التي تتعلق بالسياسات الإنتاجية والتسويقية العامة.

(13) من حيث مجال القرار:

أ- قرارات تتعلق بتنفيذ وظائف التنظيم القرارات الإنتاجية والتسويقية والتمويلية.

ب- قرارات تتعلق بتنفيذ وظائف الإدارة القرارات التخطيطية والتنظيمية والتوجيهية والرقابية.

(14) من حيث مضمون القرار:

أ- قرارات فنية : وهي القرارات التي تتعلق بتنفيذ وظائف النظام الأساسية القرارات التقنية والاقتصادية، ومنها للانتاجية والتسويقية والمالية والإدارية التي تتعلق بصناعة المعلومات ووضع الخطط وآليات العمل وغيرها.

ب- اجتماعية: وهي القرارات التي تتعلق بالمصالح الشخصية الفردية والجماعية للعاملين في التنظيم.

أما يمكن تصنيف القرارات بموجب هذا المؤشر إلى عدد كبير من أنواع القرارات حسب النشاطات الحياتية المختلفة منها القرارات السياسية والاقتصادية والثقافية والتقنية والحربية وغيرها.

(15) حسب مدى مشاركة المعنيين بالقرار:

أ- قرارات ديمقراطية : وهي القرارات التي تتخذ بالتصويت من قبل المعنيين بالقرار في حالة اتخاذ القرارات بشكل جماعي.

ب- قرارات ديكتاتورية : وهي القرارات التي تتخذ من قبل فرد واحد دون الرجوع إلى أية جهة خبيرة أو استشارة أي من المعنيين بالقرار.

ج- قرارات إستشارية : وهي القرارات التي تتخذ على أساس إستشارة المعنيين بالقرار أو المختصين والخبراء في حالة القرارات الفردية أو الجماعية.

(16) حسب شدة المخاطرة:

أ- قرارات جريئة : وهي قرارات ذات فعالية عالية وتنطوي على مخاطرة عالية في آن واحد.

ب- قرارات غير جريئة : وهي القرارات الضعيفة، ذات فعالية منخفضة ولا تنطوي على مخاطرة عالية.

(17) من حيث عدد الأهداف:

أ- وحيدة الهدف: وهي القرار التي ينطوي تنفيذها على تحقيق هدف واحد.

ب- متعددة الأهداف : وهي القرار التي ينطوي تنفيذها على تحقيق عدة أهداف في آن واحد.

(18) من حيث مدى شمولية القرار التنظيمية:

أ- قرارات شمولية آلية: وهي القرارات التي تتناول مختلف أنشطة التنظيم.

ب- قرارات جزئية: وهي القرارات التي تتناول جزء من التنظيم أو نشاطاً معيناً من أنشطته.

(19) من حيث آيفية اتخاذ القرار، تصنف إلى:

أ- قرارات موضوعية : وهي القرارات التي تستند إلى معطيات الواقع الموضوعي والتقديرات الموضوعية لمتغيرات الحالة المشكلة.

ب- قرارات ذاتية: وهي القرارات التي لا تستنفذ إلى معطيات الواقع الموضوعي، بل يكون مصدرها التقديرات الشخصية، وتعتمد مثل هذه القرارات على الحدس الشخصي وبديهة متخذ القرار.

(20) حسب مدة نفاذ القرار:

أ- قرارات مؤقتة: وهي القرارات التي يحدد فيها المدى الزمني لنفاذ القرار وإنتهاء العمل به.

ب- قرارات دائمة: وهي القرارات التي لا يحـــدد تاريخ إنتهاء العمل بالقرار.

(21) من حيث جودة القرار:

أ- قرارات جيدة (حكيمة) : وهي القرارات التي يراهن على جودتها بإحدى الأساليب العلمية الموثوقة قبل تنفيذها، أو برهنت التجربة العملية للقرار على ذلك بعد تنفيذه.

ب- قرارات سيئة غير حكيمة: وهي القرارات التي يناقض فحواها العلم والمنطق، أو أن التجربة أثبتت فشل القرار بعد وضعه موضع التنفيذ.

عناصر القرار الإداري

إنّ التداخل بين مجموع فئات الأعمال التي تتولاها الإدارة العامة يقتضي لتشخيص القرار الإداري التأكد من العناصر المميزة له، وهذا لتفرقته عن باقي الأعمال الشبيهة به، وعموماً ومن كل ما تقدم يمكن القول بأن يوجد القرار الإداري عندما يجتمع فيه الشروط والعناصر التالية:

- العنصر الأول: صدوره عن سلطة إدارية: إن عبارة القرار الإداري تثبت في حد ذاتها وبصفة آلية بأنه من طبيعة إدارية أي أنه صادر عن نشاط الإدارة، يخضع في تنظيمه وممارسته إلى أحكام القانون العام ويدخل في اختصاص القضاء الإداري، كما أن مجمل الدراسات المتعلقة بهذا المجال تميل إلى تعريف القرار الإداري بالإستناد إلى السلطة الإدارية، ومن ثم فإن أهم السيمات المميزة للقرار الإداري هو صدوره عن سلطة إدارية.

- العنصر الثاني: أن يكون عمل قانوني إنفرادي: إن العمل القانوني مرادف لمفهومه للعمل الإداري الذي يهدف إلى إحداث آثار قانونية، وينتج من هذا القول القرار الإداري بوصفه عملاً قانونياً يختلف إختلافاً جدرياً عن الأعمال المادية إدارية كانت أم غير إدارية، ويقصد بالقرار الإنفرادي القرار الصادر عن إرادة واحدة وهي إرادة الإدارة، إلا أن هذا لا يعني حتماً ودائماً صدوره عن هيئة أو عون إداري واحد فالطبيعة الإنفرادية للقرار قد تشمل في بعض الحالات تدخل عدة هيئات أو عدة إدارات في تحضير القرار.

- العنصر الثالث : أن يكون للقرار الإداري قيمة القرار التنفيذي، بموجب إمتياز إتخاد قرارات قابلة للتنفيذ الذي تتمتع به الإدارة، فإن هذه الأخيرة لا تحتاج إلى سند قضائي من أجل تأمين تطبيق الأعمال الإدارية، وما على الأشخاص المعنيين بهذه القرارات سوى الطعن بالإلغاء فيها إذا اعتبروها غير مشروعة، بإعتبار أن هذه الأخيرة تنشأ حقوقاً وترتب إلتزامات دون أن يصدر قبول لهذا التصرف من جانب الأفراد.

خصائص القرار الإداري

يتصف القرار الإداري بخصائص تمليها ظروف اتخاذه وآلية صنعه وأهدافه ومجاله، نوجزها فيما يلي:

(1) يتصف القرار الإداري في مختلف مستوياته بالصفة الاجتماعية، لأنه يتناول مصالح مجموعة اجتماعية معينة من الناس أو المجتمع برمته، وتأخذ آثار تنفيذه صبغة اجتماعية، تنعكس من خلال ردود الفعل الاجتماعية والسياسية والاقتصادية والنفسية عليه، من قبل من يعنيهم القرار الإداري، آما تظهر في التغيرات الحاصلة في دائرة التنظيم الاجتماعي والسياسي أو الاقتصادي الذي يطاله القرار ويشكل مجاله.

(2) إن أي قرار إداري في أي موقف من المواقف الإدارية التي تتطلب حل مشكلة ما، هو في الحقيقة امتداد واستمرار لقرارات أخرى، سبق واتخذها أفراد أو جهات أخرى أو نفس الأفراد أو الجهات التي يتعين عليها اتخاذ قرار جديد في ظروف جديدة، أي قرار اداري لابد أن ينطلق من واقع موضوعي سائد، أن قد تكون نتيجة لقرارات سابقة، وهذا يعني ان القرار الإداري لا يتخذ بمعزل عن القرارات السابقة التي آونت الحالة الراهنة، والتي تمثل الإطار الجديد، الذي يحكم الموقف الجديد ويشكل قيداً أساسياً من قيود القرار الجديد.

(3) ان القرار الاداري، عمل مستقبلي، بمعنى أن آثاره تنصرف دوماً إلى المستقبل، فنحن لا نتخذ قراراً يتعين تنفيذه في الماضي وتنصرف آثاره إلى ما قد مضى؛ وإنما نتخذ قراراً سيتم تنفيذه في المستقبل، وستنصرف آثاره إلى فترة مستقبلية، لذلك أن من عوامل الحسم في اتخاذ القرارات الادارية، درجة التأكد من نجاح القرار في إنتاج الحل المنشود للمشكلة في المستقبل، أي في الفترة المستقبلية التي سيغطيها القرار.

(4) يعتبر علماء الإدارة القرار الإداري مشكلة إدارية وعملية معقدة، تواجه متخذي القرار وتحتاج إلى حل، نتيجة لاختلاف طبائع المشكلات المطروحة أمام متخذي القرار وتباين المواقف الإدارية السائدة وتعدد أساليب ومداخل اتخاذ القرار.

(5) القرار الاداري، نتيجة مرآبة، لعملية معقدة لا يمكن أن تتم دفعه واحدة، بل على مراحل تختلف باختلاف طبيعة المشكلة المطروحة والوسائل والامكانات المتوفرة لدى متخذ القرار.

(6) تشكل عملية اتخاذ القرار، هي وظيفة أساسية من وظائف النظام الإداري، مكان القطب من الرحى في أي عملية إدارية لأي نظام إداري، حيث يتوقف انجاز وظائف الإدارة الأخرى للنظام على إتمام انجاز هذه الوظيفة.

صنع القرارات التعليمية

من المؤكد أن عملية صنع القرارات التعليمية أياً كان نوعها أو مستوياتها لا تخرج عن إطار السياسة التعليمية ، لذلك تعد السياسة التعليمية المنطلق الأول أو البيئة الأولية لصنع القرار، فعن طريقها يتم طرح البدائل وفحصها ومن ثم الاختيار، كذلك فالسياسة التعليمية تحدد مسار صناعة القرار واتجاهه ، فهي تحكم توجهه ومداه حتى لا تكون القرارات تدور في فلك آخر منفصل عن السياسة التعليمية، فصنع القرار التربوي يعبـــر عن مضـــمون السياسة التعليمية.

إضافة لذلك فإن صنع القرار يرتبط بالإصلاح التعليمي، ولذلك لا بد أن يكون هناك وعي بأهداف الإصلاح والتطوير، وهذا يحتم أن يكون القرار مرتبطاً ارتباطاً وثيقاً بالسياسة التعليمية ، حيث أنها (السياسة التعليمية) تساعد في وضع التصورات العامة حول برامج العمل، وبذلك فهي تقدم مؤشرات ودلائل يسهل عن طريقها صنع القرار، كما أن الفصل بين السياسة وصنع القرار هي عملية مصطنعة، لأن البيانات والمعلومات الخاصة بالسياسة التعليمية تتداخل مع بيانات ومعلومات صنع القرارات التعليمية .

مراحل اتخاذ القرارات الإدارية

يعتقد بعض العلماء إن عملية اتخاذ القرارات الإدارية ينبغي إن تمر بعدة مراحل وخطوات منطقية تهدف في النهاية إلى الوصول إلى القرارات الصائبة، التي يمكن ان تعالج المشكلات القائمة بالكفاءة المطلوبة، وهذه المراحل نجملها فيما يلي:

أولاً: تحديد المشكلة : ويتم ذلك عن طريق جمع المعلومات المناسبة حول تاريخ ظهور المشكلة، ومدى حدتها أو خطورتها وعن الأشخاص الذين يتأثرون بها والأسباب التي أدت إلى ظهورها، وغير ذلك من المعلومات التي يمكن تبويبها وتحليلها بما يساعد على استيعاب جوانب المشكلة تمهيدا لحلها.

ثانياً : تحديد البدائل: المحتملة لحل المشكلة، ويتم ذلك عادةً عن طريق استشارة الخبراء والفنيين والتعاون معهم في ابتكار بعض البدائل المناسبة وذلك في ضوء المعلومات والموارد البشرية والمادية المتاحة لمتخذي القرار بما في ذلك عنصر الوقت

ثالثاً : تقييم البدائل: ويتم ذلك عن طريق الدراسة الموضوعية للسلبيات والايجابيات الخاصة بكل بديل تم التنبؤ بما يمكن ان يحدث مستقبلاً من جراء تنفيذ كل واحد من تلك البدائل.

رابعاً : مرحلة القرار النهائي: والذي يتمثل في اختيار احد تلك البدائل المطروحة، أو ربما يتمثل في الاعراض عن اتخاذ أي قرار بشأن ذلك

الموضوع، ويكون هذا التصرف بمثابة القرار الذي وقع عليه اختيار المسؤولين.

خامساً : تنفيذ القرار: طبقاً لوجهاته واتجاهاته وبالاستناد للأساليب والأدوات والإمكانيات المتاحة

سادساً : متابعة القرار: اثناء تنفيذه وبعد الانتهاء من التنفيذ والتأكد أنه تم طبقاً لما هو مخطط ومأمول

والإبداع عن النتائج خطوات اتخاذ القرار السليم .

خطوات أتخاذ القرار

1- تحديد المشكلة المراد أخذ القرار بصددها .

2- تحديد القرارات الذي ينبغى اتخاذها.

3- أسأل نفسك هل تخصني.

4- تحديد الهدف من اتخاذ القرار.

5- أجمع المعلومات التي تساعدك على فهم طبيعة القرار الصائب.

6- ضع بدائل للقرار.

7- أجمع معلومات حول البدائل المطروحة .

8- قيم الإيجابيات والسلبيات لكل بديل.

9- ضع وزن نسبي لكل بديل حسب معايير ثابتة للاختيار .

10- أختيار القرار الأفضل وهو الذي يحصل على أعلى وزن نسبي حسب المعايير الثابتة للاختيار .

11- الاستخارة.

12- توكل على الله واتخذ قرارك.

13- متابعة تنفيذ القرار.

14- قيم نتيجة قرارك .

أسباب الفشل في اتخاذ القرارات

- الفشل في تحديد الأهمية النسبية للأولويات المختلفة.

- الاهتمام والاعتزار بالخبرات التي يكتسبها المدير من وظائفه السابقة.

- احتكار عملية اتخاذ القرارات.

- عدم اتخاذ القرارات في القضايا والمشاكل وارجاء ذلك للمستقبل.

- الاستناد إلى الحدس أو التجربة والخطأ في اتخاذ القرارات.

- الإفراط في جمع البيانات والمعلومات الثانوية والغير متعلقة مباشرة بموضوع القرار.

- الخوف والحرج من الفشل والنزوع للتبرير حفاظاً على ماء الوجه.

- الآثار والنتائج المحتملة.

- السير في مسارات مختلفة عن مسارات الخطة العامة للمنظمة المعنية وعدم تحقيق الأهداف المرجوة .

- عدم ملائمة القرار للظروف الجديدة من ناحية، واحتكار المديرين للقرارات المتعلقة بمرؤوسيهم، نظرا لعمق خبرتهم في ذلك .

- ازدياد أعباء القيادات الإدارية، وتعطيل اعمالها الأساسية عند انصرافها للاهتمام بالفرعيات إضافة إلى بروز عدم الحماس من المرؤوسين للتنفيذ طالما لم يشاركوا بأي درجة في القرارات التي تم اتخاذها.

- تراكم الأعباء والمشكلات لدرجة لا يصير من الممكن معها التصرف مما يؤدي إلى انهيار المنظمة المعنية .

- عدم القدرة على اتخاذ القرارات بطريقة موضوعية وعلمية، مما يزيد من درجة الخطورة التي ستترتب على القرارات المختلفة.

- زيادة تكلفة القرارات وفوات الأوان أحياناً بضياع الوقت المناسب لاتخاذ القرار.

بيئات اتخاذ القرار

لايمكن اتخاذ القرارات بشكل معزول عن البيئة التي تعمل في ظلها، وهي:

1- بيئة التأكد.

بيئة عدم التأكد أو المجهول.

2- بيئة المخاطرة منها نماذج اتخاذ القرار وتشمل :

1- نموذج الرشد التام: ويسمى نموذج الرجل الاقتصادي ويعد من اكثر النماذج التقليدية قدماً في اتخاذ القرارات

ويرتكز على افكار المدرسة التقليدية في الاقتصاد، واهمها:

- يعمل متخذو القرارات في بيئات التأكد التام.

- يمتاز متخذو القرار بالرشد التام بحيث انهم يستطيعون مراقبة بيئة القرار بشكل واضح فيحددون المشكلة

واهداف القرار بدقة .

- يستطيع متخذو القرار معرفة جميع الخيارات المحتملة والنتائج المترتبة عليها.

- يمتلك متخذو القرار الفرصة لاختيار البديل الذي يحقق افضل النتائج او امثل الحلول وبعقلانية تامة، في

تعظيم الربح او تقليل التكاليف او غيرها.

وان خطوات عملية اتخاذ القرار حسب هذا النموذج هي: الموقف او المشكلة - ادراكها - تحديدها - توليد

البدائل - جمع المعلومات - تقويم البدائل- اختيار افضل البدائل - تنفيذ البديل المختار.

وبعد ادخال بعض التعديلات على آلية اتخاذ القرار التقليدي بهدف جعله قابلاً للتطبيق اصبحت خطوات

اتخاذه كما يأتي: تحديد المشكلة - البحث عن وتحديد البدائل - تقييم البدائل - اختيار البديل الافضل - تنفيذ

البديل المختار.

2- نموذج الرشد المحدود:

ويسمى ايضاً (الرجل الاداري)، بعد أن ادرك المنظرون السلوكيون وأهمهم

سيمون ومارج أن هناك محددات عقلية ومعرفية تحد من قدرة الانسان على جمع المعلومات ومعالجتها، وادركوا ايضاً أن الوقت الذي كانت فيه البيئات التي تعمل ضمنها المنظمات تمتاز بالبساطة، والتأكد وقلة التغيرات وبطئها قد مضى نظراً للتقدم التقني والمعرفي، لذلك باتت البيئات من التعقيد بحيث يصبح صعباً توفير معلومات تامة لمتخذ القرار تجعله يتخذ قراراته برشد تام، أن هذه القيود او المحددات البشرية والبيئية جعلت متخذ القرار يعمل مضطراً في ظل رشد محدود وليس تاماً.

لذلك اقترح سيمون ومارج مفهوم القرارات الاكتفائية كبديل عن القرارات المثلى التي يفترضها الرشد التام، ويعكس مصطلح الاكتفاء رغبة متخذ القرار في اختيار البديل الكافي المرضي بدلاً من المثالي، أنه يمثل افضل ما يمكن الوصول اليه في ظل القيود البيئية والبشرية المحيطة بمتخذ القرار.

ويعد القرار كافياً او مرضياً عند سيمون ومارج وذلك:

- بوجود مجموعة من المعايير التي تستخدم لقياس الحد الاكتفائي الادنى للبدائل المتاحة.

- تلبية البديل محل الاختيار تلك المعايير أو أنه قد يتفوق عليها.

ويمكن أن تكون خطوات عملية اتخاذ القرار حسب نموذج الرشد المحدود كما يأتي: الموقف أو المشكلة - ادراكها - معايير لقياس البديل الكافي - تقويم البدائل المتاحة بعد توليدها - اختيار أول بديل يبدو كاف - تنفيذ البديل المختار - تقويم البديل المختار (تغذية راجعة).

3- نموذج الخوض:

وقد اقترحه جارلس لندبلوم الذي حاول وضع نموذج اكثر واقعية لاتخاذ القرار، استناداً الى الخبرة السابقة لمتخذ القرار، مضافاً لها تغيرات وتطورات بسيطة يدخلها متخذ القرار على القرارات التي سبق اتخاذها.

أن الاتفاق على القرار المناسب يمكن بلوغه في ضوء ذلك من خلال :

- مقارنات محدودة للبدائل المطروحة التي لاتختلف سوى قليل عن تلك المتبعة حالياً.

- غض النظر عن بعض النتائج المهمة المحتملة للبدائل المقارنة.

وعلى الرغم من أن هذا الانموذج اكثر فائدة لعملية صنع السياسات؛ الا أنه قابل للتطبيق في عمليات اتخاذ القرار، و بخاصة تلك التي تتخذ في بيئات شديدة التعقيد وتمتاز بكثرة المؤثرين في اتخاذ القرار، كما أن القرارات التي تتخذ وفق هذا النموذج ستفتقر الى العمق التحليلي المناسب، وذلك لفقر البيانات وتحليلها وصولاً للقرار المناسب .

القرار الحدسي: على الرغم من اعتقاد الكثيرين أن الحدس وسيلة غير علمية في اتخاذ القرار ، لكن نتائج دراسات كثيرة اجريت بهذا الخصوص أكدت عملية هذه الوسيلة . ويعرف القرار الحدسي بأنه القرار المتأتي من القدرة على توحيد واستخدام المعلومات القادمة من فصي الدماغ الايمن والايسر ، فهو قرار ناجم أذن من مزج الحقائق بالاحاسيس السمتأتية من الانغماس الشخصي العميق بالموضوع قيد القرار ، لكن يجب التنبه إلى أن متخذ القرار ينبغي أن لايعتمد دوماً على القرارات الحدسية؛ لان لها ظروفاً معينة يبدو أنها تعمل بشكل أفضل عند توفرها:

- بيئة يكون فيها مستوى عدم التأكد عال.

- لاتوجد سوابق مشابهة للقرار المتخذ.

- يصعب التحكم والتنبؤ بمتغيرات القرار علمياً.

- الحقائق المتيسرة قليلة.

- محدودية الوقت المتاح لاتخاذ قرار جيد.

- وجود عدد من البدائل المحتملة للحل جميعها جيدة، بحيث يصعب المفاضلة بينها منطقياً، لقد ايد كثير من الباحثين اهمية وفائدة هذا النوع من القرارات في البيئات المعقدة كونها تؤدي الى قرارات مبدعة ، عناصر نظرية اتخاذ القرار السلوكي: استناداً لنظرية سيمون عن التنظيم والسلوك الإداري المتمحورة في اتخاذ القرارات في المنظمات الإدارية، فإن

أهم عناصر هذه النظرية بشكل ملخص هي:

- أن وراء كل التصرفات الادارية عملية اختيار أو تحديد لما يجب عمله .

المشاركة في اتخاذ القرارات

هناك مزايا للمشاركة في اتخاذ القرارات منها:-

1. تساعد على تحسين نوعية القرار، وجعل القرار المتخذ أكثر ثباتاً وقبولاً لدى العاملين، فيعملون على تنفيذه بحماس شديد ورغبة صادقة.

2. كما تؤدي المشاركة إلى تحقيق الثقة المتبادلة بين المدير وبين أفراد التنظيم من ناحية، وبين التنظيم والجمهور الذي يتعامل معه من ناحية أخرى.

3. للمشاركة في عملية صنع القرارات أثرها في تنمية القيادات الإدارية في المستويات الدنيا من التنظيم، وتزيد من إحساسهم بالمسؤولية وتفهمهم لأهداف التنظيم، وتجعلهم أكثر استعداداً لتقبل علاج المشكلات وتنفيذ القرارات التي اشتركوا في صنعها.

4. كما تساعد المشاركة في اتخاذ القرارات على رفع الروح المعنوية لأفراد التنظيم وإشباع حاجة الاحترام وتأكيد الذات.

بعض الاحتياطات عند مشاركة الأفراد:

1. إشراك العاملين في الموضوعات التي تدخل في نطاق عملهم، والتي يملكون قدرات ومهارات تمكنهم من المساهمة فيها.

2. تهيئة المناخ الصالح والملائم من الصراحة والتفاهم، وتوفير البيانات والمعلومات اللازمة حتى يتمكن الأفراد من دراستها وتحليلها وتحديد البدائل على أساسها.

3. وأخيراً إعطاء الفرصة المناسبة لعملية المشاركة، مثل الأخذ بالآراء التي يدلي بها الأفراد إذا كانت ملائمة، وذات فائدة عملية ويترتب على

تطبيقها نتائج إيجابية تنعكس على فعالية ورشد القرار الذي يتم اتخاذه عن طريق المشاركة.

سلوك متخذي القرارات

في هذا الجانب نلقي الضوء على أنواع متخذي القرارات أياً كانت مواقعهم الإدارية وطريقة كل نوع في اتخاذ القرارات :

1- المتسرع: يتصف هذا النوع من متخذي القرار بنفاذ الصبر وحب المخاطرة، كما يتمتع بشخصية قوية إضافة إلى أنه لا يهتم كثيراً بالمعلومات، (قراراته متسرعة وقد تؤدي إلى خيبة أمل أحياناً).

2- المسالم: يلجأ هذا النوع من متخذي القرار إلى فعل أي شيء لتجنب اتخاذ أي قرار، ويفضل أن يقوم شخص أخر بذلك بدلاً عنه لكي يجنبه المخاطرة ، (في حال حدوث أي خطأ فإنه يلجأ إلى إلقاء اللوم على الآخرين الذين دفعوه لاتخاذ القرار).

3- المحقق : يتصف هذا النوع بكونه كثير الشكوك وعديم الثقة بالآخرين الأمر الذي يدفعه إلى استكشاف جميع الأمور بنفسه ، ومن هنا فإنه يلجأ إلى استكشاف جميع الأمور وسؤال من هم حوله قبل أن يتخذ القرار، (قراره سيبنى على نتائج الأسئلة التي طرحت والإجابة عنها).

4- الشُّورِي: يميل هذا النوع إلى الاجتماع بفريق العمل لمناقشتهم والاستماع لآرائهم في الموقف أو المشكلة القائمة، وهو قرار مبني على إجماع الفريق وتأييده ، (المشكلة هنا أن مثل هذا النوع قد لا يجد أحياناً مختصين يمكن استشارتهم).

5- صاحب قرار آخر لحظة : يتصف هذا النوع بعدم الإقدام والمبادرة على اتخاذ القرارات عندما يكون لديه متسع من الوقت للقيام بذلك، بل يعتمد إلى تأخير القرار لأي سبب كان إلى أن يصبح تحت ضغط معين، (عندها لن يكون أمامه خيار سوى اتخاذ القرار الذي يكون غالباً ارتجالياً).

6- المتردد : لا يستطيع هذا النوع عادةً أن يصدر قراراً نهائياً، فمجرد إصداره قراراً ما لا يلبث أن يغيره ، (ثقته بقدراته وإمكاناته مهزوزة الأمر الذي يؤدي إلى إشاعة الفوضى والارتباك).

7- العاطفي : يتصف هذا النوع بكونه شديد الثقة في عاطفته ومشاعره ، وهو ما يدفعه إلى احترام مشاعر الآخرين والاستناد إلى آرائهم ليصدر قراره (غالباً يكون تابعاً لمشاعره).

متخذ القرار الصائب

ينبغي على متخذ القرار أن يكون شمولياً ثاقب النظر واسع الاطلاع قادراً على الإقناع محققاً للسياسات العليا ميسراً قادراً على تحمل تبعات القرار ، يعتقد ثقافة التغيير ، واضعاً نصب عينيه المصلحة العامة والبعد عن التعقيد .

كيف تتخذ قرار اً صائباً

- حاول أن تعود نفسك اتخاذ قرارات يومية حتى وإن كانت غير مهمة لكي تساعد على كسر حاجز الخوف التردد.

- استفد من تجاربك وخبراتك السابقة سواء الخاطئة أو الصائبة، ومن ثم تلافى نقاط الضعف وتدعيم نقاط القوة

- لا تحاول الانفراد برأيك، خصوصاً في تلك الأمور التي تتطلب عملاً جماعياً، بل عليك استشارة المعنيين في المنظمة وإشراكهم معك في صنع القرار الجماعي.

- انظر إلى الموضوع من زوايا مختلفة، وتذكر دامًاً أن لكل موقف ثلاث وجهات نظر وهي: وجهة نظرك ووجهة نظر شخص آخر ووجهة النظر الصائبة.

- لا تكن متحيزاً ولا تصدر حكمك على موقف أو شخص بناءً على أحاسيسك أو مشاعرك نحو الشخص بل عليك دراسة جميع وجهات النظر المتاحة.

- تجنب غرور المنصب ولا تعتقد أن قراراتك صائبة لأنك الإداري القائد ، ولكن قراراتك يجب أن تبنى على الحقائق والمعلومات المتاحة ، وليس على ما يتيحه لك منصبك.

- إذا ما اتخذت قراراً وشرعت في تنفيذه واتضح لك أنه يحتاج إلى تبديل، فيجب عليك أن تكون مرناً ومستعداً لإجراء التعديلات اللازمة عليه لأن ذلك يضمن لك النجاح.

- تجنب استخدام الكلمات التي تفيد التعميم مثل (دائما ، أبداً ، كل ، .. الخ) فمثل هذه العبارات يمكن إثبات عدم دقتها، لذا يجب عليك أن تكون أكثر دقة وتحديداً.

- تابع تنفيذ القرارات التي أصدرتها وتأكد من تنفيذها.

قواعد إعداد القرار الإداري

أولاً: تسلسل الأعمال الإدارية:

إن تسلسل الأعمال الإدارية مرتبط إرتباط وثيق بتسلسل الأعمال القانونية، حيث أن القواعد القانونية التي يتشكل منها الهرم القانوني لا توجد في نفس المستوى؛ بل هي مرتبطة وفق سلم الدرجات السلسلية الهرمية، فالأعمال الإدارية تندرج كذلك ضمن هذا التسلسل الهرمي القانوني الذي يمثل الدستور فيه أعلى قمة، ثم المعاهدات الدولية المصادق عليها وفق الدستور، ثم يليه القانون بمختلف أشكاله، قانون عضوي وعادي ثم الأوامر. فكل الأعمال الإدارية لابد أن تحترم هذا الأساس القانوني.

ومن هذه الأسس القانونية تتفرع كل الأعمال الإدارية التي يجب أن تكون منسجمة ومتفقة معها، فالمرسوم لابد أن يحترم القانون والقرار الوزاري لابد أن يحترم المرسوم والقرار الولائي لابد أن يحترم القرار الوزاري.

فقاعدة التسلسل مرتبطة أساساً بفكرة التنظيم الإداري والتسلسل الداخلي للإدارة، ومن ثم فإن السلطة الإدارية بإصدارها للقرارات الإدارية أو الأعمال الإدارية يجب عليها مراعاة النصوص القانونية لكي تكون قراراتها مطابقة

لقرارات الهيئات أو السلطات الأعلى منها درجة. إذنٍ فقاعدة التسلسل مبنية على فكرة المطابقة أي وجود تسلسل في المراكز القانونية، ومن الناحية العضوية هذا التسلسل في الأعمال الإدارية يتناسب مع التسلسل في السلطات أو الهيئات الإدارية، فهناك هرم تسلسلي للسلطات (فرئيس الجمهورية أعلى سلطة ثم رئيس الحكومة الوزير ثم الوالي)، وإن تسلسل الأعمال يتفق وتسلسل أجهزة الإدارة، فكل جهاز يستمد اختصاصه من القانون الذي يحدد القواعد التي ينبغي احترامها.

ثانياً: إحترام قاعدة الإختصاص:

إن مبدأ الاختصاص يعني القدرة القانونية التي تخول السلطة الإدارية ممارسة أعمال قانونية محددة، وأن الخروج عن هذا الاختصاص يجعل القرار المتخد محلاً للإلغاء من طرف القاضي، لأنه يكون في هذه الحالة مشوباً بعيب عدم الاختصاص. ومن ثم فإن كل سلطة تملك الاختصاص لتقرر في ميدان معين أو قطاع جغرافي محدد وفي وقت محدد ومن موظف يعينه القانون، بمعنى أن السلطة التي تتخد القرار تكون مختصة شخصياً، وموضوعياً، وإقليمياً وزمنياً.

إن قواعد الاختصاص هي تلك القواعد التي تحدد الهيئات أو الأشخاص الذين يحق لهم إصدار القرار الإداري، (والأصل أن المشرع هو الذي يحدد هؤلاء الأشخاص والهيئات) وأن كل مخالفة لهذه القواعد تؤدي إلى البطلان؛ لأن عيب عدم الاختصاص يتعلق بالنظام العام، ووجب على القاضي إثارته من تلقاء نفسه وإلغاء هذا العمل.

ولكي لا يشوب ركن الاختصاص أي من هذه العيوب، وجب احترام عناصره الآتي بيانها:

1- العنصر الشخصي: ومعناه أن تصدر هذه القرارات وتتخذ من طرف الأشخاص أو الهيئات أو السلطات الإدارية المحددة والمعينة بنصوص التنظيم القانوني، ولمعرفة هل أن الشخص مختص أم لا نطرح السؤال التالي: هل أن هذا

الشخص الذي أمضى أو إتخذ القرار هو مختص شخصياً، ولأن إعمال القاعدة على إطلاقها تؤدي إلى تعطيل العمل الإداري، لذلك يسمح القانون للسطلة المختصة شخصياً أن تلجأ إلى تفويض شخص آخر لأداء بعض إختصاصاتها أو إلى استعمال الإنابة أو الوكالة:

أ/ التفويض :La Delégation ويلجأ إلى التفويض من أجل تخفيف العبئ عن الهيئة المختصة شخصياً وضمان السير الإداري وعدم التركيز والتفويض، هو إجراء قانوني يسمح لسلطة ما بأن تعهد لسلطة أخرى محددة، بإحدى أو ببعض إختصاصاتها، إذا اعتبرت ذلك مفيداً، ولكي يكون التفويض مشروعاً يجب أن تتوفر فيه بعض الشروط، كما أن التفويض ينقسم إلى تفويض اختصاص وتفويض توقيع.

ب/ الإنابة La Suppléance : هو إجراء قانوني يخول سلطة ما الحلول محل سلطة أخرى في حالة غيابها أو قيام مانع يمنعها من القيام بوظيفتها كأن ينوب عوناً، عوناً إدارياً آخر في ممارسة وظائفه في حالة غيابه، أو منعه من القيام بهذا العمل بموجب القانون. ويجب أن تتوفر في الإنابة شرطان أساسيان وهما:

1- أن تكون الإنابة منصوص عليها في القانون، وغالباً ما يتولى القانون تحديد هذا النائب.

2- أن تكون السلطة المختصة في وضع يستحيل عليها أداء مهامها من تلقاء نفسها.

ويترتب على ذلك أن النائب يمارس كل اختصاصات الهيئة المختصة شخصياً (صاحبة الاختصاص الأصلي) طيلة مدة الإستحالة التي قد تكون بسبب حالة الغياب أو المنع بحيث يصبح النائب هو الممارس الشرعي للاختصاص.

ج/ الوكالة L'intérim: وهو إجراء قانوني يسمح بأن يحل شخص مؤقتاً محل شخص آخر في ممارسة وظائفه، سواءٍ خلال غيابه أو في الفترة الفاصلة بين

توقف الشخص عن ممارسة وظائفه، وتعيين خلف له في وظيفته، بحيث يقوم الوكيل بممارسة كل السلطات المرتبطة بالوظيفة الإدارية ويكف عن ممارستها عند مباشرة الأصل وظيفته، ومثال ذلك ما نصت عليه المادة 23 من المرسوم 226/90 المؤرخ في 25/يوليو/90 الذي يحدد حقوق العمال الذين يمارسون وظائف عليا في الدولة، بحيث تعين السلطة المعنية بقرار في حالة شغور وظيفة عليا قائما بالأعمال مؤقتاً ينسب وجوباً إلى إطارات القطاع المعني.

2- العنصر الموضوعي والمادي:

ويتمثل في تحديد الأعمال الإدارية والموضوعات والمجالات التي يجوز للسلطة الإدارية أن تقوم بها دون الخروج عنها، وإلا كان عملها معيباً ومشوب بعيب عدم الاختصاص الموضوعي، والذي يتمثل في تصرف سلطة إدارية في مواضيع أو مجالات لم يمنح لها اختصاص بشأنها، وهذا ما يشكل اعتداء سلطة دنيا على اختصاصات سلطة عليا، أو أن لا تحترم السلطة العليا استقلالية السلطة الدنيا.

3- العنصر المكاني:

ويقصد بالاختصاص المكاني الإطار الإقليمي أو المكاني لممارسة الوظيفة الإدارية، فإذا ما قامت السلطة الإدارية بالتصرف خارج الإقليم المخصص لها كان قرارها مشوباً بعيب عدم الاختصاص المكاني، وقد تكون ولاية إصدار القرار الإداري تشمل كافة إقليم الدولة، من ذلك رئيس الجمهورية الذي يمتد اختصاصه إلى كافة الإقليم، أو وزير الخارجية الذي يمتد اختصاص للسفارات والقنصليات.

4- العنصر الزمني:

الذي يستند على فكرة القيود الزمنية على مزاولة الاختصاصات الإدارية، ويتمثل الاختصاص الزماني في تحديد الفترة الزمنية التي يجوز خلالها للسلطة الإدارية أن تمارس عملها على نحو قانوني، وإلا كان قرارها مشوباً بعيب عدم الاختصاص الزمني الناتج عن عدم احترام الشروط الزمنية، كأن تتصرف قبل

أن تصبح مختصة أو بعد أن تصير غير مختصة، ومثال ذلك أن تصدر السلطة قراراً قبل تعيينها الرسمي، أو أن تقوم بإتخاذ قرار بعد إنهاء مهامها.

إذنٍ فلكي يكون القرار الإداري مشروعاً يجب أن يتخذ من سلطة إدارية مختصة شخصياً ومادياً وإقليمياً وزمنياً، وإلا كان القرار مشوباً بعيب عدم الاختصاص، الذي هو عيب مستقل وقائم بذاته يتعرض له القاضي من تلقاء نفسه؛ لأنه متعلق بالنظام العام ويترتب على تعلقه بالنظام العام .

ثالثاً: إحترام قاعدة الشكل والإجراءات:

إن إعداد العمل الإداري لا تحكمه فقط قواعد التسلسل والاختصاص وإنما تحكمه أيضاً قواعد متعلقة بإجراءات إتمام العمل، وبعض الشكليات الأخرى والمقصود بركن الشكل والإجراءات هو مجموعة الشكليات والإجراءات التي تكون الإطار الخارجي، الذي يتخذه القرار الإداري. حتى ينتج آثاره القانونية إزاء المخاطبين به. وهذه القواعد كثيرة: مثل القواعد المتعلقة بالإمضاء ومبدأ توازي الأشكال والآجال والمواعيد الواجب احترامها، الالتزام بالتسبيب من عدمه، الالتزام بإشارة بعض الهيئات ذات الطبيعة الدائمة أو المؤقتة.

تنفيذ القرار الإداري

تنفيذ القرارات الإدارية معناه توليد آثارها القانونية ودخولها حيز التطبيق، والمبدأ أو القاعدة العامة التي تحكم هذا الموضوع، أن القرارات الإدارية تنفذ (entre en vigueur) منذ صدورها من السلطة المختصة، وهذا في مواجهة الإدارة مصدرة القرار وفي مواجهة المخاطبين به من الغير، لكنها لا تسري في حق الأفراد الذين توجه إليهم إلا إذا عملوا بها عن طريق إحدى وسائل العلم المقررة قانوناً.

إلا أنه ولتنفيذ القرار الإداري يجب احترام القواعد القانونية المتعلقة بنظام التنفيذ، فقد يكون القرار مشروعاً في إنشائه، ولكنه غير مشروع في تنفيذه لذى وجب على الإدارة التقيد بهذه الشروط والمتمثلة أساسا في شرط المشروعية وشرط العلم به:-

أولاً: نفاذ القرار الإداري:

إن نفاذ القرار الإداري يخضع من حيث سريانه الزمني لقاعدة عدم الرجعية، فالقاعدة العامة التي أوردناها سابقاً أن القرارات الإدارية تصبح نافذة وسارية المفعول منذ تاريخ صدورها من السلطة المختصة بناءاً على ذلك، فإن للقرار الإداري قوة ذاتية ويحدث آثاره القانونية من تاريخ صدوره، أي عدم سريانه على الماضي، وأن هذه الآثار تكون في مواجهة الأفراد والإدارة.

ثانياً: طرق تنفيذ القرار الإداري:

بعد تحقيق شرط العلم بالقرار الإداري يصبح هذا الأخير ساري المفعول ويرتب كافة آثاره القانونية كإنشاء قاعدة قانونية أو تعديلها أو إلغائها أو تقرير حق لفرد أو مجموعة من الأفراد معنيين بذواتهم أو فرض التزام عليهم وعلى الأفراد الامتثال له بصورة نظامية باعتباره قرار مشروع.

وليس لهم أن يمتنعوا عن تنفيذه بحجة الشك في مشروعيته؛ ذلك أن القرار الإداري يتمتع بقرينة الصحة والسلامة والمشروعة، لكن قد يحصل أن يرفض أو يمتنع الأفراد أو المخاطبين بالقرار الامتثال لما يقرره مما يقودنا إلى البحث والتساؤل عن سبيل وطرق تنفيذ وتجسيد القرار وإخراجه إلى أرض الواقع. ويمكن القول أن تنفيذ القرارات الإدارية تكون بثلاثة طرق، فإما أن يتم التنفيذ اختيارياً من طرف الأفراد المخاطبين. وإما أن يتم عن طريق الإدارة تنفيذاً مباشرا وإما أن يتم عن طريق القضاء.

ثالثاً: وقف تنفيذ القرار الإداري:

إن القاعدة العامة هي أن رفع دعوى تجاوز السلطة ضد قرار إداري لا تؤدي إلى وقف تنفيذه؛ ومرد ذلك لخاصية التنفيذ المباشر الذي يتمتع به القرار الإداري، وما ينتج عن ذلك من مبدأ الأسبقية وقرينة المشروعية المفترضة فيه، والإستثناء هو جواز وقف التنفيذ، إذا وجد نص خاص يقضي بذلك أو قرر القضاء، ذلك بناءاً على طلب من المدعي وهذا بشروط معينة نتناولها لاحقاً،

ووفق تنفيذ القرار الإداري. إما أن تأمر به الجهة القضائية المنعقد اختصاصها للفصل في دعوى الإلغاء وإما أن يكون بأمر من قاضي الاستعجال الإداري.

القرار الرشيد

تعريف القرار الرشيد

هو القرار الذي يحقق الأهداف التي من أجلها اتخذ القرار، وهي مسألة نسبية ، فقد يكون القرار رشيد بالنسبة لفرد، وقد يكون غير رشيد بالنسبة للجماعة التي يعمل بها الفرد.

القرار الصائب (المناسب)

وهو الاختيار الواعي والدقيق لأحد البدائل المتاحة في موقف معين لتحقيق الأهداف المرجوة.

لاتخاذ قرار صائب لابد أن أجيب بوعي تام على الأسئلة التالية:

1- ما هو القرار الذي أريد اتخاذه؟

2- ما هدفي من القرار؟

3- من يملك صلاحية اتخاذ القرار؟

4- ما هي المعلومات الرئيسة اللازمة؟

5- من تشاور؟

وهناك عدة طرق تعينك على اتخاذ القرار الصائب :-

1- طريقة المعايير أو المصفوفات:

مثال: شخص محتار بين ثلاث تخصصات عليه بإحضار قلم وورقة ويكتب:

- المعايير التخصصات 1 2 3.

- الرغبة.

- المهارة.

- الفرص الوظيفية.

وهكذا يعطي نفسه درجة من 10 لكل معيار من المعايير لكل تخصص بصدق ويجمع النتيجة

2- طريقة الايجابيات والسلبيات:

كتابة ايجابيات وسلبيات كل خيار من الخيارات (القرارات).

3- طريقة القيم:

وهي تشبه طريقة المعايير في التطبيق.

معايير القرار الرشيد

استناداً لأهم المقومات التي تقوم عليها فعالية القرار، فأنه يمكن استنتاج أهم المعايير التي سيتم الاستناد لها في بناء القرار وتقييمه، وإبرازها:-

أولاً : معيار الكفاءة: وهذا سيعني مدى قدرة القرار الإداري على تحقيق الأهداف المرسومة بأفضل جودة وبأقل تكلفة وقدر ممكن، واقل وقت، وأن القرار الاداري، الا أن يأخذ بأقل كم وباقل وقت وأن هذا القرار الإداري لا يستطيع إلا إن يأخذ هذا المعيار بالاعتبار دائماً.

ثانياً: معيار السلامة والأمن: وهذا يعني أن القرار الرشيد هو الذي يهتم بمطلب السلامة التي قد تكون في بعض الأحيان في غاية الأهمية ، وأن تجاهلها قد يؤدي إلى كوارث لا تحمد عقباها، فإقامة مصنع للمواد البتر وكيماوية السامة أو أشعة أشعاعاً خطراً أو غير ذلك بوسط أماكن مأهولة قد يكون ملائماً لاعتبارات الكفاءة التي قد يكون في ذلك اختصار لتكاليف المواصلات ونقل الأيدي العاملة ...الخ ، ولكنه مرفوض من حيث معيار السلامة ولا يجوز، وأنه لا بد من ترجيح اعتبارات السلامة فوق أي اعتبار.

ثالثاً: معيار القبول والقبول: له وجهان حتى يتحقق رشد القرار وفعالياته وهما:

أ- قبول العاملين في المنظمة للقرار والإثارة المحتملة، ولعل قبولهم يمثل أهم الشروط اللازمة لالتزامهم بقبول القرار وبالدفاع عنه وتأييده .

ب- قبول المجتمع للقرار وخاصة فئات المنتفعين بالقرار أو المتأثرين به سلباً أو إيجاباً، فالمنظمة أي منظمة هي ابنة بيئتها وأن استمرارية المنظمة وفعاليات قراراتها تعتمد على مدى قبول هذه البيئة لها ومما يمكن بالنسبة لهذه المعايير إن معياري الكفاءة والسلامة يرتكزان أكثر ما يكون على الجوانب الفنية الخاصة بالقرار.

إما معيار القبول، فيرتكز أكثر ما يكون على الاعتبارات أو الجوانب الإنسانية وان العمل على تحقيق هذه المعايير ومراعاتها في عملية اتخاذ القرارات لا يعني البحث عن التوازن بينها، بل لا بد من مراعاة ظروف كل موقف، بحيث يتم التركيز على الاعتبارات المناسبة هذا مع ملاحظة إن الاعتبارات الإنسانية قد تقل كثيراً كلما زادت الاعتبارات الفنية والعكس، بالعكس وأن كان يمكن وجود بعض الحالات.

شروط القرار الجيد

لكي يفي القرار الإداري بأهدافه؛ لابد من أن تتحقق فيه مجموعة من الشروط أو المواصفات، نورد فيما يلي أهمها:

1- أن يكون إتخاذه في الوقت المناسب.

2- أن يكون الحل المتخذ به قرار مبرهن على صحته.

3- أن يحمل القرار طابعاً إرشادياً أو أوامرياً محدداً.

4- أن يكون معنوناً إلى جهة تنفيذية محددة.

5- أن يكون غير متناقض في مضمونه.

6- أن يكون ذو صلاحية تنفيذية.

مراجع الفصل التاسع

1. كنعان، نواف ، (1985). اتخاذ القرارات الإدارية بين النظرية والتطبيق.

2. قريطم، عبد الهادي ، (1988). اتخاذ القرارات الاستثمارية مع التطبيق على خطط التنمية الوطنية في المملكة.

3. عبد الوهاب، علي محمد، (1993). اتخاذ القرار في المملكة العربية السعودية.

4. James Gatza، Decision Making in Administration. (1975).

5. E.S. Quade، Analysis For Public Decision. (1982).

6. جيمس، أندرسون، (1991). صنع السياسة العامة.

7. Greston Larry، Making Public Policy. (1983).

8. Rodes R، Public. (1981)، Administration And Policy Analysis.

9. T،Bush، Theory of Educational Management. (1986).

الفصل العاشر

المشكلة التربوية واتخاذ القرارات المناسبة لمواجهتها

- تعريف المشكلة
- تعريف المشكلة الإدارية
- مكونات المشكلة
- خطوات نحليل المشكلة
- أنواع المشاكل
- مقدمات مهمة عن المشكلات الإدارية
- أسباب عدم مواجهة المشكلة
- أخطاء في تحديد المشكلات
- الحل الجماعي / إيجابيات وسلبيات
- أسباب الفشل في حل المشكلات
- مهارات حل المشكلات واتخاذ القرارات في التربية / الأسلوب العلمي لتحليل المشكلات
- المشكلات التي يتعرض لها الطالب في المدرسة

تعريف المشكلة

هي الصعوبات التي تواجهنا عند الانتقال من مرحلة إلى أخرى، وهي إمّا تمنع الوصول أو تؤخره أو تؤثر في نوعيته.

تعريف المشكلة الإدارية

أي مشكلة تتعلق بوظائف الإدارة تتجلى في تعطل النظام الإداري أو قصوره عن القيام بوظائفه وتحقيق أهدافه، أو إن حالة النظام الإداري لا تتوافق مع الحالة المراد أن يكون عليها في الوقت الراهن أو في المستقبل أو عند وجود أي ضرورة لتغيير أهداف نشاطات النظام.

أنواع المشكلات الإدارية

المشكلات الإدارية أنواع يمكن تصنيفها بموجب عدد من المؤشرات، نورد فيما يلي أهمها:

1- حسب مدى شمولية المشكلة:

أ - جزئية: وهي تلك المشكلة التي تتعلق بأحد النظم الجزئية المكونة للنظام أو أحد جوانب عمله.

ب - آلية: وهي تلك المشكلة التي تتعلق بمجمل عمل النظام.

2- حسب درجة تعقيد المشكلة:

أ - بسيطة سهلة: وهي تلك المشكلة الناشئة عن أسباب مباشرة لوقوعها.

ب - معقدة صعبة: وهي تلك المشكلة الناشئة عن أسباب عديدة ومتداخلة مباشرة وغير مباشرة لوقوعها.

3- حسب تواتر المشكلة:

أ - مكررة: وهي تلك المشكلة التي يتكرر وقوعها بشكل منتظم أو غير منتظم.

ب - الطارئة : وهي تلك المشكلة التي تقع بشكل طارئ ونادر.

4- من حيث إمكانية التنبؤ بوقوع المشكلة:

أ - متوقعة : وهي تلك المشكلة المتوقع حدوثها عن سابق معرفة.

ب - غير متوقعة : هي تلك المشكلة غير المتوقع حدوثها ولا يمكن التنبؤ بوقوعها.

5- من حيث تأثير حل المشكلة على النظام:

أ - حيوية : وهي تلك المشكلة التي تنصرف آثارها إلى مجمل نشاط النظام وعدم حلها يؤدي إلى تعطل النظام عن القيام بوظائفه الأساسية أو إنهياره.

ب - غير حيوية : هي تلك المشكلة التي لا يؤدي وقوعها لتعطل النظام عن القيام بوظائفه الأساسية أو إنهياره، وإنما إلى إنخفاض طفيف في بعض مؤشرات الأداء على مستوى النظام لكل أو على مستوى بعض نظمه الجزئية.

6- حسب أهمية المشكلة:

أ - رئيسية: وهي تلك المشكلة الأم، التي يؤدي حلها إلى حل مختلف المشكلات الثانوية الناجمة عنها.

ب - ثانوية: وهي تلك المشكلة التي لايؤدي حلها إلى حل المشكلة الأم.

مكونات المشكلة

1. المشكلة: الوضع الموجود وصفاً وأسباباً.

2. الحل: الوضع المنشود مع تصوره وحصر منافعه، الوظيفة الحقيقية للحل هي أن يؤدي إلى نتائج إيجابية مع استمرار نفس المدخلات التي كانت تؤدي لنتائج سلبية، فالخطأ في حل مسألة رياضية لا يسوغ تغييرها وتبديلها، حاول دائماً التركيز على الحل والخروج من سياق ذهنية المشكلات حتى تحافظ على الروح الإيجابية ولا تقع في مصيدة السلبية.

3. الطريق من المشكلة للحل: آليات التنفيذ.

خطوات تحليل المشكلة

1- تعريف المشكلة وتمييزها، المشكلة المعرفة جيداً هي مشكلة نصف محلولة.

2- تحليل المشكلة : أسبابها ؛ ماذا نريد ؟ هل تؤثر على أهدافنا ؟.

3- إعداد قائمة بالحلول (طريقة العصف الذهني).

تقوم طريقة العصف الذهني على مبادىء: الحرية في طرح الأفكار ، يمكن البناء على فكرة مطروحة ، عرض الأفكار دون نقد ؛ الكم الكثير يولد الكيف المتميز ، ثم تمحص الأفكار ويحذف المكرر و يختار المناسب منها ويقارن بينها .

4- تقييم الحلول (حسب المعايير). الملائمة وتشمل المهارات المطلوبة والموارد البشرية والمادية، التكلفة، المخاطر: هل لديك القدرة على تحمل أسوأ النتائج المتوقعة (تقييم الخطر النازل)، مراعاة البيئة والقيم والمفاهيم الشخصية، مستوى القبول للقرار.

فعالية التنفيذ = النوعية * القبول .

5- تحديد الخيار الأفضل واتخاذ القرار، الايجابيات والسلبيات (النوع لا العدد) ، الإجماع الحقيقي ، التصويت (بنوعيه إما اختيار حل واحد أو تقييم جميع الحلول من 10 مثلاً وجمع قيم كل حل والأكثر قيمة هو المناسب).

6- وضع خطة للتنفيذ. لأنه إحداث تغيير، توقع المخاطر ثم حاول منعها أو تقليلها ، ناقش الأفراد التفيذيين فلا بد من القناعة والوضوح والاستعداد النفسي وبين لهم منافع القرار ومضار عدمه .

7- المتابعة والتقييم : تابع التنفيذ ولا حظ مؤشرات النجاح أو الفشل ، اعترف بالقرار السيء، عند الحاجه الدائمة للقرار اجعله سياسة ، تأكد

من انتهاء المشكلة واتخذ خطوات وقائية لمنع تكرارها ، اكتب تقريراً مفصلاً لرئيسك .

أنواع المشاكل

1- مشكلات في التنفيذ:

وهي الانحراف عن المعايير المحددة بزيادة أو نقص.

2- مشكلات في الإنجاز:

وهي ما يمنع من الوصول إلى وضع أفضل.

3- تقسيمات أخرى:

- متفاقمة - متلاشية - ثابتة.
- مفاجئة - متوقعة .
- متكررة - نادرة .
- جماعية - فردية .
- حديثة - قديمة .

وتكمن أهمية التقسيم في تحديد استراتيجية التعامل مع المشكلة .

مقدمات مهمة عن المشكلات الإدارية

1. لا تتصرف من غيرك إلا في الأزمات الخطيرة.
2. السرعة في حل المشكلة قد يضيع الوقت والجهد ويساهم في خلق مشكلة جديدة.
3. قد يستحيل الحصول على حلول كاملة في واقع غير كامل .
4. إنّ ما يزعج الناس ليس مشاكلهم، وإنّما نظرتهم لها.
5. التعايش مع المشكلة أمر مطلوب أحياناً.

6. قد يحسن تجاهل المشكلة بعد استيفاء دراستها.

7. وازن بين الفعل التكيفي " لتهدئة الآثار " وبين الفعل التصحيحي " التوصل إلى حل ".

8. يفترض تسمية المشكلة باسم معين يتعارف عليه.

9. يجب أن يعلم رئيسك بالمشكلة عن طريقك.

10. تأكد أنّك لست جزءاً من المشكلة أو سبباً رئيساً لها: وهذه تحتاج إلى نقد الذات وإشاعة ثقافة الحوار
والنقد البناء بين العاملين .

11. لا تحاول استنتاج شئ ثمّ تسعى لإثباته.

12. لا تقفز مباشرة إلى الحل.

13. لا يكن البحث عن كبش فداء أهم من حل المشكلة.

14. ميز بين أخطاء الأفراد وأخطاء النظام.

15. اسأل دائماً عن المظاهر والحقائق وليس عن المشاعر والأحاسيس.

16. كثير من المشاكل لها خاصية التفاعل والاتجاه نحو التضخم.

17. لا يوجد سبب واحد لكل مشكلة؛ بل عدّة أسباب متداخلة.

18. فجوة الأداء هي الفرق بين ما ينبغي فعله وبين الواقع الفعلي للعمل.

19. لا يمكن حل المشكلة بمستوى التفكير نفسه عندما أوجدناها .

20. نحتاج في حل المشكلات إلى مهارات التفكير الإبداعي والتحليلي .

21. إذا وقعت في مشكلة ففكر في مفاتيحها، لا في قضبانها .

22. لابد من فتح طرق الاتصال بكل أشكاله: الصاعد والنازل والبيني ، ويعد الفشل في الاتصال وبالإدارة المعاصرة
؛ وينسب 85 % من النجاح في العمل إلى مهارات الاتصال.

23. حل المشكلات في الغالب منطق وليس عاطفة: ومن سمات العاطفة الانفلات والجموح فلا مكان لها في حل
المشكلات.

24. استشراف المستقبل يمنع حدوث المشكلة أو يقلل من أثرها: وعلم المستقبل من العلوم التي لم تحظ بعناية المسلمين، ولذا نعاني من "صدمة المستقبل " ومن " توالي الضربات والمحن".

25. العمل على تحقيق أهداف دائمة يستلزم عقد لقاءات منظمة لحل المشاكل وتوثيق المعلومات المتعلقة بحل المشاكل لمنع تكرار حدوثها.

26. يجب إطلاع المسؤول الجديد على مشاكل العمل وحلولها، ويجب على المدير الإطلاع بشكل دوري على ملف المشكلات.

أين يقع حل المشكلات واتخاذ القرارات في خريطة العمليات الإدارية

العمليات الإدارية هي :

أولاً : التخطيط : ويشمل وضع الأهداف والمعايير ورسم السياسات والإجراءات وإعداد الموازنات وكتابة الجدول الزمني .

ثانياً : التنظيم : ويشمل الهيكل والمهام والعلاقات ثم اختيار المناسبين لشغل المناصب .

ثالثاً: التوجيه والإشراف : ويشمل التحفيز والقيادة والاتصال .

رابعاً: الرقابة : وتشمل تحديد المعايير الرقابية وقياس الأداء وتشخيص المشكلات وعلاجها بالقرارات الصائبة .

ما معنى المشكلة لغوياً ؟

تدور معاني " شكل " في اللغة على الاختلاط والتشابه .

الأساليب المتبعة للتعامل مع المشكلات:

- لا تفعل شيئاً :

1. إذا كانت المشكلة ستحل تلقائياً .

2. إذا كانت آثارها ضعيفة .

3. إذا كانت تكلفة الحل أعلى من تكلفة المشكلة.

- معالجة الآثار :

1. عندما نتوقع زوال السبب.

2. عندما تكون تكلفة معالجة السبب كبيرة.

3. عندما يكون السبب خارج السيطرة.

- مراقبة الوضع فقط :

1. إذا كانت غير ملحة.

2. إذا بدأت بالتلاشي.

3. إذا كانت الأسباب غير واضحة.

- معالجة المشكلة:

1. إذا كانت خطيرة .

2. إذا كانت متفاقمة .

3. إذا جاء أمر بعلاجها من جهة عليا.

أسباب عدم مواجهة المشكلة

1. الجهل بحدوثها.

2. الارتياح.

3. كونها تتعلق بشخص محبوب أو مكروه .

4. إذا كانت ....؟ انظر أساليب التعامل مع المشكلات .

أخطاء في تحديد المشكلات

تجميع المشاكل الصغيرة كمشكلة كبيرة واحدة :

- فمن الحكمة تحجيم العدو وليس تضخيمه .

- الاعتماد على المشاعر دون الحقائق .

- القفز مباشرة إلى الأسباب والحلول.

الاختلاف حول معيار الأداء القياسي: ومن أسباب ذلك غياب التخطيط أو ضعفه، التركيز على الأسباب الخارجية فقط، "وإن تصبروا وتتقوا لا يضركم كيدهم شيئاً"، إغفال مشاركة المستويات الإدارية القريبة من تنفيذ العمل .

الحل الجماعي / إيجابيات وسلبيات

الإيجابيات :

1. تنوع الأفكار وتلاقحها .

2. تعدد مصادر المعلومات .

3. أقل تحيزاً ، حيث تنتفي الدواعي الشخصية .

4. فرصة للتواصل والتدريب .

5. الالتزام العالي بالأداء .

6. اختيار أفضل الحلول المقترحة ، بسبب مشاركة عدة عقول في الحل والاختيار .

7. مشاركة عدة مستويات إدارية ، فتشارك الإدارة العليا التي تهتم بالتخطيط والإدارة الوسطى المهتمة بالإشراف والإدارة الدنيا المعنية بالتنفيذ .

السلبيات :

1. إغفال تسجيل الأفكار .

2. التنافس المنفر .

3. المواكبة والمجاراة بسبب الركون إلى خبرة أو مكانة أحد المشاركين.

4. الافتقار إلى التوجيه الموضوعي انظر أسلوب القبعات الست في التفكير.

5. المقيدات الزمانية والمكانية.

6. سيطرة طريقة تفكير الرئيس.

أسباب الفشل في حل المشكلات

1. عدم اتباع المنهجية في تحديد وحل المشكلات .

2. وضع المشكلة خارج نطاقها الحقيقي .

3. نقص المعلومات أو التحليل السيئ للمشكلة .

4. استخدام نوع واحد من التفكير (طريقة القبعات الست) :

- القبعة البيضاء - نظرة موضوعية للأمور .

- القبعة الحمراء - الانفعال والحدس والتفكير الفطري.

- القبعة السوداء - الحذر والتشاؤم والتفكير السلبي.

- القبعة الصفراء - الممكن والمنطق الإيجابي.

- القبعة الخضراء - الأفكار الجديدة والتفكير الخلاق.

- القبعة الزرقاء - ضبط عملية التفكير.

5. غياب أو تحجيم مشاركة الأطراف المعنية .

6. الخوف من الفشل ومن التجديد ومن تبادل الأفكار .

7. مقاومة التغيير .

8. التوقف عن التنفيذ أو ترك المتابعة والتقويم .

مهارات حل المشكلات و اتخاذ القرارات في التربية

الأسلوب العلمي لتحليل المشكلات:

1- إدراك المشكلة:

ظهور أعراض مرضية يلفت النظر إلى وجود خلل في يستوجب التحليل وسرعة الدراسة ، أي أن آلية تحليل وحل المشكلات تبدأ بناء على ظهور مظاهر خلل يستوجب الانتباه.

أن تعريف المشكلة هو وجود انحراف عما هو مخطط ، ومثلما تدرك الأم بوجود مشكلة لطفلها عند ظهور أعراض مرضية له مثل ارتفاع درجة الحرارة ،

كذلك يدرك الفرد أن بوادر مشكلة معينة ستلوح في الأفق فتبدأ بتحليلها والتعامل معها .

وأهمية الخطوة الأولى تكمن في أن عدم الاهتمام بالأعراض، و بالتالي عدم إدراك المشكلة قد يؤدي إلى تداعيات خطيرة تتمثل في عدم قدرة الإدارة على التعامل مع المشكلات المحيطة لأنها لم تستعد لها جيداً.

2- تعريف المشكلة:

علاج والتعامل مع الأعراض لا يؤدي إلى الشفاء التام ، لذا يجب أولاً التعرف على هوية المشكلة ، أي سبب الأعراض .

أن الأسلوب العلمي لذلك هو تشخيص المشكلة بتتبع أسبابها و ظروف حدوثها و معدل تكررها وصولاً إلى الأسباب الحقيقية التي أدت لظهور الأعراض المرضية، ومن هذا المنطلق يمكن تحديد المشكلة الحقيقية تحديداً دقيقاً .

على سبيل المثال فمشكلة تكرر تغيب تلميذ عن المدرسة أو الجامعة تعالج بشكل أفضل عند معرفة الأسباب التي تجعله لا يحب المدرسة، و مشكلة تبديد الطفل لمصروفه لا تحل بمضاعفة المصروف، ولكن بدراسة أسباب هذا الإنفاق، و يجب في هذه المرحلة تحديد إطار زمني لحل المشكلة و البدء في تنفيذ الحلول.

3- جمع المعلومات الضرورية:

في هذه المرحلة يتم جمع جميع البيانات والمعلومات التي قد تساهم في تفهم جوانب المشكلة وإبعادها، وفي نفس الوقت تساهم في حلها ولا تقتصر عملية جمع البيانات والمعلومات على مرحلة من المراحل؛ بل تتم في جميع مراحل تحليل وحل المشكلات:

- ما هي العناصر الأساسية التي تتكون منها المشكلة ؟

- أين تحدث المشكلة ؟

- متى تحدث المشكلة ؟

- كيف تحدث المشكلة ؟

- لماذا تحدث المشكلة بهذه الكيفية وهذا التوقيت ؟

- لمن تحدث هذه المشكلة ؟

- لماذا تحدث المشكلة لهذا الشخص بالذات ؟

4- تحليل المعلومات:

يتم في هذه المرحلة تكامل المعلومات التي جمعها في الخطوة السابقة، وذلك لوضعها في إطار متكامل يوضح الموقف بصورة شاملة .

وتحليل المشكلة يتطلب الإجابة على الأسئلة التالية :

- ما هي العناصر التي يمكن والتي لا يمكن التحكم فيها لحل المشكلة ؟

- من يمكنه المساعدة في حل تلك المشكلة ؟

- ما هي آراء واقتراحات الزملاء والمرؤوسين لحل تلك المشكلة ؟

- ما هي آراء واقتراحات الرؤساء لحل تلك المشكلة ؟

- ما مدى تأثير وتداعيات تلك المشكلة ؟

5- وضع البدائل الممكنة:

تعرف هذه المرحلة بأنها المخزون الابتكاري لعملية حل المشكلات ، حيث أنها تختص بإفراز أكبر عدد للأفكار مما يؤدي إلى تعظيم احتمالات الوصول إلى الحل الأمثل :

- حصر جميع البدائل التي نرى أنها يمكن أن تحقق الهدف.

- الابتكار و الإبداع في طرح البدائل.

- تحليل مبدئي لإمكانية التنفيذ.

- استبعاد البدائل فقط التي يتم التأكد من عدم قابليتها للتنفيذ.

- التوصل إلى البدائل القابلة للتنفيذ.

6- تقييم البدائل:

- تهدف هذه المرحلة الى اختيار البديل الأمثل.

- مراجعة الهدف من حل المشكلة.

- وضع معايير للتقييم.

- وضع أولويات و أوزان نسبية للمعايير.

- دراسة كل بديل وفقا للمعايير الموضوعة.

- التوصل إلى البديل الذي يحقق أفضل النتائج " البديل الأنسب".

7- تطبيق البديل الأنسب:

الطريق الوحيد لمعرفة درجة فعالية البديل والمحك الوحيد له هو وضعه موضع التنفيذ الفعلي.

ويشمل التطبيق كل التعديلات الضرورية من إعادة التخطيط والتنظيم، وكذلك كل الإجراءات والمتغيرات التنفيذية .

وللتطبيق الفعال يجب وجود خطة تنفيذية تفصيلية لتنفيذ دقائق العمل بفاعلية ، والخطة التنفيذية يجب أن تشمل ما يلي :

- تحديد مراحل التنفيذ والخطوات في كل مرحلة بالتوالي .

- تحديد توقيتات تنفيذ الخطوات والمراحل عن طريق. Milestone Chart

- تحديد من سيقوم بتنفيذ كل خطوة من الخطوات .

- تحديد من سيراقب على التنفيذ .

8- تقييم النتائج:

تعتمد مرحلة التنفيذ على المعلومات المرتدة عن التنفيذ في الجوانب التالية، هل أنتج البديل المخرجات المطلوبة في التوقيتات المتوقعة و بالكيف المطلوب، وتمتد عملية التقييم لتشمل الجوانب التالية :

- درجة تحقيق الأهداف.

- التقييم الذاتي للأداء.

- التداعيات الغير متوقعة لتنفيذ البدائل .

بعد تجميع هذه العوامل للوصول إلى رؤية شاملة لتقييم البديل و في حالة وجود تقييم سلبي ، يتم الرجوع إلى الخطوة الأولى .

المشكلات التي يتعرض لها الطالب في المدرسة

أولاً : المشكلات التربوية:

1- التأخر الدراسي.

2- سوء التوافق الدراسي.

3- سوء تنظيم أوقات الاستذكار.

4- ترك المدرسة لعدم حبهم لها (التسرب).

5- الخوف من الفشل الدراسي.

6- عدم الاستذكار بصورة صحيحة.

7- ضعف الدافعية للتعلم.

8- تكرار التأخر الصباحي.

9- تكرار الغياب بدون عذر.

10- صعوبة استيعاب شرح المدرس.

11- وجود صعوبة في بعض المواد الدراسية.

12- عدم وضوح الهدف من الدراسة للمواد.

13 كراهية المدرسة لمعاملة المدرس السلبية.

14- صغر أو كبر السن مقارنة بزملائه.

15- قلة أداء الواجبات المدرسية.

16- ضعف القدرة على التركيز للانتباه داخل الفصل.

17- الهروب من الحصة.

ثانياً : المشكلات النفسية:

1- عدم تكوين اتجاهات ايجابية نحو الذات.

2- السراحان داخل الفصل.

3- صعوبة اتخاذ القرارات المناسبة.

4- صعوبة اختيار البدائل من الحلول.

5- الشعور بالغيرة من الزملاء.

6- الخجل من المواقف المختلفة.

7- القلق الزائد كسمة.

8- الخوف من الوحدة والانعزال.

9- الشعور بالاكتئاب من الجو المدرسي.

10- الانفعال لأبسط الأمور.

11- سرعة النسيان.

12- ضعف الثقة بالنفس.

13- مص الأصابع.

14- قضم الأظافر.

15- السلوك العدواني ضد الزملاء.

16- ضعف الشخصية.

17- صعوبة التعبير عن انفعالاتهم بطريقة مقبولة.

18- ممارسة عادة التدخين.

19- الرهبة من المدرسة

20- التبول اللاإرادي في المدرسة.

21- التأتأة واللجلجة في الكلام.

22- النشاط الزائد.

23- عدم إشباع الحب والحنان والعطف من قبل والديه أو مدرسية.

24- عدم إشباع الحاجة إلى اللعب والترفيه والتسلية.

25- العناد وعدم الاستماع للتوجيه.

26- وجود مخاوف مرضية.

27- قلق الطلاب من الاختبارات.

ثالثاً: المشكلات السلوكية:

1- اللجوء إلى أساليب الغش في الاختبارات.

2- ممارسة عادة الكذب باستمرار.

3- التلفظ ببعض الألفاظ غير المقبولة.

4- عدم الالتزام بالآداب الإسلامية في التعامل مع الآخرين.

5- عدم احترام ملكية زملائه.

6- إثارة الشغب والفوضى داخل الفصل والمدرسة.

7- الاتصاف بالسلوك غير الرجولي (الميوعة).

8- السرقة.

9- الكتابة على الجدران أو ممتلكات المدرسة.

10- الخروج على بعض العادات المألوفة في المجتمع.

11- تسلط الطلاب الكبار السن على زملائهم الصغار.

12- إصدار سلوك حركي سيء غير مرغوب.

13- عدم الرغبة في تحمل المسؤولية.

رابعاً: المشكلات الاجتماعية:

ومن أهم تلك المشكلات ما يلي:

1- عدم القدرة على تكوين الأصدقاء والاحتفاظ بهم.

2- الارتباك عند مقابلة الآخرين.

3- صعوبة الاستمرار في الحديث مع الآخرين.

4 - صعوبة الاندماج والتفاعل الايجابي مع الزملاء.

5- عدم المشاركة في الألعاب الجماعية داخل المدرسة.

6- ضعف الانتماء إلى المدرسة.

7- صعوبة التوافق مع أنظمة وقوانين المدرسة.

8- صعوبة تكوين اتجاهات ايجابية نحو المدرسة.

9- وجود ظروف عائلية تؤثر على حياتهم الدراسية.

10- إجبار أسرهم على مواصلة الدراسة.

11- عدم المشاركة في أنشطة المدرسة.

12- التدليل والحماية الزائدة.

13- الجنوح.

14- التعصب للقبلية أو البلد.

15- التفكك الأسري نتيجة للطلاق أو تعدد الزوجات.

16 -التأثير السلبي للأقران.

مراجع الفصل العاشر

1. السريحي, حسن و نجاح القبلان، (2006). أمن المكتبات : دراسة مسحية.

2. ياغي، محمد عبد الفتاح ، مرجع سابق.

3. القوي، خيري عبد، (1998). دراسة السياسة العامة.

4. House Peter, (1982). The Art Of Public Policy Analysis.

5. Marac, Duncean, (1979). Policy Analysis For Public Decision.

6. Robert T. Nakamura, (1982). The Politics Of Policy Implementation.

7. عطوي، جودت، (2004). الإدارة التعليمية والإشراف التربوي.

8. الخطيب، إبراهيم، الخطيب، أمل، (2003). الإشراف التربوي: فلسفته، أساليبه، تطبيقاته.

9. www.ngoce.org/content/ts2769.doc.

قائمة المراجع

- المراجع العربية

1. الطواب، سيد محمد، (1992). علم النفس الاجتماعي، مكتبة كلية التربية، جامعة الإسكندرية.

2. الديب، محمد مصطفى، (2005) . علم نفس التعاوني ، (ط9). عالم الكتب ، القاهرة.

3. الزهار، نبيل عيد، (2005) . علم النفس الاجتماعي المعاصر ومتطلبات الالفية الثالثة، (ط9). مكتبة عين شمس ، القاهرة .

4. كورتوا، تعريب المقدم ميثم الايوبي، (1986). لمحات في فن القيادة، (ط1). المؤسسة العربية للدراسات والنشر، بيروت.

5. عوض، عباس محمود، (1986). القيادة والشخصية ، (ط3). دار النهضة العربية، بيروت.

6. جبر، أحمد ، حجازي، حمزة ، (1994). سيكولوجية الموهوب وتربيته، (ط1). مطبعة الروضة الحديثة، نابلس.

7. حواشين، زيدان نجيب ، حواشين، مفيد نجيب ، (1989). تعليم الأطفال الموهوبين، (ط1). دار الفكر للنشر والتوزيع، عمان- الاردن.

8. أبو مغلي، سمير ، سلامة، عبد الحافظ ، (2002). الموهبة والتفوق، (ط1). دار اليازوري العلمية للنشر والتوزيع ، عمان- الاردن.

9. جروان، فتحي عبد الرحمن ، (1999). الموهبة والتفوق والإبداع، (ط1). دار الكتاب الجامعي، العين- الامارات.

10. نور الله ، كمال ، (1992) . وظائف القائد الإداري ، دار طلاس للدراسات والترجمة والنشر . دمشق - سوريا .

11. حسن ، رواية ، (2004). السلوك التنظيمي المعاصر . الدار الجامعية، القاهرة.

12. مريم ، حسين، (2003) . إدارة المنظمات ، (ط1) . دار الحامد للنشر والتوزيع . عمان -الأردن.

13. حنفي ، عبد الغفار ، (1993). تنظيم وإدارة الأعمال ، المكتب الغربي الحديث . الاسكندرية - مصر.

14. الخواجا، عبدالفتاح، (2004). تطوير الإدارة المدرسية، دار الثقافة، عمان- الاردن.

15. الزبيدي، سلمان عاشور، (1988). اتجاهات في تربية الطفل، دار أنس للنشر، عمان- الاردن.

16. الزبيدي، سلمان عاشور، (2001). الإدارة الصفية الفعالة في ضوء الإدارة المدرسية الحديثة، مطابع الثورة العربية الليبية، طرابلس، ليبيا.

17. سلامة، ياسر، (2003). الإدارة المدرسية الحديثة، دار عالم الثقافة، عمان- الاردن.

18. صالح، هاني عبد الرحمن، (2002). الإدارة التربوية، بحوث ودراسات، عمان- الاردن.

19. عريفج، سامي سلطي، (2001). الإدارة التربوية المعاصرة، دار الفكر للطباعة والنشر، عمان- الاردن.

20. عطوي، جودت، (2001). الإدارة التعليمية والإشراف التربوي: أصولها وتطبيقاتها، الدار العلمية الدولية، عمان-الاردن.
21. العمايرة، محمد حسن، (2002)، مبادىء الإدارة المدرسية، (ط 3)، دار المسيرة، عمان- الاردن.
22. الفريجات، غالب، (2000). الإدارة والتخطيط التربوي: تجارب عربية متنوعة، عمان- الاردن.
23. مرسي، محمد منير، (1977). الإدارة التعليمية أصولها وتطبيقاتها، عالم الكتب، القاهرة- مصر.
24. الابراهيم، عدنان بدري، (2002). الإدارة، مدرسية، صفية. مؤسسة حمادة للدراسات الجامعية والنشر، اربد-الأردن.
25. الابراهيم، عدنان بدري، (2002). الإشراف التربوي. مؤسسة حمادة للدراسات الجامعية والنشر، اربد، الأردن.
26. عطوي، جودت، (2004). الإدارة التعليمية والإشراف التربوي. دار الثقافة للنشر والتوزيع، عمان، الأردن.
27. الخطيب، إبراهيم، الخطيب، أمل، (2003). الإشراف التربوي: فلسفته، أساليبه، تطبيقاته، دار قنديل للنشر والتوزيع، عمان- الاردن.
28. الخطيب, رداح الخطيب, احمد الفرج، وجيه، (2000). الإدارة و الإشراف التربوي: (اتجاهات حديثة)، دار الأمل، اربد- الاردن.
29. البدوي، طارق عبد الحميد، (2001). الأساليب القيادية والإدارية في المؤسسات التعليمية، دار الفكر للطباعة والنشر والتوزيع، عمان- الاردن.
30. حمادات، محمد حسن محمد، (2006). القيادة التربوية في القرن الجديد. عمان ، دار الحامد للنشر والتوزيع.
31. رفيو، هارقرد بيرنس، (1996). القيادة الإدارية أراء مجموعة من كبار التنفيذيين. ترجمة هشام عبد الله، دار البشير للنشر والتوزيع، عمان- الاردن.
32. السلمي، علي، (1999). المهارات الإدارية والقيادية للمدير المتفوق، علم الإدارة، دار غريب للطباعة والنشر والتوزيع، عمان- الاردن.
33. الشريدة، هيام وعبد الرحيم، زهير، (2000). أنماط السلوك القيادي لدى مديري المدارس الأساسية في محافظة اربد وعلاقتها بالرضا الوظيفي للمعلمين من وجهة نظر المعلمين، مجلة اتحاد الجامعات العربية.
34. الشريدة، هيام، (2004). الأنماط القيادية لمديري الإدارة في وزارة التربية والتعليم وتأثيراتها في التغير التربوي من منظور رؤساء الأقسام، مجلة اتحاد الجامعات العربية.
35. الطويل، هاني عبد الرحمن صالح، (1999). الإدارة التعليمية مفاهيم وأفاق، دار وائل للنشر والتوزيع، عمان- الأردن.
36. عبد الباقي، صلاح الدين محمد، (2001). السلوك الإنساني في المنظمات، الدار الجامعية.
37. العلاق، بشير، (1999). أسس الإدارة الحديثة: نظريات ومفاهيم، دار اليازوري العلمية، عمان- الاردن.
38. كنعان، نواف، (1980). القيادة الإدارية، دار العلوم. عالم الإدارة، الرياض.

39. ياغي، محمد عبد الفتاح ، (1988). اتخاذ القرارات التنظيمية، مطابع الفرزدق، الرياض.

40. كنعان، نواف ، (1985). اتخاذ القرارات الإدارية بين النظرية والتطبيق، مطابع الفرزدق، الرياض.

41. قريطم، عبد الهادي ، (1988). اتخاذ القرارات الاستثمارية مع التطبيق على خطط التنمية الوطنية في المملكة، جامعة الملك عبد العزيز، جدة.

42. عبد الوهاب، علي محمد، (1993). اتخاذ القرار في المملكة العربية السعودية، معهد الإدارة العامة، الرياض.

43. علاقي، مدني عبد القادر ، (1981). الإدارة : دراسة تحليلية للوظائف والقرارات الإدارية، مطابع سحر، جدة.

44. عفيفي، صادق محمد ، (1981). الإدارة في مشروعات الأعمال، مؤسسة دار الكتب، الكويت.

45. سالم، فؤاد الشيخ ، (1982). أساليب بحوث العمليات في الإدارة، المنظمة العربية للعلوم الإدارية، عمان.

46. القوي، خيري عبد، (1998). دراسة السياسة العامة، ذات السلاسل، الكويت.

47. جيمس، أندرسون، (1991). صنع السياسة العامة، ترجمة حلمي يوسف، مطابع التقنية، الرياض.

48. كبيه، محمد ، (1990). نظريات القرارات الإدارية، المطبوعات الجامعية، جامعة حلب.

49. فارس، علي احمد ، (2008). إدارة الأزمات: الأسباب والحلول، مركز المستقبل للدراسات والبحوث شبكة النبأ المعلوماتية.

50. أبو قحف، عبد السلام، (1999). إدارة الأزمات. مطبعة الإشعاع للطباعة و النشر و التوزيع, القاهرة.

51. الأعرجي، عاصم حسين، (1999). إدارة الأزمات بين (الوقائية و العلاجية): دراسة مسحية في المصارف الأردنية، (م 39). الإدارة العامة .

52. الحملاوي، محمد رشاد، (1997). إدارة الأزمات. مركز الإمارات للدراسات و البحوث الإستراتيجية، أبوظبي.

53. السريحي، حسن و نجاح القبلان، (2006). أمن المكتبات : دراسة مسحية. السعودية.

54. الشريف، رجاء يحيى، (2006). دور التوعية في منع الزحام أولويات التنفيذ.   (دراسات منطقة الجمرات) الملتقى العلمي الخامس لأبحاث الحج، معهد خادم الحرمين الشريفين لأبحاث الحج.

55. جبر، محمد صدام، (1999). إدارة الأزمات: نظرة مقارنة بين النموذج الإسلامي و النموذج الياباني.

56. حواش، جمال، (1999). سيناريو الأزمات و الكوارث بين النظرية و التطبيق. المؤسسة العربية للنشر و الإعلام، القاهرة.

57. دقامسة، مأمون وعاصم حسين الأعرجي، (2000). إدارة الأزمات: دراسة ميدانية لمدى توافر عناصر نظام إدارة الأزمات من وجهة نظر العاملين في الوظائف الإشرافية في أمانة عمّان الكبرى، (39). الإدارة العامة.

58 . شريف ، منى صلاح الدين ، (1998) . إدارة الأزمات الوسيلة للبقاء . البيان للطباعة و النشر ، القاهرة .

59 . صادق ، أمنية مصطفى ، (2002) . إدارة الأزمات و الكوارث في المكتبات . الدار المصرية اللبنانية، القاهرة .

60 . عامر ، سعيد يسن ، (1992) . استراتيجيات التغيير وتطوير المنظمات الأعمال . مركز سيرفيس للاستشارات والتطوير الإداري ، القاهرة .

61 . المدهون ، موسى ، (1999) . الاستراتيجية الحديثة للتغيير والإصلاح الإداري . المجلد (15) . (ع3) .

- المراجع الأجنبية

1- Shraideh, Heyam, (2002). Evaluating Educational Supervisors' leadership Training in Irbid Governorate - Jordan, CD, (Forty seven world council on Education for Teaching, ICET, Amsterdam, the Netherlands volume (2), Pp 134-139.

2- Dessler, M. Gary, (2001). Management, Leading People and Organizations in The 21 Century, Upper Saddle River, New Jersey: Prentice - Hall Inc.

3- Sullivan, Susan & Glanz, Jeffery, (2000). Supervision that Improves Teaching. Strategies and Techniques. Thousands Oaks, cal; Crown Press, Inc.

4- Lussier, Robert N, (1996). Human Relations in Organizations, A skill building approach, 3. ed. Chicago: Irwin.

5- Owens, Robert G, (1995). Organizational Behaviour In Education, 5 ed. Boston: Allyn & Bacon.

6- Rolf Bronner, (1982). Decision Making Under Time Pressure, Lexington Books, D.C Mass.

7- John W. Sutherland, Administrative, (1977).. Decision Making, Van N. Rrinhold CO. London.

8- Colin End and J. Harris, (1975). Management Development and Decision and Decision Analysis , The Macmillan Press, New York.

9- James Gatza, (1975). Decision Making in Administration, Sandars CO. New York.

10- Ronald J. Albert, (1975). Organizational Decision Processes , Crame & Russak CO. New York.

11- David Allison, (1971). Decision Making in Changing Word , Book Center Toronto.

12- Marrus Alexis, (1967). Organizational Decision Making, Prentice, Hall, England Cliffs, New Jersey.

13- James Anderson, (1984). Public Policy Making, Winston Inc. New York.

14- Melvin J. Dubrik, (1983). Thinking About Public Policy, John Weily& Sons, New York.

15- David Nachmias, (1979). Public Policy Evaluation, ST. Martin Press, New York.

16- Brain W. Hogwood , (1984). Policy Analysis For Real Word, Oxford University Press.

17- Richard Barke, (1986). Science Technology & Public Policy, Conressional Quarterly INC. Washington D.C.

18- E.S. Quade , (1982). Analysis For Public Decision, North Holland, New York.

19- Dye Thomas, (1980). The Determinants Of The Public Policy , Lexington Books Mass.

20- Wise Carol, (1977). Public Administration And Public Policy, Lexington Books Mass.

21- Greston Larry, (1983). Making Public Policy, Glenview .

22- House Peter, (1982). The Art Of Public Policy Analysis, Sage Publication, Beverly Hills.

23- Leach Steve, (1982). Approaches To Public Policy , George Allen CO. London.

24- Marac, Duncean, (1979). Policy Analysis For Public Decision, Wadsworth. Belmont, California.

25- Rodes R, (1981). Public, Administration And Policy Analysis, Aldershot, Crower, England.

26- Charles Jones, (1977). AN Introduction To The Study Of Public Policy, Duxbury Press, New York.

27- Robert T. Nakamura, (1982). The Politics Of Policy Implementation, ST. Martins Press. New York.

28- Bush,T, (1986). Theory of Educational Management, London: Harber Row.. Publisher

Kizlik, Robert, (1999). Classroom and Behavior Management, U.S.A 29- university of neworleans..

30- MacCabe, P, (1999). The Role of the School Pricipal. From Int. Site: www. Paperwriters.com/aftersale.htm

31- Nahavandi, Afsaneh, (2003). The Art and Science of Leadership. third edition, Upper Saddle River, New Jersey.

32- Loab, Marshall and Kindel, Stephen, (1999). Leadership for Dummies, Lead and

Succeed in Business and Life, IDG Books Worldwide, Inc.

33- Maslow, A, and Lowery, R. (ed.)., (1998). Toward a Psychology of Being (3 rd ed.), New York, Wiley ﺶSons, Inc.

34- Ronald L, et.al, (1974). The Process of Group Communication. AbeBooks.com, USA.

35- Richarad , Dafat, (2004) . organization Theory ﺶ Desisign, south western publshing , thead.

36- schein , E,H,(1985). Organizational culture and leadership Jossey. Bass.

37- Bennis , W,. and naus , B ., (1985) . Leaders : The stratgies for takinig charge : collins.harper, New york .

- المراجع الالكترونية والانترنت :-

1 . http:/www.annajah.net/modules/news/...hp?storyid=254

2 . http://links.islammemo.cc/filz/one_n...asp?IDnews=311

3 . www.siironline.org/alabwab/edare-%20eqtesad

4 . www.ngoce.org/content/ts2769.doc.

5 . http ://www.alwww.jazirah.com.sa/magazine/29102002/aj7.htm

6 . http://www.sedb.org/Arabic/printer1.asp?ID=83 prog=ARP

7 . http//minshawi.com/other/r.shareef.htm

8 . http//www.islamtoday.net/articles/show_articles_content.cfm?